Wolfgang Burtscher

Neptun heißt bei uns Miron

Wolfgang Burtscher

Neptun heißt bei uns Miron

Jakob Lorber und die Lorber-Bewegung

Bibliografische Information der Deutschen Nationalbibliothek
Die Deutsche Nationalbibliothek verzeichnet diese Publikation
in der Deutschen Nationalbibliografie, detaillierte bibliografische
Daten sind im Internet über http://dnb.dnb.de abrufbar

© 2018 Wolfgang Burtscher
Herstellung und Verlag
BoD – Books on Demand, Norderstedt

ISBN 978-3-75289-200-0

Inhalt

Vorwort 9

Der Prophet Jakob Lorber 14

Psychologisches Profil 17

Die Familie Lorber 19

Die sogenannte Tochter 21

Die Neuoffenbarung 26

Wer ist der Autor? 34

Der Einfluss anderer geistiger Werke 38

Naturkunde, Historie und Heilmittel 40

Mängel und Widersprüche 43

Die Lorber-Bewegung 47

Bekanntmachung und Verbreitung 55

Naturwissenschaften 56

Zusätzliche Wortempfänger, Kundgaben und Lehren 58

Verhältnis zu Kirchen und Religionsgemeinschaften 61

Geschichte 68

Der Triester Lorber-Freundeskreis 74

Gottfried Mayerhofer (1807-1877) 79

Christoph Friedrich Landbeck (1840-1921) 83

Die Zeit der Wortempfänger 94

Leopold Engel (1858-1931) 106

Das Wort 110

Spiritismus und Okkultismus 115

Der Bergungsort 120

Die Neu-Salems-Gesellschaft..121

Die Tatgemeinschaft..128

Ideal oder Geschäft: Ein Bruderkrieg............................131

Wunderheiler...134

Die Zeit des Dritten Reiches 136

Otto Zluhan (1890-1983)...143

Walter Lutz (1879-1965)..146

Georg Schön und Willy Knoefeldt..................................152

Georg Riehle (1872-1962)..157

Max Seltmann (1882-1972) 164

Nachkriegszeit und Revival..168

Die gekürzten Lorberwerke 173

Neue Impulse..176

Friedrich Zluhan (1922-2007) 182

Viktor Mohr (1896-1969)...183

Lorber-Gesellschaft und Lorber-Verlag trennen sich 185

Die Frauen der Lorber-Bewegung 188

Jahrtausendwende bis heute 192

Die internationale Lorber-Bewegung............................ 194

Afrika...195

Australien...195

Nordamerika...196

Südamerika 197

Italien 199

Österreich 200

Osteuropa 203

Schweiz 206

Slowenien 207

Die Zukunft **208**

Von Lorberkritikern, Freunden und Feinden **210**

Über den Autor **224**

Anhang **226**

Bestätigte Prophezeiungen und naturkundliche Angaben 226

Die Beschädigung der Lorberschriften 229

Ich will Dich lieben, meine Stärke,
Ich will Dich lieben, meine Zier!
Ich will Dich lieben mit dem Werke
Und immerwährender Begier!
Ich will Dich lieben, schönstes Licht,
Bis mir das Herze bricht.

Angelus Silesius (1624-1677)

Vorwort

Verbreitet ist die Vorstellung, Propheten seien ein Relikt alter Zeiten. Doch wer sich ein wenig umschaut in religiösen und spirituellen Kreisen oder auch im Internet, der findet bald eine Menge Propheten und Geistlehrer. Auch wenn an ihren Kundgaben und Lehren etwas Wahres dran sein mag, findet man gewöhnlich dennoch mehr Lügen und Irrtümer als Wahrheiten. Daneben gibt es aber auch Propheten, durch die Gott wahrhaftig spricht. Ein solcher Prophet war Jakob Lorber. Die Autorin Edith Mikeleitis hat diesen Mann folgendermaßen beschrieben: „Als Jakob Lorber geboren wurde, trat der Lehrer eines neuen Äons in Erscheinung. Eine neue Zeit brach an, denn jeder, der Zugang zum Werk Lorbers findet, kann nun mit Hilfe der Vernunft und des Verstandes in die Geheimnisse des Seins eindringen, die bisher geglaubt werden mussten, ohne begriffen zu werden."

Das Prophetenbild ist etwas unglücklich geprägt von Moses als einem bärtigen Mann in grober Kutte, der von einem Berg herab blitzt und donnert. Daher werden heute lieber Begriffe wie „Medium", „Wortempfänger" oder „Charismatiker" verwendet. Besser aber wäre es, das Prophetenbild zurechtzurücken: Ein Prophet ist ein einfacher, natürlicher Mensch mit allerlei Schwächen, der aber ein verständiges Herz hat, welches der göttliche Geist reinigt, um dann das Wort Gottes hineinzugießen, welches der Prophet mit dem Mund laut nachspricht. Somit ist ein Prophet auch Mystiker, denn nur Mystiker können zu Mund und Stimme Gottes werden.

Etliche Leute glauben, Gott hätte aufgehört, mit den Menschen zu sprechen, weil es nichts mehr zu sagen gäbe, oder Er womöglich beleidigt worden wäre, oder weil Er viel zu groß sei, um sich mit unsereins abzugeben. Kurioserweise sind dies auch Leute, welche sich nach der

Bibel richten wollen, die doch selbst auf jeder Seite von fortlaufenden Offenbarungen zeugt. Die Idee des verstummenden Gottes hat mit der Realität nichts zu tun. Nur einem schlechtesten Vater ist es zuzumuten, derart herzlos mit seinen Kindern zu sein, mit ihnen trotz all ihrer Nöte nicht mehr zu reden. Wer so etwas von Gott denkt, der irrt sich gewaltig, der kennt Gott nicht. In Wirklichkeit redet Gott *fortwährend* mit den Seinen, nämlich durch die Liebe zu Ihm, die sie in ihren Herzen tragen; als Propheten berufen werden aber nur einige, je nach Notwendigkeit.

Was einem Propheten gegeben wird, das gilt zunächst einmal ihm selbst und seinem unmittelbaren Kreis. Gewöhnlich bleibt dieser Kreis zu Lebzeiten des Propheten relativ übersichtlich. Allmählich weitet sich die Lehre oder Religion des Propheten aus, und es bilden sich zusätzliche Gemeinden. Das ist vor allem dann der Fall, wenn die Kundgaben schriftlich festgehalten worden sind und nicht nur mündlich überliefert wurden. Dann kann man schon von einer Bewegung sprechen, die sich zunehmend organisiert, um eine gute Sache besser verbreiten und umsetzen zu können. Man kann nun darüber debattieren, ob die Entstehung von organisierter Religion dem Wunsch Gottes entspricht oder nicht. Zugelassen wird eine solche Organisation auf jeden Fall. Daher hat sie auch eine gottgewollte Wirkung, und sei es nur, um zu lernen, dass man sie letztendlich doch hinter sich lassen muss, denn vor Gott gilt kein Mitgliedschaftsausweis, sondern nur das eigene Leben. Das Lorberwerk jedenfalls verhindert aktiv die Entstehung einer Berufspriesterschaft, die den bequemen Schäfchen einredet, die lästige Arbeit mit der Vergeistigung gegen Bezahlung oder sonstige Begünstigungen für sie zu erledigen. Von einer organisierten Kirche will es nichts wissen. Es gibt nach Joh 10.16 nur einen Hirten, womit Jesus Jehova Zebaot, also Gott oder Christus, gemeint ist, und eine Herde, womit die gesamte Menschheit, unberücksichtigt von Rasse, Geschlecht, Nationalität, Religion und

Konfession, gemeint ist. Es gibt nur Geschwister, wobei Christus sozusagen der große Bruder ist, weil Er aber auch der Herr ist, wird Er nicht als Bruder, sondern als Herr und Meister angesprochen. Lediglich allgemeine Anweisungen, wie eine Gesellschaft aussehen soll, die ausdrücklich erwünscht ist, sind im Werk zu finden.[1]

Es bedarf einer gewissen geistigen Verwirklichung, bevor das Lorberwerk angenommen werden kann. Wer sich diesem Werk widmet, sollte ein sicherer Radfahrer sein, und nicht einer, der noch Stützräder braucht, womit Amtspriester und Kirchenorganisation gemeint sind. Gott sollte dem Lorberleser wichtiger sein als alles andere, was einen festen Glauben an den persönlichen Gott bedingt und eine gewisse Überwindung des Weltlichen. Die Liebe zu Gott muss die Angst vor Gott übertreffen. Solange man nicht gefestigt ist in der Liebe Gottes, solange man Lorberwerk und *Bibel* nur dem Verstand nach aufnimmt, weil man noch an den Dingen der Welt hängt und das Wesen Gottes und seine eigene Beziehung zu Gott noch nicht ausreichend begriffen hat, wird einem das Leben dadurch verleidet. „Wo viel Weisheit ist, da ist viel Grämen, und wer viel lernt, der muss viel leiden" (Koh 1.18) trifft dann zu.

Auch in der finstersten Zeit der Menschheit hat uns Gott nicht verlassen und sogar ein neues Licht gegeben. Jakob Lorber ist einer der wichtigsten Boten dieses neuen Lichtes. Er vermittelt die Lehre vom Neuen Jerusalem aus der Offenbarung des Johannes, der entstehenden neuen Kirche, welche aus Mitgliedern der christlichen Kirche gebildet wird. Wie dieses Licht bisher aufgenommen wurde, ist das hauptsächliche Thema dieses Büchleins. Noch existiert es nur im Verborgenen, wobei das Warum auch von klugen Menschen gar nicht leicht zu beantworten ist. Ein Grund dürfte sein, weil es so umfangreich und tiefgründig ist;

---

[1] Jakob Lorber, Himmelsgaben 1.410124

um es würdig aufzunehmen, sind mehr als nur ein paar Jahre Studium erforderlich. Eine geistige Reife ist notwendig. Und ein weiterer, weil die Menschen dazu neigen, sich um ihr geistiges Leben erst dann zu kümmern, wenn es ihnen im materiellen Leben nicht gut geht. Ernst Friedrich Schumacher, der Autor von dem Bestseller *Rat für die Ratlosen* (1979), sieht sogar eine „Verschwörung offiziellen Verschweigens", da Jakob Lorber nachweislich schon 1840 bis 1864 vieles von der modernen Physik und Astronomie vorwegnahm. Er schreibt: „Lorber ist uns zu nahe, als dass wir ihn dulden könnten, man kann ihn nicht als eine Legende aus der fernen Vergangenheit behandeln. Doch würde es andererseits den gesamten Apparat moderner materialistischer Wissenschaftsgläubigkeit aus dem Gleis werfen, nähme man seine Wirklichkeit und die seiner 'Neubotschaft' an und sähe den Folgen einer solchen Annahme ins Auge."

Die gute Botschaft ist, dass das Lorberwerk heute leichter aufgenommen werden kann als früher, weil sich zunehmend die Erkenntnis durchsetzt, dass die Rezepte und Heilsbringer der sogenannten modernen Welt versagt haben, weswegen eine Neubesinnung in geistigen und weltlichen Dingen nötig ist. In einer Zeit, wo Gottlosigkeit und Unglauben überhandnehmen, die Menschheit ihren Untergang beschwört, bietet das Lorberwerk Anleitung und Halt, um geistig, seelisch und leiblich überleben zu können.

Für das Lorberwerk gilt, wie für die Lehre Jesu: „Wer es fassen kann, der fasse es!" (Mat 19.12) Es trifft selbst ausreichend Vorkehrungen, damit noch unreife Menschen zurückgestoßen werden. Wer in einer aufsässigen oder besserwisserischen Haltung herangeht, der findet schnell allerlei Makel, um die Sache rasch wieder zu verwerfen. Wenn dann einer immer noch meint, die vermeintlichen Märchen und Hirngespinste eines armen Geisteskranken verspotten und attackieren zu müssen, so bezeugt er damit nur seine eigene Dummheit und Bosheit. Um eine göttliche Offenbarung annehmen zu können, bedarf es drei göttlicher Tugenden: Glaube, Hoffnung und Liebe. Ohne diese wird eine Offenbarung zu einer Anhäufung leerer Worte. Für den Glaubenslosen wird sie zu einem Gegenstand des Spottes auf Gott, den er in Seinen Wahrheiten verhöhnt. Und was bedeutet dem Hoffnungslosen das ewige Leben, der Besitz Gottes, das himmlische Paradies? Wie will er sich zügeln, wie die Verheißungen Gottes für sich selbst zu Wirklichkeiten werden lassen? Welchen Ansporn hat er noch gegen Versuchung und Unglück? Und wenn man einander nicht liebt, wie soll man dann Gott glauben, an Sein Gesetz, an das Gute, wie an die göttlichen Verheißungen? Die Liebe zu Gott und zum Nächsten ist der Inhalt der Gebote Jesu.

Nach dem Lorberwerk soll man die Perlen nicht vor die Säue werfen, also die Inhalte nicht Leuten predigen, die sie nicht zu schätzen wissen oder die damit nur Unheil anrichten. Wer das Heilwasser trinken will, dem soll es zugänglich sein, wer es nicht will, dem braucht man es nicht aufzudrängen. Um die heiligen Perlen der Weisheit entdecken und schätzen zu können, bedarf es des kleinen Weges, wie ihn Theresia von Lisieux[2] definiert, eine „Empfänglichkeit des Herzens, die uns in den Armen des guten Gottes demütig und klein macht, bewusst unserer Schwäche und bis zur Kühnheit der Güte des Vaters vertrauend." Beachtliche Früchte können geerntet werden, aber es braucht dafür einen guten Willen und gesunden Menschenverstand, um beim Lesen in den Geist der Mysterien einzudringen.

---

[2] Theresia von Lisieux (1873-1897) war eine in Frankreich lebende Nonne, die in der römisch-katholischen Kirche als Heilige und Kirchenlehrerin verehrt wird.

Der Prophet Jakob Lorber

Mit Jakob Lorber (1800-1864) treffen wir auf einen besonderen Menschen, der ein einfaches und bescheidenes Leben als Musiker und Hauslehrer führte, dabei aber Zugriff auf einen unermesslichen geistigen Reichtum hatte. In seinem vierzigsten Lebensjahr hörte er morgens am 15. März 1840 deutlich eine innere Stimme, die ihm zurief: „Steh' auf, nimm deinen Griffel und schreibe!" Er gehorchte diesem geheimnisvollen Ruf, worauf ihm innerhalb von vierundzwanzig Jahren, bis zu seinem Tod, mehrere Bücher und etliche Nebenworte diktiert wurden. Jakob Lorber empfand die in ihm redende Geistesquelle als die Stimme von Jesus Christus, das lebendige Wort Gottes. Er hörte das innere Wort wie einen höchst klaren Gedanken, wie ausgesprochene Worte, aus der Gegend des Herzens.

Jakob Lorber schrieb zwar Tausende von Seiten selbst nieder, war aber durchaus kein Schreibmedium oder automatischer Schreiber. Seine Hand wurde nicht von einer fremden Intelligenz geführt, und er befand sich auch nicht in einer Trance, während er das innere Wort niederschrieb oder einem Freund in die Feder diktierte. Von besonderen Hilfsmitteln und Umständen war er auch nicht abhängig; lediglich ein ruhiger und ungestörter Ort waren für Empfang und Niederschrift notwendig, wobei aber Freunde problemlos anwesend sein konnten. Die Niederschrift der Kundgaben verlief auch nicht völlig fehlerfrei, wie manchmal berichtet wird; die Texte sind nur in einem Zug geschrieben, das Ergebnis eines Diktates und nicht das der Produktion eines Autors, der seine Arbeit öfters nachbessern muss. Die irrige Vorstellung, Jakob Lorber sei ein automatisches Schreibmedium, beruht auf einer widersprüchlichen

Anmerkung in der Lorber-Biographie von Karl Gottfried von Leitner[3]. Er schreibt dort: „am schnellsten und zugleich am richtigsten schreibe er (Lorber) dann, wenn er die Hand sich ganz mechanisch mit der Feder fortbewegen lasse". Zugleich macht Leitner aber auch deutlich, Jakob Lorbers Hand werde nicht „mechanisch durch eine fremde Intelligenz geführt".[4] Vermutlich versuchte der Biograph die übernatürliche Herkunft der Kundgaben besonderes zu betonen, übersah dabei aber seine eigenen Angaben an anderer Stelle und jene von Jakob Lorber selbst.

Obwohl die Niederschriften Jakob Lorbers schon zu seinen Lebzeiten eine Schar begeisterter Anhänger hatte und er von den erhaltenen Durchgaben selbst zutiefst beeindruckt und berührt war, blieb er sehr bescheiden und demütig. Er sah sich durchaus nicht als Missionar, Prediger oder Religionsgründer, noch nicht einmal als Prophet, obwohl er als solcher wirkte. Er bezeichnete sich lediglich als Schreibknecht Gottes, der das an ihn ergehende Wort des Herrn niederschrieb. Darauf bildete er sich nichts ein. Lorber lebte zu einer Zeit der Zensur und Unterdrückung durch den Obrigkeitsstaat und die Kirche. Deswegen mussten seine Schriften verborgen gehalten werden. Er konnte lange keinen Verleger finden, da es keiner wagte, die Bücher herauszugeben. Man bedrohte ihn sogar mit gerichtlicher Verfolgung, wenn er sich als Prophet oder als Gottesschreibknecht bezeichnen lasse. Die Kundgaben über

---

[3] Karl Gottfried von Leitner (1800-1890) war ein österreichischer Schriftsteller und ein langjähriger Freund Jakob Lorbers.

[4] Andreas Fincke, „Jakob Lorber – Der Schreibknecht Gottes", EZW-Texte Nr. 169/2003; Leitner, Lebensbild 1924. Die widersprüchliche Angabe, Jakob Lorber schreibe am schnellsten und richtigsten, wenn er die Hand mechanisch fortbewegen lasse, fehlt in späteren Ausgaben der Biographie.

Robert Blum[5], der während der Märzrevolution im Jahr 1848 hingerichtet worden war, konnten erst Jahrzehnte nach dem Verscheiden Jakob Lorbers veröffentlicht werden.

Während der 24 Jahre des Niederschreibens der Kundgaben (1840-1864), verbrachte Jakob Lorber den Vormittag größtenteils am Schreibtisch. Sein Schreiben betrachtete er als seinen eigentlichen Lebensberuf, für den er das Geben von Konzerten aufgab. Um seinen Lebensunterhalt zu bestreiten, gab er Musikstunden und stimmte Klaviere. Obwohl seine Bedürfnisse sehr bescheiden waren, geriet er in späteren Jahren, als er gebrechlich geworden war, in existentielle Nöte, worauf ihm seine Freunde aushalfen. Seine Bücher wurden von anderen Personen unter großen Geldopfern gedruckt; Jakob Lorber selbst bezog nie ein Buchhändler-Honorar. Er blieb unverheiratet und litt in seinen letzten Lebensjahren an einer gichtischen Wassersucht, die ihn öfters ans Bett fesselte,[6] weswegen er die Kundgaben ab dem 11. April 1864 nicht mehr selbst niederschrieb, sondern einem Freund diktierte. Er starb im Jahr 1864 materiell verarmt in Graz. Der Arzt Dr. Rainer Uhlmann stellte dazu fest, dass Jakob Lorber wahrscheinlich nicht an einer Lungenerkrankung starb, wie in diversen Arbeiten angenommen, sondern an einer Blutung aus Ösophagusvarizen, wie sie bei einer Leberzirrhose auftreten kann, oder an einer Magenblutung durch ein chronisches Geschwür, oder an Krebs. Um falschen Schlüssen vorzubeugen, betont er außerdem, dass Leberzirrhose keinesfalls beweisend für Alkoholismus ist.

---

[5] Robert Blum (1807-1848) war ein deutscher Politiker und Abgeordneter in dem als Folge der Revolution entstandenen ersten demokratisch gewählten gesamtdeutschen Parlament, der Frankfurter Nationalversammlung.

[6] Das Wort 1928, Seite 139, „Die Originalhandschriftensammlung der Neu-Salems-Gesellschaft", Fritz Enke

In den erhaltenen Kundgaben wird Jakob Lorber als Schreiber der Offenbarung des Wortes Gottes bezeichnet, als Knecht des Herrn zur Kundgabe des ewigen Reiches, das die Liebe Gottes ist. Genealogisch gehöre Lorber zum Stamm Davids und stamme von Joel ab, dem ältesten Sohn Josephs, des Ziehvaters Jesu.[7] Jakob Lorber wird in den Kundgaben einerseits mit dem Propheten Elias und mit Lot verglichen, andererseits wegen diverser Schwächen ermahnt, wobei sich Ermutigungen und Ermahnungen die Waage halten. Die verkündigte Abstammung und hohen Vergleiche stiegen Jakob Lorber jedenfalls nicht zu Kopf; er blieb ein einfacher Mensch und bezeichnetes sich als unwürdigen, sündigen, wertlosen und schlechtesten Knecht.

Psychologisches Profil

Jakob Lorber war sehr mitfühlend, eine sensitive Künstlerseele. Er war schon vor seiner Berufung der Spiritualität zugeneigt und verdiente seinen Lebensunterhalt hauptsächlich als Musiker und Lehrer. Manchmal beklagte er sich bitter über die Unsicherheit seiner Lebensverhältnisse, blieb aber ansonsten ein heiterer und geselliger Mensch. Erst in seinen letzten Lebensjahren erfasste ihn eine sehr ernste Seelenstimmung. Jakob Lorber hatte offensichtlich ein gutes Verhältnis zu seinem Vater, der ihn als sein erster Lehrer in der Musik unterrichtete, worauf er dann auch selbst Musiker wurde. Wenn es stimmt, dass das Gottesbild eines Menschen wesentlich von dessen Vater beeinflusst wird, dann würde dies die starke Betonung des besonders liebevollen und sanften göttlichen Vaters im Lorberwerk erklären, der zudem auch fortwährend als Lehrer spricht. Kritik und Ablehnung verkraftete Lorber schlecht, weil sie ihn zu stark verletzte. Er fühlte sich leicht gekränkt, wenn man seine

---

[7] Jakob Lorber, Großes Evangelium Johannes 4.112.7

Worte in Zweifel zog. So erklärt sich dann auch, weswegen er schon gleich nach der Ablehnung seiner ersten Bewerbung den erlernten Beruf als Hauptschullehrer aufgab und sich ganz auf die Musik verlegte, wie sein Biograph Leitner berichtet. Seine erhöhte Empfindsamkeit bildet neben einem besonders guten Herzen und der Gottesliebe, für die vieles und je nachdem sogar alles geopfert werden muss, auch einen zusätzlichen oder alternativen Grund, weswegen Jakob Lorber ausgenutzt wurde und für seine unvernünftige Wohltätigkeit, durch die er sich selbst in existentielle Nöte brachte.[8] Jakob Lorber litt weniger, wenn er die Nöte anderer auf sich nahm, als sie bei den anderen zu beobachten und mit erleiden zu müssen. Sehr wahrscheinlich sah er in den Armen auch den Herrn, der sich seiner so liebevoll und barmherzig angenommen hatte.

Ansonsten blieb Jakob Lorber ewig ein Kind; den Tücken der Welt unzugänglich und ihnen zugleich ausgeliefert. Der Hang zu kindlicher Offenheit, schrankenlosem Sichhingeben, Sichanvertrauen machte ihn der kalten, lieblosen Umgebung oft fremd. Er war ihr unverständlich, unheimlich, wurde zum Gegenstand des Klatsches einer engherzigen, unsensiblen und sich der eigenen Mängel wenig oder gar nicht bewussten Gesellschaft. Auf irdischem Boden war er nie zuhause, im irdischen Sinn lebte er nicht, sondern überlebte. Auf echtes Verständnis konnte er nicht rechnen. Älter werdend, zog er sich mehr zurück und wurde ernster. Sein Reich war im Himmel und nicht von dieser Erde.

---

[8] Karl Gottfried Ritter von Leitner: Psychische Studien, November 1879

Die Familie Lorber

Michael Lorber und Maria Tautscher (Deutschmann)[9], die Eltern Jakob Lorbers, lebten als römisch-katholische Kleinbauern und Weber in der Untersteiermark im Dorf Kanischa bei Jahring, heute zu Slowenien gehörig. Der Vater Jakob Lorbers besaß und bewirtschaftete zwei Weinberge und war im Nebenerwerb Musiker und Kapellmeister, daher oft von zu Hause abwesend. Die Mutter war Hebamme und aufgrund ihrer Heilgabe bekannt und begehrt. Sie hatten drei Söhne, namens Jakob, Michael und Josef, und zwei Töchter, namens Cäcilia und Maria. Der Vater Jakob Lorbers starb 74-jährig auf seinem Besitztum in Kanischa, als sein erstgeborener Sohn Jakob bereits 30 Jahre alt und selbständig geworden war. Die Mutter war eine sehr intelligente Frau, die an Jakob mit großer Liebe hing. Sie starb, 87 Jahre alt, einige Jahre nach dem Hinscheiden ihres Mannes, und erlebte noch die ersten Jahre der Niederschrift der an Jakob Lorber ergehenden Kundgaben.

Die Eltern Jakob Lorbers kannten den Wert einer höheren Bildung und scheuten kein Opfer, um ihren drei Söhnen in der schwierigen Zeit der Franzosenkriege Studien zu ermöglichen. Jakob zeigte große Vorliebe und Begabung für die Musik, in der er eine vielseitige Ausbildung erhielt. Zusätzlich wurde er zum Lehrer ausgebildet. Die Musik war es, die ihn im Jahr 1824 schließlich nach Graz brachte.

Der zweitgeborene Sohn, Michael, wurde nach Vollendung seiner Studien ein Jurist. Er war politischer Beamter bei der Kärntner Landesregierung und erwarb das Schloss Porcia in Spital an der Drau, verlor jedoch aufgrund fehlgeschlagener finanzieller Spekulation sein Vermögen, das seiner Gattin und das seines Bruders Jakob. Letzterer hatte von

---

[9] „Tautscher" ist wahrscheinlich eine slawische Form von „Deutschmann"; siehe dazu den Bericht von Rudolf Kottie in Das Wort 1931-02

seinem Vater 12 000 Gulden geerbt, was damals ein großes Vermögen war. Später kam Michael in Graz bei seinem Studienkollegen, dem Notar Dr. Nedwed, als Notariatssubstitut und als ständig bevollmächtigter Vertreter dieses Notars unter. Er heiratete ein zweites Mal, nachdem seine erste Frau jung verstorben war. Aus den Resten seines Vermögens erwarb sich Michael ein kleines Weingut in der Gegend von Friedau in der Südsteiermark, wo er dann auch starb. Er hatte mit seiner ersten Frau eine Tochter, die aber ledig mit achtzehn Jahren an einer Verkühlung starb. Seine zweite Ehe blieb kinderlos.

Der jüngste Sohn, Josef, wurde Lehrer und Posthalter in Greifenburg. Die jüngere Schwester Jakob Lorbers, Maria, starb schon in mittleren Jahren. Sie hatte drei Kinder: Franziska, Maria und Ernest. Die ältere Schwester, Cäcilia, heiratete einen Schneidermeister, der ebenfalls Lorber hieß, aber nicht verwandt war. Sie lebte im Geburtshaus Jakob Lorbers und hatte zwei Kinder, namens Josef und Maria.

Die Familie Jakob Lorbers kommt im gesamten Lorberwerk so gut wie gar nicht vor. Dies verwundert umso mehr, da den nahen Freunden des Gottesschreibknechtes doch einige Aufmerksamkeit gewidmet wird. Wir finden lediglich wenige Details über seine Schwester Cäcilia, die sich zur reformierten Kirche bekannte und zu ihrem Bruder Jakob ein gutes Verhältnis zu haben schien, sowie eine kurze Geschichte, nach der seine Mutter 1842 auf einen vom Geist Gottes erfüllten Menschen getroffen sei, der ihren Sohn als Prophet Gottes bestätigte. Die Mutter dürfte demnach in ihrem Sohn einen wahrhaftigen Propheten erkannt haben. Dies schien aber nicht auf die beiden Brüder Jakob Lorbers zuzutreffen, über die Jakob Lorber 1841 in einem Brief schreibt, sie seien zwar die besten Menschen, jedoch sei ihnen sein Inneres fremd. An der geistigen Blindheit der Brüder dürfte sich über die Jahre nichts geändert haben. Als Jakob Lorber nämlich im Jahr 1844 Schwierigkeiten hatte, seinen Lebensunterhalt zu bestreiten, halfen sie ihm nicht aus. Anstatt ihm zu ermöglichen, in Graz zu bleiben und weiter zu schreiben, stellten sie ihren älteren Bruder zwei Jahre lang für ihre Geschäfte an, wo er Holzlieferungen beaufsichtigen und durch das Land reisen musste. Sehende schicken einen Propheten Gottes sicher nicht zum Holz holen. Während Jakob Lorber in den vorhergehenden vier Jahren mehrere umfangreiche Bücher niederschreiben durfte, erhielt er in den folgenden zwei Jahren nur zwei kurze Büchlein und diverse Nebenworte. Vor allem späteren Familienangehörigen war Jakob Lorber fremd. Diese zeigten sich nämlich ganz verwundert, wenn sie von Freunden der durch Jakob Lorber vermittelten Neuoffenbarung auf ihren bedeutenden Vorfahren aufmerksam gemacht wurden. Nach Harun Dzerunian[10] verhält es sich wie mit Jesus: „Er kam in Sein Eigentum, und die Seinen nahmen Ihn nicht auf." Immerhin kann man der Familie Lorber anrechnen, keinen Kult um Jakob Lorber betrieben zu haben. Sie missbrauchte seine Schriften auch nicht zum Geldverdienen – abgesehen von einem mysteriösen Fall, über den in der Folge berichtet wird.

Die sogenannte Tochter

Im Steiermärkischen Landesarchiv findet sich ein Verlassenschaftsakt, auf dessen dritter Seite eine „natürliche Tochter Maria Hochegger" erwähnt wird. Der Begriff „natürliche Tochter" bezeichnete im Österreich des 19. Jahrhundert ein uneheliches Kind. Der

---

[10] Harun Dzerunian (1883-1969) war ein armenischer Christ, der anlässlich der Christenverfolgung durch die Türken aus Istanbul nach Deutschland geflohen war. Von 1918 bis 1950 war er Volksschullehrer in Karlsruhe, von 1922 bis 1949 Dirigent des Kirchenchors der Lutherkirche Karlsruhe, Musiker und Komponist. Er war auch langjähriger Betreuer des Lorber-Freundeskreises in Karlsruhe.

Verlassenschaftsakt erwähnt keine weiteren Daten zu dieser Tochter, sie ist nicht im Abschnitt „Kinder" eingetragen. Es heißt dort auf Seite 3: „Ob ein Vermögen vorhanden sei, worin dasselbe beiläufig bestehe, in wessen Händen es sich befinde, und welche Vorkehrungen zu dessen Sicherung getroffen worden seien: Eine Violine, ein Klavier, mehrere Bilder und wenige Leibbekleidung hat der Erblasser schon zu seinen Lebzeiten seiner natürlichen Tochter Maria Hochegger geschenkt mit der Bestimmung daraus und von der hinterlassenen Barschaft zu 21 fl. die Leichkosten zu bestreiten und dieselbe auch getan hat. ... diesen Verlaß wegen Abgang jeglichen Vermögens armuthshalber abzuthun wäre". Es geht im Zusammenhang mit dieser Tochter lediglich um die Erbschaft, wobei der wertvollste Teil neben den Instrumenten – die Violine könnte laut Leitner eine Stradivari gewesen sein – das Manuskript des *Großen Evangeliums Johannes* war. Dieses habe nämlich die „sogenannte Tochter" für 2000 Gulden verkauft, weiß der Verleger Friedrich Landbeck in seiner Autobiographie zu berichten.

Trotz wiederholter Nachforschungen war dieses Kind nicht aufzufinden. Und von einer Mutter gibt es erst recht keine Spur. Es ist nicht bekannt, dass Jakob Lorber eine intime Beziehung zu einer Frau hatte. Im Lorberwerk wird sogar der Grund dafür genannt: Ohne die satanischen Malzeichen auf Stirn und Hand (weltliche Intelligenz, Macht und Geld) gibt es keine Ehe und keine Frau. Derart verkommen war (und ist) die Welt. In *Himmelsgaben* wird recht deutlich auf die Jungfräulichkeit Jakob Lorbers hingewiesen[11], nämlich indem Offenbarung 14,4-5[12] auf

---

[11] Jakob Lorber, Himmelsgaben 1.410507.14-16

[12] Off 14,4-5: „Diese sind's, die sich mit Frauen nicht befleckt haben, denn sie sind jungfräulich; die folgen dem Lamm nach, wohin es geht. Diese sind erkauft aus den Menschen als Erstlinge für Gott und das Lamm, und in ihrem Mund wurde kein Falsch gefunden; sie sind untadelig."

ihn bezogen wird. Außerdem fordert das Lorberwerk generell zu einer hohen Sexualmoral auf. Lediglich Friedrich Landbeck erwähnt eine „sogenannte" Tochter Jakob Lorbers in seiner Autobiographie, ohne weiter darauf einzugehen. Ganz offensichtlich hat er, als ein Zeitgenosse, der es wissen müsste, nicht an die Echtheit oder Existenz dieser Tochter geglaubt. Schließlich gibt es noch einen unveröffentlichten Brief im Archiv des Lorber-Verlages in Bietigheim, nach dem Maria Hochegger als vierjähriges Kind von Jakob Lorber adoptiert worden wäre. Allerdings ist schwer einzusehen, weswegen der mittellose Lorber ein Kind adoptieren sollte und dies dann niemandem bekannt geworden wäre. Laut einem ehemaligen Mitarbeiter des Lorber-Verlages wurde dieser Brief falsch gelesen und interpretiert. Statt „Mädel" wurde „Mündel" im Sinne von einem adoptieren Kind gelesen, was durchaus nicht böswillig geschehen sein muss, da „ä" und „ün" in Kurrentschrift leicht verwechselt werden können. Mädel bedeutet aber nicht automatisch „Tochter". Eine Pflegerin oder Haushaltshilfe kann auch als Mädel bezeichnet werden. Dieser Brief, den bisher nur wenige überhaupt je gesehen haben, bringt uns ganz offensichtlich nicht weiter.

Ferner gibt es noch eine Aussage vom Lorber-Verlag aus dem Jahr 2007: „Richtig ist, dass Jakob Lorber sich zu einer Tochter Maria, geb. Lorber, bekannt hat, die nach ihrer Heirat Maria Hochegger hieß. Richtig ist auch, dass diese Tochter Jakob Lorbers bescheidenen Nachlass erbte, d.i. seine Violine. Ein Klavier hat Jakob Lorber, glaube ich, nicht besessen. Diese Maria Hochegger und ihr Mann waren an Lorbers Sterbebett. Das bedeutet, Maria war 1864 bereits verheiratet, also schon älter. Ihr Geburtsdatum kennen wir nicht, auch nicht den Namen ihrer Mutter. Im Freundeskreis der damaligen Zeit scheint teilweise auch die Ansicht vertreten worden zu sein, Jakob Lorber habe sich diese Tochter unterschieben lassen, sie sei gar nicht seine natürliche Tochter. Alles Weitere dazu wäre ohne genauere Fakten aber Spekulation." Auf welche Belege diese erstaunlich klaren Angaben gründen, wurde trotz Nachfrage nicht mitgeteilt. Der Verlagsführung scheint diese Tochter jedenfalls bekannt zu sein, allerdings wurde vordem die längste Zeit behauptet, es handle sich um eine adoptierte Tochter. Es gibt zu dem Thema viel Spekulation und Vermutung, aber nur ganz wenig (öffentlich zugängliches) Material. Aus dem Lorber-Verlag hört man einmal so, dann wieder das genaue Gegenteil, und je weiter man nachforscht, desto größer wird das Durcheinander.

Der Verlassenschaftsakt wurde am 29. August 1864 von Michael Lorber unterschrieben. Michael Lorber, wir erinnern uns, ist ein jüngerer Bruder Jakob Lorbers mit juristischer Ausbildung. Ein Jurist sollte eigentlich über ein gesundes Urteilsvermögen verfügen, allerdings ist dieses im Falle von Michael Lorber aufgrund des enormen Spekulationsverlustes und der „Blindheit" (siehe voriges Kapitel) gegenüber seinem Bruder doch erheblich in Zweifel zu ziehen. Dann ist auch sehr auffällig und verdächtig, dass die sogenannte Tochter nur zwecks der Erbschaft auftaucht und dann gleich wieder in der Versenkung verschwindet. Gerüchten zufolge sei sie nach Südamerika ausgewandert. Wie auch immer: Eine objektive Betrachtung kann gegenwärtig weder ausschließen, noch bestätigen, dass Jakob Lorber eine leibliche Tochter hatte.

Es mag unwesentlich erscheinen, ob Jakob Lorber ein uneheliches Kind hatte, oder nicht. Immerhin bezeugen *Bibel* und Lorberwerk, dass der Herr auch Menschen zu Propheten beruft, die keinen guten Lebenswandel führten, wobei ein uneheliches Kind noch zu den Kleinigkeiten zählen würde. Und auch nach der Berufung hatte der Herr mit Seinen Propheten Seine liebe Not, weil es eben auch nur Menschen waren, was Ihn aber nicht davon abhielt, sie als Menschen Seines Herzens zu bezeichnen, sie sogar als sündlos zu betrachten, wenn sie Ihn nur liebten.

Wir leben leider in einer Welt, die sogar Jesus Christus Nachkommen andichtet aus niederen und abscheulichen Gründen, die ich nicht weiter ausführen möchte. Dabei beruft sie sich auf vergleichbar zweifelhafte Quellen, wie das auch bei Jakob Lorber der Fall ist. Um diesem Treiben Einhalt zu gebieten, wäre eine Aufklärung wünschenswert. Ich für meinen Teil vertraue den Angaben der Neuoffenbarung, nach der Jakob Lorber keinen intimen Kontakt zu Frauen hatte, daher eine wirkliche Tochter nicht anzunehmen ist.

Die Neuoffenbarung

Das Lorberwerk wird auch als *die Neuoffenbarung* bezeichnet, weil es das wichtigste und meistgelesene Werk der als „Neuoffenbarung" bezeichneten Schriften ist und sich selbst auch „neue Offenbarung" nennt. Mit „neuer Offenbarung" meint das Lorberwerk aber grundsätzlich die Wiederoffenbarung der ursprünglichen und vollständigen Gottes-, Erlösungs- und Heilslehre. Neu ist im gewissen Sinn nur die ausführliche und vertiefte Beschreibung jener Dinge, die in der *Bibel* lediglich in Kurzform aufscheinen, oder was nur als Hinweis auftaucht[13], weil es Jesus zu Seiner Zeit mangels Reife der Menschen noch nicht lehren konnte und es daher dem Heiligen Geist vorbehalten blieb. Dabei handelt es sich beispielsweise um die Menschheitsgeschichte von Adam bis Moses und das Leben nach dem Tod. Tatsächlich neu sind Kundgaben zu Umständen und Personen aus nachbiblischer Zeit. Aber auch diese Bereiche sind stets im Geist der *Bibel* gegeben. Der wesentlichste Unterschied zur *Bibel* besteht darin, dass die Neuoffenbarung alles erklärt. Jesus fragt in der Neuoffenbarung nicht „glaubst du mir?" sondern „verstehst du mich nun?" In ihr wird verwirklicht, was schon in Mk 4.11 verkündet wird, nämlich dass es den Jüngern Jesu gegeben sei, die Geheimnisse des Himmels zu wissen. Verstand und Vernunft werden integriert, allerdings in vergeistigter Form, im Verbund mit dem Evangelium, der Lehre Christi. Der Glaube wird auf die tätige Liebe gegründet gesehen, die ihr eigenes Licht hat, das imstande ist, Gott zu erkennen und zu verstehen, was dem bloßen Gehirnverstand, der Geistiges nicht fassen kann,

---

[13] „Ich habe euch noch viel zu sagen; aber ihr könnt es jetzt nicht ertragen." (Joh 16.12) und „Es sind noch viele andere Dinge, die Jesus getan hat. Wenn aber eins nach dem andern aufgeschrieben werden sollte, so würde, meine ich, die Welt die Bücher nicht fassen, die zu schreiben wären." (Joh 21.25)

unmöglich ist. Abgelehnt und verworfen wird die Vorstellung Luthers, der Glaube dürfe nicht vernünftig sein, sondern sei „der finstere Weg, da Finsternis ist unter seinen Füßen", wodurch er Gott in die Irrationalität verbannte, das Diesseits dem unerleuchteten Verstand überließ, und so der Aufklärung den Weg bereitete. Während sich die *Bibel* an unaufgeklärte Menschen richtet, die in einer Welt voller Aberglauben, Magie und Wunder lebten, wendet sich die Neuoffenbarung der rationalistisch geprägten Menschheit zu. Sie versteht sich als Kommentar, Auslegung und Weiterführung der *Bibel*, des Rätsels Lösung, vielleicht sogar als Drittes Testament. Denn obwohl sich die Neuoffenbarung am laufenden Band auf die *Bibel* bezieht und daraus zitiert, korrigiert sie diese auch manchmal, vergleicht die *Bibel* dem Buchstabensinn nach mit dem zerstörten Jerusalem und nennt die Evangelien zum großen Entsetzen jener sogenannten Christen, welche die *Bibel*, als Buch, zu ihrem Götzen gemacht haben (oder vielmehr eine finstere Interpretation derselben), ein „zum größten Teil heilloses Machwerk", das zu vertilgen sei. Sie befindet sich in einem vergleichbaren Konflikt wie das Neue Testament zum Alten Testament. Das Alte muss Platz machen für das Neue, wird aber nicht verstoßen, oder vertilgt im wortwörtlichen Sinn, sondern in destillierter vergeistigter Form integriert. Kinder werden erst mit einem gewissen Alter verständig und die Neuoffenbarung richtet sich an diese. Etwas älteren Kindern können Eltern manche Dinge schon ein Stück weit erklären, damit sie verstehen und nicht nur blind gehorchen müssen. So können sie sich weiter entwickeln und bleiben nicht ewig Babys.

Folgende Schriften gehören zur Neuoffenbarung, die etwa 20 000 Manuskriptseiten umfasst: Die Haushaltung Gottes (1840-44), Himmelsgaben (1840-64), Psalmen und Gedichte (1841), Die zwölf Stunden (1841), Der Mond (1841), Der Saturn (1841-42), Die Fliege (1842), Der Großglockner (1842), Die natürliche Sonne (1842), Die geistige Sonne

(1842-43), Schrifttexterklärungen (1843), Die Jugend Jesu (1843), Der Laodizenerbrief des Apostels Paulus (1844), Briefwechsel Jesu mit Abgarus (1845-46), Die Erde (1847-56), Jenseits der Schwelle (1847), Bischof Martin (1847-48), Robert Blum (1848-51), Die drei Tage im Tempel (1859-60), Das große Evangelium Johannes (1851-64)

Der katholische Theologe Robert Ernst hat die Neuoffenbarung als ein Monumentalwerk bezeichnet, das über das Fassungs- und Schaffensvermögen des genialsten Philosophen, Theologen und Schriftstellers hinausgeht. Nach unvoreingenommener wissenschaftlicher Untersuchung ist sie übersinnlicher Natur. Sie beruht auf den Grundsätzen des reinsten Christentums, auf der Liebe zu Gott und den Menschen. Es geht nicht um weltliche Bildung, sondern die geistigen Sinne werden erweckt, geschult und angesprochen. Obwohl sich die Neuoffenbarung stets an der *Bibel* orientiert, auch ähnlich bunt und lebendig ist, lässt sie sich – wie auch die *Bibel* – nicht unter „exklusiv christlich" unterbringen, weil sie sich nicht nur an Christen, sondern an alle Menschen der Welt richtet. Sie ist weder katholisch, noch evangelisch, noch sonst einer Konfession zuzuordnen, auch nicht der Gnosis. „Überkonfessionell", „universal" sind Begriffe, die sie noch am treffendsten beschreiben. Gott, der in der Neuoffenbarung in erster Person spricht, stellt sich nicht als Gott irgendeiner Kirche oder Religion vor, sondern als *der* Gott, der eine und alleinige, wahre Gott aller Menschen, menschgeworden, gekreuzigt und vom Tod auferstanden in Jesus Christus. Dabei orientiert sich das Werk aber nicht an der Zeit von vor 2000 Jahren, sondern an den Umständen des 19. Jahrhunderts und am Propheten, durch dessen Geist sie gegeben wurde. Die Neuoffenbarung ist also nicht in Hebräisch, Altgriechisch, Latein oder Aramäisch gegeben, sondern in deutscher Sprache. Sie gleicht einer nicht kultivierten, wilden Schönheit, frei und ungezügelt, Wunder über Wunder bergend, wie eine Rose, die ihre Freunde und Liebhaber mit Nektar belebt und ihre Feinde und Verächter mit Dornen abwehrt.

Der Stil der Neuoffenbarung ist geprägt von der weitschweifigen Sprache des 19. Jahrhunderts und überaus variabel. Die deutsche Sprache wird auf kreative Weise verwendet, neue Wörter werden geschaffen, bestehende um- oder ausgebaut. Allgemein einfach und gefällig gehalten, selbst in den abstraktesten Teilen klar, schwingt sich die Neuoffenbarung zu höchster Erhabenheit auf, scheut aber auch nicht die Vulgarität. Von der Argumentationsweise her gibt es Ähnlichkeiten mit den Schriften Emanuel Swedenborgs, dem Aufbau und der Erzählweise nach gleicht die Neuoffenbarung den altindischen Puranas. Das Werk befindet sich ganz und gar im johanneischen Geist, der die Göttlichkeit Jesu betont und auf Entsagung und hohe Vergeistigung ausgerichtet ist. Gleich einem Adler schwebt die Neuoffenbarung über den Niedrigkeiten und Nichtigkeiten der Welt und beurteilt sie mit überaus scharfem Blick. Die Göttlichkeit Jesu wird in dieser mystischen Theologie so stark betont, dass man Lorberkritikern die Feststellung, Jesus werde als Supermann präsentiert, nicht völlig abschlagen kann. Jesus feiert in der Neuoffenbarung Hochzeit mit Seiner Kirche, erscheint als siegreicher, vom Tod auferstandener, machtvoller Herr, Gott und Vater. Er ist überaus dienstfertig und hält Seine Herrlichkeiten nicht für Sich zurück, sondern lässt sie Seinen Kindern im Übermaß zukommen. Das kann man mögen, oder auch nicht. Ein verfälschtes Jesusbild ist es nicht, sondern nur eines, wie es Jesus, als der Vater, Seinen braven Kindern schildert. Welcher Vater würde seine guten Kinder mit detaillierten Schilderungen vom Leiden und Schrecken der Kreuzigung belasten? Solche Dinge gelten den Hartherzigen als Weckruf, damit sie verstehen, wie weit der Herr ging, um auch sie noch zu retten. Der leidende und gekreuzigte Jesus, wie man ihn in römisch-katholischen Privatoffenbarungen antrifft, wobei die ausführlichen Schilderungen auch nicht von Jesus Selbst vermittelt wurden, wird in der Neuoffenbarung zwar beschrieben, besprochen und erklärt, das *Große Evangelium Johannes* aber bleibt unvollendet und bricht kurz vor der Passion ab. Man kann sagen, es blieb unvollendet, wie auch das Leben des Menschen unvollendet bleibt (abgesehen von seltenen Ausnahmen) und erst im Jenseits sein Finale findet – und der Anfang von etwas ganz Neuem. Das schwere Leiden Jesu im Garten Gethsemane, von dem übrigens nur die synoptischen Evangelisten Matthäus, Lukas und Markus berichten, nicht aber Johannes, liegt nicht im Fokus der Neuoffenbarung. Das Menschliche an Jesus wird zwar erwähnt und beschrieben – Er ist nicht nur scheinbar Mensch geworden, wie es früher von Gnostikern und Manichäern verbreitet worden ist; aber Jesus spricht in der Neuoffenbarung eben nicht als der Jesus, der Sein aus dem Judentum angenommenes Menschliches noch überwinden muss, was durch die Kreuzigung geschehen ist, sondern als der wiederauferstandene und verherrlichte Christus, als Jesus-Jehova-Zebaoth, Retter, Erlöser, eins mit Gott Vater. Daher kann die Kreuzigung Jesu nicht eine zentrale Stelle in der Neuoffenbarung einnehmen. Würde man deshalb die Neuoffenbarung der Gnostik zuordnen, dann müsste man auch Johannes, den Lieblingsapostel, den Verfasser des mystischen Evangeliums, wie das Johannes-Evangelium auch genannt wird, einen Gnostiker nennen.

Die Neuoffenbarung bietet bedingt Versöhnung von Wissenschaft und Religion, die sich im Verlauf der Aufklärung entzweit hatten. Gott verschwand aus der Welt und mit Ihm der Sinn. Der Mensch, dessen Haare auf dem Kopf doch eigentlich gezählt sein sollten, wurde zu einem nichtigen Wesen in einer profanen Welt degradiert. Die Neuoffenbarung vermittelt dieser verunglückten Welt Heilung und Einswerdung, ein universales einheitliches Weltbild in nachaufklärerischer Zeit, in dem alles im weiten Universum von Leben und Sinn erfüllt ist und eine tiefe von Gott ausgehende und auf ihn verweisende Bedeutung hat. Sie schenkt ein Gefühl von Geborgenheit und Lebenshelle, schafft eine kritische Distanz zu den Hypothesen und Theorien der Naturwissenschaft, bietet Alternativen an, beflügelt die wissenschaftliche Fantasie und weitet so den Horizont. In der Neuoffenbarung ist wieder Gott der Herr, Jesus-Jehova-Zebaoth, groß und stark, dabei aber menschlich, brüderlich und zugänglich. Sie vermag eine lebendige Beziehung zu Jesus zu stiften, Liebe und Zuneigung zu erwecken, und so das Leben zu verändern. Sozusagen als Bonus bietet die Neuoffenbarung eine lebendige und wirkmächtige Jenseitsvorstellung an, die auf Emanuel Swedenborg, den Fürsten unter den Jenseitskundigen, aufbaut, wobei aber eine größere Barmherzigkeit Gottes zu Tage tritt. Sie ermuntert zur Selbsterkenntnis und zum Offenbarungseid darüber, was einen in diesem Leben wirklich trägt.

Die Neuoffenbarung ist für eine Zeit gegeben, in der die Kirchenorganisationen, korrupt und morsch geworden, ihren Einfluss verlieren und die offene oder kaschierte Gottlosigkeit zur verbreitetsten Überzeugung eines dem Materialismus ergebenen Volkes geworden ist. So gesehen könnte man sie als „Survival-Offenbarung" bezeichnen, als Arche Noah für die letzten Getreuen. In weiterer Folge bezieht sich die Neuoffenbarung auf eine Zeit, die wir uns heute noch so wenig vorstellen können, wie die Jünger Jesu die heutige Zeit. Nach der Neuoffenbarung erfährt die Menschheit etwa alle zweitausend Jahre einen bedeutenden geistigen Entwicklungsschub, dem unweigerlich der Zusammenbruch oder die Reform des bisher Bestehenden vorangehen muss. Der vorherige Entwicklungsschub war das Erscheinen und Wirken Jesu, die Neuoffenbarung selbst ist Teil des aktuellen Entwicklungsschubes. Was die Menschheit die nächsten zweitausend Jahre erwartet, kann man aus der

Neuoffenbarung nur erahnen. Die materielle Not und soziale Ungerechtigkeit könnte von der Erde weitgehend verschwinden. Was die Religion betrifft, könnte es nur mehr einen Hirten und eine Herde geben, Jesus-Jehova-Zebaoth und die Seinen, demnach keine Religionskriege mehr. Das neue Jerusalem, die neue Welt, die neue Erde. Doch davor drohen noch nie dagewesene Katastrophen, die der Mensch, oder vielmehr der Unmensch, selbst über sich bringt. Was geschehen würde, wenn die Kirchen die Neuoffenbarung annehmen würden – was sie jederzeit tun könnten, wenn sie innerlich dazu bereit sind – ist nicht allzu schwer abzuschätzen: Sie würden sich zu einer Kirche einen und wieder das werden, was die Kirche ursprünglich hatte sein sollen, nämlich die selbstlos dienende, aber wahrhaft königliche Lebenslehrerin auf der Erde, die auf jede Frage des Lebens Antwort geben kann, die keine Glaubenssätze mehr von den Menschen zu fordern braucht, sondern den ungeheuren Wissensschatz der Neuoffenbarung übermittelt. Es käme wieder Kraft und Herrlichkeit und echte Erlösungskraft in ihr Wesen hinein, sie wäre eine geistig reiche Kirche, ganz nach dem Sinn des Herrn, ein wahrhaftiges Reich des Geistes, ein wahres Friedensinstrument auf Erden.

Die Neuoffenbarung gibt sich nur wenig verhüllt als Wiederkunft Christi in geistiger Form, im Wort, zu erkennen. Diese Wiederkunft wird in Mat 24.3; Mat 24.30; Mat 26.64; Mark 13.26-27; Luk 21.27; Apg 1.11 und überall in der Offenbarung des Johannes angekündigt und in Bildnissen beschrieben. Sie bezieht sich auch auf das Wirken von Emanuel Swedenborg und anderer wahrhaftiger Seher, Weiser und neu erweckter Propheten. Dabei bleibt Widerstand nicht aus: In Seiner Wiederkunft würden Hunde und Katzen den Herrn eher erkennen als eine herrschen wollende Priesterschaft (*Himmelsgaben* 1.410125.6), insoweit also eine Wiederholung der Geschichte. Nur diesmal wird es nicht mit der Kreuzigung des Herrn enden, denn Er kommt nicht mehr als Bettler arm und schwach auf die Erde, sondern als starker Held und Sein Gericht mit Ihm: „Wer Mich ergreifen wird mit Liebe, der wird leben ewig; wer aber auch nur einen Finger gegen Mich kehren wird, der soll gekreuzigt werden im Feuer Meines Grimmes!" (*Himmelsgaben* 1.400813.7) Bei jenen Unbelehrbaren, die auch nach zweitausend Jahren immer noch den Herrn hinrichten wollen, wird der Zorn Gottes die weitere Behandlung übernehmen. Wobei allerdings auch dieser in Wirklichkeit mehr Liebe ist, als die größte Liebe, zu der ein Mensch fähig ist (*Jugend Jesu* 204.7).

Für die Jahre um 1840, das Jahr in dem das Diktat der Neuoffenbarung an Jakob Lorber begann, wurde mehrfach die Wiederkunft des Herrn erwartet. Auch aus Bibelstellen lässt sich dieses Jahr errechnen.[14] Hildegard von Bingen, die große deutsche Prophetin des 12. Jahrhunderts, berichtet in ihrem Werk *Liber divinorum operum* (Buch der Gotteswerke) von einem neuen Evangelium Johannes, was sich auf das *Große Evangelium Johannes* beziehen könnte, da nach ihr kein anderes, neues Evangelium Johannes offenbar geworden ist, als das Jakob Lorbers. Sie schreibt: „Die erwähnte Schau (Offenbarung) lehrte mich die Worte und den Inhalt dieses Evangeliums, das vom Anfang der Werke Gottes handelt, und gab mir das Verständnis hierzu. Und mir wurde einsichtig, dass diese Auslegung zugleich der Beginn einer anderen Schrift sein müsste, die noch nicht offenbar geworden war. In ihr sollten viele Fragen der geheimnisvollen Schöpfungsordnung Gottes untersucht werden."

---

[14] Das Wort, 1978-09 und 10, „Die Bibel weist auf Jakob Lorber", ab Seite 271; Das Wort, 1981-06, „Advent der vorlaufenden Boten", ab Seite 298; Geistiges Leben, 1987-01, „Die Bibel weist schon im Alten Testament auf die Neuoffenbarung Jesu durch Jakob Lorber hin!", ab Seite 17

Wer ist der Autor?

Der Autor der Neuoffenbarung ist vordergründig natürlich Jakob Lorber, auch wenn er angibt, das Werk sei ihm durch seine innere Stimme in die Feder diktiert worden. Es ist nur vernünftig, angesichts der unzweifelhaften Existenz von falschen Propheten und allerlei Missbrauch der Religion, Charakter und Lebensführung des Schreibers genau zu überprüfen. Da wir dies aus natürlichen Gründen nicht persönlich tun können, bleibt uns das Zeugnis von vertrauenswürdigen Zeitgenossen Jakob Lorbers. Im Vergleich zu anderen als Propheten wirkenden Personen findet sich relativ viel Material, wobei Jakob Lorber die besten Zeugnisse von intellektuell gebildeten, kritisch denkenden Zeitgenossen erhielt. Wer ihn aus langjährigem Umgang persönlich kannte, oder ihn aufsuchte und kritisch überprüfte, kam zu dem Schluss, dass es sich bei ihm um eine aufrichtige, gutherzige, sensitive und geistig gesunde Person handle, der keine Betrügerei oder sonstige Bosheit zuzumuten war. Er betrieb kein Geschäft mit seinen Schriften, womit auch eine finanzielle Motivation ausscheidet. Er lebte, insoweit er sich finanziell nicht selbst erhalten konnte, von freiwilligen Spenden. Als Mensch blieb Jakob Lorber zugänglich und hatte es nicht nötig, sich zu verstecken; es gab durchaus nichts zu verbergen, was natürlich der Fall gewesen wäre, wenn er ein Betrüger oder sonst übel gesinnter Mensch gewesen wäre. Verborgen gehalten werden mussten nur die Schriften aufgrund der politischen Situation im Staat. Es sollte einem unvoreingenommen urteilenden Menschen nicht allzu schwerfallen, Jakob Lorber als vertrauenswürdig zu akzeptieren. Natürlich wer nicht an Gott glaubt, oder Gott die Fähigkeit abspricht, jemandem zu diktieren, dem bleibt nichts anderes übrig, als Jakob Lorber entgegen aller Zeugnisse als Betrüger oder Geisteskranken zu betrachten. Damit wird aber keine schlüssige Beurteilung Jakob

Lorbers geliefert, sondern lediglich ein Zeugnis abgelegt erstens über ein Weltbild, in dem jemand wie Jakob Lorber keinen Platz findet, und zweitens über die Eigenmächtigkeit des Richters, der sich einfach über alle ernstzunehmenden Zeugen hinwegsetzt.

Wäre Jakob Lorber geisteskrank oder ein Betrüger gewesen, dann wäre dies seinen gebildeten Freunden unweigerlich aufgefallen. Allein schon weswegen ist diese Annahme nicht annehmbar. Zudem übersteigt der Inhalt der Neuoffenbarung bei weitem den Bildungshorizont des Schreibers. Jakob Lorber war zwar intelligent und in höheren geistigen Dingen nicht ungebildet, beherrschte etwas Latein und hatte eine Ausbildung als Hauptschullehrer absolviert, von einer höheren wissenschaftlichen Bildung aber war bei ihm keine Rede. Die Neuoffenbarung ist ein Werk, das Generationen von Forschern beschäftigt. Sie ist theologisch und philosophisch in sich konsistent, beinhaltet ein grandioses Weltbild, das weit über die Vorstellungen des 19. Jahrhunderts hinausgeht, beschreibt eine Vielzahl von Personen und erklärt Dinge aus allen möglichen Wissensgebieten. Um ein Werk wie die Neuoffenbarung zu verfassen, hätte Jakob Lorber weit mehr als ein Leonardo da Vinci des 19. Jahrhunderts sein müssen. Tatsächlich aber war er ein einfacher Mensch, der nur in der Musik begabt war. Er verfügte nicht einmal über eine Bibliothek mit wissenschaftlichen und hochgeistigen Schriften. Nach seiner Berufung las er, außer in der *Bibel*, so gut wie gar nicht mehr.[15] Viel gereist war er auch nicht. Dabei beinhaltet die Neuoffenbarung aber detaillierte Angaben über Geschichte und Geographie von allen möglichen Orten der Welt. Auch die Art und Weise der Niederschrift der in einem Zug geschriebenen Neuoffenbarung weist überdeutlich auf ein Diktat hin. Zudem wurden Werke oft parallel geoffenbart; Jakob

---

[15] C. F. Zimpel, Nachwort zur Erstauflage der Haushaltung Gottes

Lorber hätte also auch noch an mehreren Werken zugleich arbeiten müssen. Kurzum: Jakob Lorber als Autor und nicht nur als Schreiber der Neuoffenbarung anzunehmen, ist schlicht unwissenschaftlich.

Was sich mit einer gewissen Berechtigung in Frage stellen lässt, ist die Annahme und Aussage Jakob Lorbers, die Neuoffenbarung würde ihm von Gott oder Jesus Christus, bzw. einem Engel Gottes diktiert. Dass sich Jakob Lorber diese Stimme nur eingebildet hat, also beispielsweise an Schizophrenie litt, ist nicht annehmbar, weil kein Geisteskranker in der Lage ist, ein in sich schlüssiges Werk wie die Neuoffenbarung zuwege zu bringen. Der evangelische Theologe Hellmut von Schweinitz schrieb dazu: „Das Phänomen Lorber mit der Deutung der Tiefenpsychologie abzutun, ist keine überzeugende Erklärung. Denn was in seinen Schriften an die Oberfläche des Bewusstseins tritt, sind Erkenntnisse, die aus der Sphäre seines beschränkten menschlichen Wissens nicht stammen können. Zu ihrer Aneignung würde ein Menschenleben nicht ausreichen und alle schöpferische Phantasie nicht genügen ... Genausowenig kann das Lebenswerk Lorbers durch philosophische oder theologische Spekulation erklärt werden. Es bleibt bei ihm wie bei allen prophetischen Phänomenen ein unerklärbarer Rest."

Es gab also eine andere Intelligenz, einen Geist, der mit Jakob Lorber sprach. Wir haben zwei Möglichkeiten, Art und Wesen des Geistes Jakob Lorbers zu beurteilen: Wie verfügte der Geist über sein Werkzeug und wie sind seine Aussagen zu bewerten? Zu Ersterem lässt sich sagen, dass Jakob Lorber gut und fair behandelt wurde und den, der da zu ihm sprach, über alles liebte. Seine eigentlich einzige Beschwerde bestand darin, in existentiellen Dingen zu knapp gehalten zu werden. Ein Leben zu führen wie die Lilien des Feldes und die Vögel des Himmels, hat auch schon den Aposteln Jesu nicht gerade behagt. Auch die Aussagen der Neuoffenbarung bezeugen die Güte und Freundlichkeit des Autors, der sich durchgehend als Jesus Christus und Gott Vater zu erkennen gibt, und gemäß dem Evangelium in der Hauptsache zu Gottes- und Nächstenliebe auffordert. Würde eine böse Intelligenz mit Jakob Lorber gesprochen haben, dann hätte er diese angesichts seiner guten Lebensführung sicher nicht geliebt, sondern bekämpft. Auch würde ein böser Geist nicht zur Gottes- und Nächstenliebe aufrufen. Die gewissen Anwürfe, der Satan oder sonst ein Teufel hätte mit Jakob Lorber gesprochen, entbehren jeder Sachlichkeit, selbst wenn man annimmt, der Satan hätte sich als Gott oder Engel verkleidet, um Jakob Lorber und seine Freunde in die Irre zu führen. Durch die Neuoffenbarung haben schon viele Menschen zum Glauben, zu Jesus und zu Gott gefunden. Wenn solches das Wirken des Teufels ist, dann höchstens in den Augen von ausgemachten Gottesfeinden.

Im Buch *Robert Blum* heißt es, die Neuoffenbarung würde Jakob Lorber durch einen Engel diktiert.[16] Es ist durchaus gängig, dass Sich Gott durch einen Engel in erster Person offenbart. Schon das Alte Testament liefert darüber mehrfach Zeugnisse und auch die Offenbarung des Johannes im Neuen Testament ist von einem Engel als Wort Gottes gegeben. Welcher Engel es war, der zu Jakob Lorber sprach, lässt sich nur vermuten. Wahrscheinlich war der Übermittler der Neuoffenbarung der Erzengel Raphael. Dieser kommt in den späteren Werken der Neuoffenbarung auffallend oft vor, außerdem ist die Heilung der Seele durch Erweckung des göttlichen Geistes in ihr ein bestimmendes Thema der Kundgaben. Raphael ist nämlich als der Engel der Heilung bekannt, sein Name bedeutet „Gott heilt (die Seele)". Nun hat unser Engel die Neuoffenbarung zwar durchgegeben, dafür aber teils schon vorhandene, demnach himmlische Bücher benutzt, denn etliche Schriften der

---

[16] Jakob Lorber, Robert Blum 2.261.5

Neuoffenbarung sind Wiederoffenbarungen. Dass es im Himmel auch Schriften gibt, bestätigt die *Bibel* in Hesekiel 2.9 und Offenbarung 5.1. Wir können also auch Raphael nur bedingt als Autor der Neuoffenbarung ansehen. Treffender ist die Feststellung, welche die Neuoffenbarung selbst trifft, nämlich dass sie von Jesus Christus gegeben wurde, wobei man auch sagen könnte, vom Himmel. Trotzdem bleibt es natürlich eine Glaubensfrage, ob nun wirklich Gott oder Jesus in Jakob Lorber gesprochen hat. Und das ist auch im Sinne der Neuoffenbarung, die niemanden zwingen will, sie anzunehmen. Sie liefert viele Hinweise, die durchaus deutlich sind, aber keinen zwingenden Beweis. Die Freiheit des Menschen bleibt vollständig erhalten.

Der Einfluss anderer geistiger Werke

Gott ist der Autor der Schrift, aber der Mensch ist sein Werkzeug. Propheten sind nicht bloß Vermittler oder Telefon. Jeder Einzelne hat seine Persönlichkeit, seine Sensibilität, seinen Wortschatz, seinen Klang, seinen Zeitgeist. Eine Offenbarung richtet sich zuerst immer an den Empfänger. Sie orientiert sich an seinem Umfeld, seiner Fassungskraft und seinem geistigen Entwicklungsstand. Alles andere wäre auch unvernünftig. Jeder, selbst Gott, muss sich anpassen an das Gegenüber, mit dem er spricht, ansonsten er entweder nicht verstanden oder abgelehnt werden würde. Wenn ein Mensch eine gewisse geistige Bildung und Reife hat, dann gestalten sich auch an ihn ergehende Kundgaben entsprechend anspruchsvoller. Bei solchen Empfängern ist dann auch eher kein vorhergehender Reinigungsvorgang notwendig, während unvorbereitete Menschen zuweilen sogar recht drastisch erst aus den Klauen des Satans entrissen werden müssen. Schon vor seiner Berufung als Theograph, Gottesschreibknecht, wie er sich selbst nannte, beschäftigte sich Jakob Lorber mit höherer geistiger Lektüre. Neben der *Bibel* hatte er auch Werke von Justinus Kerner[17], Jung-Stilling[18], Emanuel Swedenborg[19], Jakob Böhme[20], Johann Tennhardt[21] und Johann Baptist Kerning[22]. Jakob Lorber war zwar kein Büchermensch, der ein Studium dieser Werke machte, dennoch ist das Lorberwerk zweifellos beeinflusst von der *Bibel* und anderen Werken, die Lorber gelesen hatte.

Nach seiner Berufung im Jahr 1840 hatte Jakob Lorber keine besondere Freude mehr mit dem Lesen. Außer der *Bibel* widmete er sich kaum mehr weiterer Lektüre. Dies lässt sich auch bei mit ähnlichen Aufgaben betrauten Mystikern beobachten und ist logisch verständlich: Was sollte jemandem, dem Gott Rede und Antwort steht, das Studium von geistiger Literatur noch bringen? Das literarische Interesse von Menschen, die von Gott angesprochen werden, besteht lediglich anfänglich in der Suche nach Erklärung des eigenen Erlebens und in der Sicherstellung, nicht einem Betrug oder einer Täuschung aufzusitzen. Ansonsten reicht ihnen die *Bibel* als Versicherung. Jakob Lorber arbeitete nicht wie ein gewöhnlicher Schriftsteller, der auf anderen Werken aufbaut, oder aus ihnen zitiert. Die Neuoffenbarung ist trotz ihrem besonders intensiven Bezug zur

---

[17] Justinus Kerner (1786-1862) war ein deutscher Arzt, Schriftsteller und Dichter. Er wurde auch einer der ersten Verleger der Werke Jakob Lorbers.

[18] Johann Heinrich Jung (1740-1817), genannt Jung-Stilling, war Arzt, Wirtschaftswissenschaftler und Schriftsteller.

[19] Emanuel Swedenborg (1688-1772) war Wissenschaftler, Mystiker und Philosoph. Sein bekanntestes und weltweit in viele Sprachen übersetztes Werk ist „Himmel und Hölle", eine Beschreibung des Jenseits.

[20] Jakob Böhme (1575-1624) war ein deutscher Mystiker, Philosoph und Theologe. Sein erstes Buch, bekannt als „Aurora", verursachte einen großen Skandal.

[21] Johann Tennhardt (1661-1729) war ein deutscher Visionär, der eine Neuoffenbarung als „Kanzlist" göttlicher Diktate schriftlich festhielt.

[22] Johann Baptist Kerning (1774-1851) war das Pseudonym von Johann Baptist Krebs, einem deutschen Opernsänger und Opernregisseur, der auch Bücher verfasste.

Bibel und dem äußerlichen Einfluss anderer Schriften ein völlig eigenständiges Werk.

Naturkunde, Historie und Heilmittel

Etwa 10-15% der Neuoffenbarung bilden naturkundliche Angaben, die in einer bildhaft-entsprechungsmäßigen Sprache vorliegen, welche den modernen Naturwissenschaftler irritieren kann. Etliche Behauptungen widersprechen einer naturwissenschaftlichen Bildung. Dies verhält sich so, weil die Neuoffenbarung eine Mischung von natürlichen und geistigen Inhalten ist. Die primären geistigen Inhalte werden in sekundäre natürliche Bilder gehüllt. Dieses Vorgehen nennt sich Entsprechung, ist so alt wie die Menschheit und wird auch in der *Bibel* fortwährend verwendet. Gott ist Geist und die Sprache des Geistes ist die Entsprechung. Wenn beispielsweise von „Licht" die Rede ist, ist meistens Weisheit gemeint und nicht unbedingt auch das natürliche Licht. Das eigentliche Thema der Neuoffenbarung ist mystisch: die individuelle Beziehung oder Verbindung mit Gott, gemäß dieser Beziehung zu handeln und Erlösung zu erlangen. Wer sich mit Aussagen, die naturwissenschaftlichen Erkenntnissen widersprechen, nicht abfinden kann, den wird seine materielle Auffassung auch daran hindern, andere hochgeistige Werke anzunehmen, denn auch die *Bibel* beginnt mit aus Lehm gemachten Menschen und endet mit vielköpfigen Ungeheuern. Und von den Dingen, die in dieser Hinsicht in buddhistischen und hinduistischen Schriften zu finden sind, will ich erst gar nicht anfangen.

Obwohl die Neuoffenbarung öfters naturkundliche Themen behandelt, sogar wesentliche Erkenntnisse der Naturwissenschaft vorweggenommen hat (Beispiele finden sich im Anhang), handelt es sich dabei dennoch nicht um ein Werk der empirischen Naturwissenschaften. Dasselbe gilt für historische Themen. Die erzählten Geschichten sind nur zum Teil historisch, dennoch der Bedeutung nach nicht unwahr. Was geistig wahr ist, kann irdischerweise ganz anderes gewesen sein. Die Neuoffenbarung will als geistiges Werk angenommen werden, nicht als historische oder naturwissenschaftliche Abhandlung; sie will mit dem Herzensverstand gelesen sein, nicht mit dem Kopfverstand. Sie ist ein Liebesbrief und keine Doktorarbeit. Die Neuoffenbarung gibt die naturkundlichen Dinge wie sie sind, *und wie sie nicht sind*, also nur im geistigen Sinn. So bringt sie ihren Lesern selbständiges Denken bei und fördert das geistige Wachstum. Wer die naturkundlichen Angaben wortwörtlich nimmt, der sollte daher immer darauf achten, dass etwas nur im geistigen Sinn gelten kann und nicht im natürlichen. Wer nicht in der Lage zu einem vergeistigten Denken ist, das ein geistiges Leben voraussetzt, also Demut und Gottesliebe, der sieht in den Werken der Neuoffenbarung Märchenbücher und Science Fiktion. So jemand verliert dann auch noch den schwachen Glauben, den er vielleicht noch hatte. Wer die Voraussetzungen der Neuoffenbarung nicht erfüllt, die Lektüre mit einer herausfordernden oder von vornherein ablehnenden Haltung angeht, sich selbst für den Weisesten aller Weisen hält, dem kann sich ihr Wert und Inhalt nicht erschließen. Die Neuoffenbarung belebt und umliebt ihre Anhänger, straft jedoch ihre Verächter, indem sie sich ihnen entzieht. Solange sich die Wissenschaft der geistigen Welt verschließt und sogar das Selbst des Menschen, seine Gefühle und sein Bewusstsein, auf bloße Gehirnfunktionen reduzieren will, wird sie keinen rechten Zugang zur Neuoffenbarung finden, denn diese spricht den Herzensverstand an (ein durch Gottes- und Nächstenliebe vergeistigtes Denken) und tadelt den bloßen Kopfverstand, wenn dieser sich hochmütig an Dingen vergreifen will, die außerhalb der Reichweite seiner viel zu kurzen Ärmchen sind.

Was die in der Neuoffenbarung gegebenen heilkundlichen Kundgaben betrifft, stellte schon Leitner in seiner Lorber-Biographie fest, dass sie teils von geringem, teils von überraschend gutem Erfolg begleitet waren. Ein Heilmittel wirkte ungünstig, was Leitner auf seine zu heftige Anwendung desselben zurückführte. Auch anderen Zeitgenossen Jakob Lorbers wurde manche ärztliche Anweisung gegeben. Ein Teil der Kuren, Diäten und Hausmittel richtet sich aber auch an die Allgemeinheit. Die Leser und Freunde der Neuoffenbarung, darunter auch ausgebildete Ärzte, haben wiederholt versucht, den Heilmitteln der Neuoffenbarung, auch Sonnenheilmittel genannt, zum Durchbruch zu verhelfen. Aber sie fanden bis heute wenig Verbreitung. Die Gründe dafür sind vielfältig: Die aufwändige Herstellung, die strengen Diäten, die zu kostspielige Zulassung und die Gefahr einer ungünstigen Wirkung, etwa wenn die Erkrankung nur eine Folgeerscheinung eines anderen Übels ist. Vor allem die Herstellung der vielwöchig zu besonnenden Heilmittel ist recht anspruchsvoll und kann nur von ausdauernden und gewissenhaften Menschen bewerkstelligt werden. Die Wirkung der Heilmittel kann großartig sein – mehrere glaubwürdig bezeugte Fälle sind bekannt, wo von den Ärzten aufgegebene Kranke eine wunderbare Heilung durch die Sonnenheilmittel der Neuoffenbarung erfuhren. Sogar eine Cholera-Epidemie im Jahr 1872 in Ludwigsburg konnte mit Sonnenheilmitteln bekämpft werden, auch wenn der Kranke schon halbtot war. Dennoch war Jakob Lorber nicht als Wunderheiler bestellt. Was ihm an Haus- und Heilmitteln gegeben wurde, geschah widerstrebend und mit der Warnung, dass die Heilung des Fleisches oft der Heilung des Geistes entgegenstehe.

Begnadete wie Jakob Lorber befinden sich fortwährend in Gefahr, von ihren weltlichen Zeitgenossen für alle möglichen gewöhnlichen Dinge beansprucht zu werden, die sie dann von ihrer eigentlichen Aufgabe abziehen. Es kann nicht die wesentliche Aufgabe eines Propheten

sein, für diverse Beschwerden Heilmittel zu offenbaren, oder vorherzu-
sagen, wann es hageln oder schneien wird. Von den grandiosen Visionen
der Anna Katharina Emmerich[23] ging beispielsweise viel verloren, weil
sie in ihrer Herzensgüte nicht widerstehen konnte, bedrängten Menschen Gebetshilfe, Rat und Trost zu spenden. Diese Sprechstunden der
Nächstenliebe gingen auf Kosten der Sprechstunden für ihren Schreiber,
der von Gott her die Aufgabe hatte, ihre Visionen für die Nachwelt fest-
zuhalten. Daher werden Anfragen, die mit der hohen Sendung eines
Propheten nichts zu tun haben, zuweilen mit absurden Antworten be-
dient, wodurch dann der Prophet am effektivsten wieder in Ruhe gelassen wird. Die heilkundlichen Hinweise und Ratschläge der Neuoffenbarung sollten daher maßvoll und vernünftig und nicht blindlings eingesetzt werden.

Mängel und Widersprüche

Angesichts gewisser Mängel und Widersprüche findet sich die Auffassung, die Neuoffenbarung bestünde teils aus dem fehlerfreien Wort
Gottes und teils aus dem Eigenen des Schreibers.[24] Dieser Auffassung
wird von der Neuoffenbarung entschieden widersprochen. Jakob Lorber
habe sich allzeit benehmen und schreiben müssen, wie es ihm vom
Herrn geboten war. Solches tat er nicht aus einem Zwang, sondern aus
reiner Hingabe, weil er selbst es so wollte. Man soll ihn nicht für so einen
argen Sünder halten, der sich Eigenmächtigkeiten im Namen des Herrn
erlaubt. Die Neuoffenbarung sei ganz rein. Gott würde nicht mit

---

[23] Anna Katharina Emmerich (1774-1824) war eine römisch-katholische
Nonne und Mystikerin. Sie trug Stigmata und hatte Visionen hauptsächlich
über das Leben von Jesus und Maria.
[24] z. B. Walter Lutz, „Für und wider Neusalem", Das Wort 1928-08,
Seite 185; Robert Ernst, Wille und Wahrheit, Nr. 7 (1979), Seite 11

Propheten sprechen, die sich Eigenmächtigkeiten erlauben.[25] Die Idee der halbseidenen Offenbarungen entstammt dem Spiritismus und hat leider auch bei führenden Freunden der durch Jakob Lorber vermittelten Neuoffenbarung Aufnahme gefunden. Spiritistische Werke, die nicht wirklich von Gott gegeben sind, sondern von einem Geist, der sich als höheres Wesen ausgibt, um seinen Worten Gewicht zu verleihen, bestehen aus teils wahren und falschen Angaben.

Dann gibt es die entlarvende Vorstellung, der Satan würde einem Propheten Gottes verkehrte Dinge einflüstern, was auch bei Jakob Lorber geschehen sei. Diese bedenkliche Idee dürfte im Wesentlichen dem Islam entsprungen sein.[26] Mohammed erklärte, jene an ihn ergangene Kundgaben, die sich als falsch oder unpraktisch erwiesen, seien ihm vom Satan eingeflüstert worden. Was Widersprüche beträfe, würde immer das zuletzt Gesagte im *Koran* gelten. Solche Aussagen, die kennzeichnend sind für falsche Propheten, finden sich nicht in der Neuoffenbarung. Dort wird ausdrücklich gesagt, Gott habe noch nie mit dem Satan zusammengearbeitet, er würde sich keinen Propheten mit dem Teufel teilen. Ein Prophet sagt „Gott sagt" und nicht „Gott sagt oder auch nicht". Er übernimmt Verantwortung für die Vermittlung des an ihn ergangenen Wort Gottes. Gott spricht Propheten auf eine Weise an, die über alle Zweifel erhaben ist.

Gott und Sein Prophet bilden eine Einheit. Wie absurd ist die Frage, oder vielmehr der Zweifel, wenn nicht schon gleich der kleingeistige Vorwurf, Jakob Lorber habe womöglich etwas aus sich hinein verwoben in die Neuoffenbarung. Man möchte antworten: Soll er doch! Solange er von Gott zu diesem Amt berufen war, hat Gott sicher alles nach Seiner

---

[25] Jakob Lorber, Himmelsgaben 2.440208.4; Himmelsgaben 3.480723.4; Himmelsgaben 3.480817.13

[26] Hamed Abdel-Samad, Mohamed (2015), Kapitel „Die satanischen Verse"

Vorstellung gelenkt. Ein Prophet gleicht einem Beamten: Natürlich fließt auch das persönliche Wesen eines Staatsbediensteten bei einem behördlichen Brief mit ein. Solange sich der Beamte an das hält, was vom Staat verordnet wurde, ist daran überhaupt nichts falsch, selbst wenn der Staatsdiener mit der deutschen Sprache auf Kriegsfuß steht. Daher erklärt die Neuoffenbarung offensichtliche Mängel und Widersprüche allgemein als Zulassung des Herrn, als Heilmittel für jene, die das Werk dem Verstand nach lesen, anstatt es vom Herzen in den Geist lebendig aufzunehmen. Die Leser werden dadurch angeregt, emsiger und lebendiger im Gegebenen zu suchen.

Zudem handelt es sich um geistige Werke, die Gleichnisse und Entsprechungen verwenden, welche im wortwörtlichen Sinn nicht zutreffen müssen. Wenn Jesus verkündet, man solle Sein Fleisch essen und Sein Blut trinken, propagiert er damit durchaus nicht den Kannibalismus. Der Einfluss Gottes erstreckt sich im Wort Gottes immer vom himmlischen Sinn des Wortes bis zum Buchstabensinn – selbst wenn letzterer völlig absurd erscheint. Man denke an die Propheten der *Bibel*. Was schreibt denn beispielsweise Johannes in seiner Offenbarung für seltsame Dinge! Wie wunderlich muss einer sein, um zu fragen, ob Johannes da nicht womöglich aus sich etwas eingewebt habe in seine Schriften!

Auch die Systematik der Neuoffenbarung findet sich in der Kritik. Alles sei durcheinander wie Kraut und Rüben. Darauf erwidert die Neuoffenbarung, sie folge der Ordnung Gottes, die ganz anders sei, als die Ordnung der Menschen. Gott lässt in der freien Natur alles anscheinend wild durcheinander wachsen, während der Mensch geordnete Felder anlegt. Und genauso verhält es sich mit der Neuoffenbarung. Es geht auch um Inspiration. Wen inspiriert schon ein Acker, außer vielleicht den Bauern, der sich einen guten Ertrag erhofft? Wie langweilig und öde sind die geordneten Reihen eines Feldes gegen die wilde Schönheit der unberührten Natur! Die Neuoffenbarung ist ein Kunstwerk und kein Buchhaltungsjournal. Sie beinhaltet eine geistige Dimension, die sich nicht so leicht greifen lässt, dabei aber wichtiger als alles andere ist, ein Gottesruf, der geistiges Leben birgt. Der Herr marschiert nicht im gleichförmigen Stechschritt mit den Seinen, nein, Er tanzt vielmehr mit ihnen.

Obwohl die Neuoffenbarung oberflächlich betrachtet relativ verständlich daherkommt, geht sie die Dinge überaus differenziert an, betrachtet vieles von verschiedenen Standpunkten aus. Dies erschließt sich aber erst nach umfangreicherer Lektüre, wenn der Leser die Aussagen vergleicht und miteinander abwägt. Mit Schwarz-Weiß-Denken kommt man bei der Neuoffenbarung nicht weit. Wer etwas finden will, der muss sich zuerst anstrengen, suchen und ordnen und vor allem selbst darüber nachdenken – und dadurch wird er geistig lebendig. Das Ziel der Neuoffenbarung ist primär Transformation, die Vergeistigung des Menschen, und nur sekundär Information, bloße Wissensvermittlung. Es geht um die Lebendigwerdung des Geistes. Diese wird durch Tätigkeit erreicht, und nicht, indem alles sozusagen auf dem Silbertablett serviert wird. Ein Läufer wird durch das Laufen erfolgreich, und nicht, indem man ihn zum Ziel fährt.

Die Lorber-Bewegung

Der Begriff „Lorber-Bewegung" bezieht sich auf die Leser und Freunde der Neuoffenbarung Jakob Lorbers. Dabei handelt es sich um keine Kirche, Sekte oder sonstige Organisation. Gegenwärtig gibt es nur den Lorber-Verlag in Bietigheim, der die meisten Manuskripte verwahrt, die Lorber-Gesellschaft, die ein Gästehaus bei der Andritz-Quelle in der Steiermark betreibt, sowie einige unabhängige Freundeskreise. Daneben bestehen private Initiativen etwa zur Herstellung der Sonnenheilmittel, wie sie in der Neuoffenbarung vorgestellt werden, oder zur Bekanntmachung und Bereitstellung der Neuoffenbarung über die neuen Medien. Schon die dem leidigen Schubladendenken entspringenden Begriffe „Lorberfreund" und „Lorberianer" sind problematisch, denn die Anhänger und Leser der Neuoffenbarung sehen sich als Christen oder einfach nur als *Menschen*, da sie auf das biblische „ein Hirte und eine Herde" ausgerichtet sind. Der unglückliche Begriff „Lorberfreund" impliziert eine sektiererische Abgrenzung zu anderen Menschen. Zudem verstehen sich die „Lorberfreunde" weniger als Freunde Jakob Lorbers, sondern vielmehr als Freunde oder Anhänger von Jesus Christus, weswegen sie korrekt als „Freunde der durch Jakob Lorber vermittelten Jesusoffenbarung" zu bezeichnen wären. Da sich nun aber der missliche Begriff „Lorberfreund" durchgesetzt hat, werde ich ihn, wenn auch mit Vorbehalt, ab nun verwenden, um die Geschichte der Leser und Freunde der Neuoffenbarung zu erzählen.

Obwohl die Lorberfreunde wiederholt von Sektenbeauftragten der Staatskirchen unter die Lupe genommen wurden, kann die Lorber-Bewegung weder im theologischen noch im soziologischen Sinn als Sekte angesehen werden: Es gibt keinen charismatischen Führer oder eine Führungsgruppe, Gruppenbildungen und Koordination erfolgen selbständig und freiwillig, Kirchenaustritt wird nicht verlangt, Feindbilder werden nicht kultiviert, eine Abgrenzung oder Distanz von der allgemeinen Gesellschaft, so sie überhaupt äußerlich ersichtlich wird, geschieht ungezwungen und auf eigenen Antrieb. Auch Essensvorschriften, allgemein festgelegte Fastenzeiten, Rituale und Feiertage – alles gemeinschaftsbildende Elemente – gibt es bei den Lorberfreunden nicht, ebenso keine Amtspriester und reguläre Gottesdienste. Die Lorberfreunde halten sich nicht für eine kleine oder große Schar Auserwählter oder für die einzigen wahren Christen. Sie sehen sich vielmehr mit *allen* Menschen der Welt verbunden als Kinder eines und desselben göttlichen Vaters, der in Jesus Christus verkörpert ist. Sie verstehen sich als überkonfessionelle Christen, wobei sie ihren Glauben an Christus und Seine göttliche Lehre aus der *Bibel* schöpfen, die sie als ein unanfechtbar heiliges Fundament ihres Glaubens, Lehrens und Lebens ansehen. Dabei gehören sie aber nicht zu jenen Christen, welche die *Bibel* für das einzige von Gott gegebene Offenbarungswort, das im 4. und 5. Jahrhundert nach Gottes Plan und Willen seinen Abschluss erhalten habe, ansehen. Sie gehören zu jenem Teil der christlichen Welt, die an eine fortdauernde Quelle göttlicher Offenbarung glaubt; für die Lorberfreunde ist die Neuoffenbarung ein neues großes Gotteswort. Sie schätzen die *Bibel* in gleichem Maß wie die Neuoffenbarung; ihnen ist die *Bibel* so heilig und teuer, wie sie nur irgendeinem Christen sein kann. Sie wollen die *Bibel* nicht verkleinern, verächtlich machen oder abschaffen, sondern soweit möglich erfüllen.

Die internationale und überkonfessionelle Leserschaft der Lorberwerke besteht aus einer Vielfalt sehr verschiedener Menschen, welche die Neuoffenbarung durchaus nicht in allem einheitlich interpretieren und leben. Entsprechend schwierig gestalten sich Gemeinschaftsleben und Kommunikation. Überdurchschnittlich viele Lorberfreunde haben im Vergleich zu anderen geistig orientierten Gruppen keinen religiösen Hintergrund, die Mehrheit dennoch einen christlichen – evangelisch, katholisch, freikirchlich, charismatisch. Viele fanden zur Neuoffenbarung über Esoterik und Parapsychologie, etliche über fernöstliche Religionen. Auch aus den Kreisen von verschiedenen Mystikern, Wortempfängern, Heilern, Lebensberatern und Geistlehrern haben Menschen zur Neuoffenbarung gefunden. Nur wenige wurden in die Neuoffenbarung sozusagen hineingeboren. Die meisten Lorberfreunde haben sich nach längerer Wahrheitssuche selbst für die Neuoffenbarung entschieden. Öfters führten eine schwere Lebenskrise, eine leibliche Erkrankung, eine schwere seelische Erschütterung und herbe Enttäuschung in der äußeren Daseinsebene zum Lorberwerk. Manche fanden in der Neuoffenbarung Erklärung und Bestätigung eigener übernatürlicher Erfahrungen. Andere sind auch einfach nur zufällig auf das Werk gestoßen. Es wurde festgestellt, dass sehr intensives Suchen und eine große Sehnsucht im Herzen notwendig sind, um das Geschenk der Neuoffenbarung wirklich dankbar annehmen zu können. Wenn nur eine große anfängliche Begeisterung da ist, dann ist die Sache wahrscheinlich nicht dauerhaft. Bei so ziemlich allen Lorberfreunden besteht ein allgemeines Interesse an Religion und Mystik. Die Neuoffenbarung vermittelt ihnen Schutz und unmittelbare göttliche Führung, das innere Wort, ein alternatives Weltbild, in dem der Mensch wieder Bedeutung und Bestimmung hat, Aufklärung über Lebens- und Glaubensfragen, Klarheit, Halt, Trost, Heilwerdung und Erlösung, Abkehr von Selbstsucht und Materialismus, Glaubensvertiefung und Erläuterung der *Bibel*, Zugang zu Jesus Christus, Liebe zu Gott und dem Nächsten, ein als lebendig und ursprünglich empfundenes Christentum, sowie die Ankündigung zukünftiger Ereignisse. Nicht wenige Lorberfreunde berichten davon, sie hätten beim Lesen der Neuoffenbarung eine überwältigende Nähe Gottes erlebt.

Weil der Zugang zur Neuoffenbarung und die religiöse Sozialisation unter den Lorberfreunden sehr verschieden sind, stellt sich die Frage, ob man anstatt von einer Gemeinschaft oder Bewegung nicht besser von einem Leserkreis sprechen sollte. Bei aller Verschiedenheit und Differenzen lässt sich jedoch sagen, dass innere Freiheit und Selbständigkeit verbunden mit tiefer Religiosität, sowie der Glaube an die göttliche Urheberschaft des Lorberwerks das einende Element der Lorber-Bewegung ist. Über die Anzahl und Verbreitung der Lorberfreunde landesweit oder weltweit lassen sich kaum seriöse Angaben machen; es sind schätzungsweise mehrere Tausend. Die überwiegende Mehrheit befindet sich gegenwärtig in den deutschsprachigen Ländern. Eine größere Anzahl lebt auch in den USA. Die meisten Lorberfreunde finden sich in Staaten mit größeren christlichen Gemeinden.

Jakob Lorber gründete keine Kirche, keine Bewegung, keine Sekte, nicht einmal einen Verein. Er selbst trat trotz Verfolgung und Anfeindungen nicht aus der römisch-katholischen Kirche aus, und auch von seinen zeitgenössischen Freunden und Anhängern ist solches nicht bekannt. Er hatte einen persönlichen Freundeskreis, dem einige Prominente wie Dr. Justinus Kerner, Dr. Carl-Friedrich Zimpel, Anselm und Andreas Hüttenbrenner, sowie Karl Gottfried Ritter von Leitner angehörten. Es gab aber keinerlei formelle Organisation oder Mitgliedschaft. In der Neuoffenbarung finden sich keine Anweisungen zur Gründung einer Kirche oder Sondergemeinschaft, vielmehr heißt es dort, die echten Getreuen Gottes hätten es nicht nötig, sich in einem engen Kreis zu sammeln. Man solle bei seiner Kirche bleiben, oder auch nicht. Die Neuoffenbarung hat mit organisierter Religion nicht viel im Sinn. Sie überlässt es jedem selbst, ob er Mitglied einer organisierten Religionsgemeinschaft sein möchte. Neuoffenbarung nach Lorber bedeutet hauptsächlich Geistkirche, die Weltkirche tritt weitestgehend in den Hintergrund. Man soll von

Gott gezogen sein, nicht von einer Priesterschaft. Die Neuoffenbarung richtet sich damit an geistig schon etwas fortgeschrittene Menschen. Allgemeine Anleitungen zu Gemeinschaftsleben und Mission werden allerdings gegeben.

Die Gründung einer mehr organisierten Lorbergemeinschaft hat sich erst in den Jahrzehnten nach Jakob Lorbers Verscheiden ergeben, wobei die Verleger Christoph Friedrich Landbeck und Otto Zluhan die beiden hauptsächlichen Gründungsväter waren. Die Lorber-Bewegung ist größtenteils eigentlich eine Landbeck&Zluhan-Bewegung. Weil sich dafür aber der Begriff Lorber-Bewegung eingebürgert hat, bleibe ich dabei.

Die Geschichte der Lorber-Bewegung als Organisation oder Verein drehte sich im Wesentlichen um den Verlag der Lorberschriften und spielte sich hauptsächlich im vereinsverliebten Deutschland ab, obwohl es auch in anderen Ländern Gemeinschaften mit einer gewissen Organisation gab. Davor und daneben existierten stets unabhängige Freundeskreise. Diese so gut wie gar nicht organisierten oder koordinierten Kreise bestanden aber jeweils höchstens ein paar Jahrzehnte lang. Die große Mehrheit der Lorberfreunde lebt seit jeher selbständig für sich außerhalb irgendeines Vereines, der sich auf die Neuoffenbarung bezieht. Die regelmäßigen Tagungen oder Versammlungen der Lorberfreunde dienten im Wesentlichen der Erbauung – man traf Gleichgesinnte, mit denen man sich über Dinge der Neuoffenbarung und des geistigen Lebens unterhalten konnte. Um dem Ganzen einen Rahmen zu geben, fanden Vorträge und Ausflüge statt. Irgendeine kultische Ausprägung gab es bis auf wenige Ausnahmen nicht.

Was die Finanzen der Lorber-Bewegung betrifft, haben bisher im Wesentlichen nur der Neu-Salems-Verlag, der Lorber-Verlag und die angeschlossenen Lorber-Gesellschaften Geld eingenommen mittels

Buchverkauf und Spenden. Die Herausgabe von Offenbarungswerken ist in der Regel nicht profitabel, da zu wenig Nachfrage besteht. Die Bücher der Neuoffenbarung konnten jahrzehntelang nur unter großen Schwierigkeiten und persönlichen Opfern veröffentlicht und gedruckt werden. Staatliche Förderung für wohltätige oder missionarische Projekte der Lorberfreunde konnten nur sehr selten in Anspruch genommen werden. Auch der Vertrieb von Sonnenheilmitteln und anderen Hausmitteln nach den Rezepten der Neuoffenbarung erwies sich wegen deren aufwändigen Herstellung, sowie den enormen Kosten, welche für die Zulassung von Heilmitteln fällig werden, wiederholt als nicht profitabel. „Wo Christus ist, da ist kein Geld; wo aber Geld ist, da ist kein Christus!", heißt es in der Neuoffenbarung. Diese richtet sich insbesondere an Menschen, denen das Gotteserleben eine unmittelbare persönliche Erfahrung ist, an Mystiker. Eine Bindung an die Welt, auch in der Liebe, bedeutet für solche Personen, ihrem Heiland untreu zu werden, und sie erkennen, dass wahrer Friede und volle Geborgenheit in der vergänglichen Welt nicht zu finden sind. Für so jemanden muss in jeder Herzensbeziehung irdische und himmlische Liebe in Widerstreit treten, und so endet der Kampf mit dem Verzicht auf Erdenglück, so man nicht die göttliche Stimme im Herzen verleugnen will. Schon Jakob Lorber blieb unverheiratet und sah sich mit existentiellen Nöten konfrontiert. Bei den Lorberfreunden ist dies oft auch anzutreffen, obwohl es auch wohlhabende und natürlich etliche verehelichte gibt. Einen reichen Lorberkreis gab es meines Wissens nie.

Langjährige oder ernstzunehmende Lorberfreunde verfügen über große Lebenserfahrung in geistigen Dingen, haben *Bibel* und Neuoffenbarung mindestens einmal vollständig gelesen und ihre Weltanschauung darauf gegründet. Helmut Renöckl vom Pastoralamt der Diözese Linz schrieb über die Lorberfreunde: „Ich habe schon öfters Kontakt mit

Lorberianern gehabt: Es waren in aller Regel Menschen mit bestem Wollen, die auch viel Gutes für ihre Mitmenschen taten. Ihre theologischen Positionen aber waren nie weiterführend, oft seltsam, manchmal einfach absurd."[27] Letzteres würden die Lorberfreunde ihrerseits über die theologischen Positionen der römisch-katholischen Kirche aussagen. Insgesamt zeigt sich die Anhängerschaft der Neuoffenbarung als überdurchschnittlich offen, dabei aber durchaus nicht unkritisch und leichtgläubig.

Die Menschheit lässt sich grob in zwei Arten teilen: Jene, denen die Wahrheit wichtiger ist als das Dazugehören, und jene anderen, denen das Dazugehören wichtiger ist als die Wahrheit. Erstere sind in der absoluten Minderheit, vielleicht ein oder zwei Prozent. Sie sind die Wahrheitssucher, die wahren Wissenschaftler. Die große Mehrheit hingegen gleicht mehr den Kindern: Wie Kindern oder Herdentieren ist das Dazugehören für sie am wichtigsten. Ausgeschlossen, verachtet oder alleine zu sein ist für sie geradezu unerträglich. Als Konformisten wollen sie Teil ihrer jeweiligen Gemeinschaft und Familie sein. Auch die geistig betrachtet stärkeren oder reiferen Menschen sehnen sich nach Gesellschaft, aber gleich den Aposteln und Jüngern um Jesus ist ihnen die Wahrheit, der Herr, letztlich wichtiger sogar als ihre eigene Familie. Ihnen ist es bestimmt, den noch nicht so reifen Menschen Vorbild und Lehrer zu sein. Ihnen ist es möglich, die recht anspruchsvolle Neuoffenbarung als echt zu erkennen, anzunehmen und ihre Inhalte zu vermitteln. Denn so wie Sich einst Jesus zwischen alle Stühle setzte, macht Er es auch bei Seiner geistigen Wiederkunft in Form der Neuoffenbarung: Er legt Sich mit der ganzen Welt an und lässt Sich nicht für eine Religion,

---

[27] Helmut Renöckl, „Wer war Jakob Lorber?", Leserbrief in OMEGA Nr. 25, 1981

Kirche oder sonstige äußerliche Gemeinschaft vereinnahmen. Obwohl dies ausgiebig versucht wurde und wird. Sein Reich, Seine Gemeinschaft, ist nicht von dieser Welt, sie ist innerlich oder geistig.

Um die sehr unterschiedlichen Lorberfreunde noch weiter zu beschreiben, kann man sie in vier Gruppen oder vielmehr Stereotypen unterteilen. Da gibt es die intellektuelle Gruppe, Verstandesmenschen, oft akademisch gebildet, die in höheren geistigen Dingen bestens bewandert ist. Sie stellt sozusagen die Priesterschaft der Lorber-Bewegung und war prägend, was die mehr organisierte Lorber-Gesellschaft um die Verlage betraf. Dann gibt es die mystische Gruppe, die mindestens so einflussreich wie die intellektuelle ist. Zu diesen Gemütsmenschen gehören meist die Wortempfänger und Charismatiker, die eigene Kreise um sich bilden. Ihr Einfluss in der Lorber-Bewegung um die Verlage war anfangs stark, fand dann zu einer gewissen Ausgewogenheit mit der intellektuellen Fraktion, verringerte sich schließlich aber. Intellektuell und mystisch orientierte Menschen stellen die beiden Hauptgruppen der Lorberfreunde. Die nächsten beiden Gruppen sind nur bedingt Lorberfreunde, indem sie zwar die Neuoffenbarung anerkennen, aber ihren Schwerpunkt auf andere Dinge legen. Wenn sie in der Neuoffenbarung auf etwas stoßen, was ihnen nicht zusagt, dann ignorieren sie es, oder erfinden irgendwelche Erklärungen. Das sind erstens die Anhänger nichtchristlicher Religionen, Spiritisten, Reformer, Umweltschützer, Tierschützer und Esoteriker, wobei damit nicht jene Lorberfreunde gemeint sind, die sich auch mit den entsprechenden Themen beschäftigen. Gemeint sind jene, deren Schwerpunkt nicht die Neuoffenbarung bildet, sondern alle möglichen anderen Dinge. Sie benutzen und zitieren die Neuoffenbarung, um ihre jeweiligen Ideen zu unterstützen. Die zweite Gruppe von bedingten Lorberfreunden sind Anhänger von diversen Wortempfängern und anderen Lehren, die teils sogar im direkten

Widerspruch zur Neuoffenbarung stehen. Auch hier sind nicht jene Lorberfreunde gemeint, die auch andere Wortempfänger und Lehren akzeptieren, wobei aber die Neuoffenbarung ihr Schwerpunkt bleibt, sondern jene, die ganz anderen Kundgaben und Lehren folgen. Sie haben unter den Lorberfreunden wahrscheinlich bisher das meiste Durcheinander angerichtet, indem sie sich Lorber-Freundeskreisen angeschlossen haben, dann aber für irgendwelche anderen Kundgaben missionierten.

Bekanntmachung und Verbreitung

Ein Missionseifer, der einen dazu treiben würde, auf der Straße Bücher zu verkaufen oder Broschüren zu verteilen, ist den Lorberfreunden so gut wie völlig fremd. Sie sind sich bewusst, dass es für die Annahme der Neuoffenbarung einer gewissen geistigen Reife oder Bereitschaft bedarf. Daher verhalten sie sich eher passiv, solange man sie nicht direkt auf ihre Überzeugung oder die Neuoffenbarung anspricht und ein Interesse bekundet. Solange dies nicht der Fall ist, vermitteln sie die Themen der Neuoffenbarung, ohne darauf zu verweisen, und beschränken sich auf Vernunftgründe und Bibelzitate. In der Neuoffenbarung finden sich keine besonderen Aufforderungen zu deren Bekanntmachung und Verbreitung, wohl aber Anweisungen, wie im Allgemeinen richtig zu predigen und zu missionieren sei, nämlich weniger durch das gesprochene Wort, als vielmehr durch die gute Tat und eine mit den eigenen Idealen und Werten übereinstimmende Lebensführung. Abgesehen von unverbindlichen öffentlichen Bekanntmachungen in Form von beispielsweise Websites oder Inseraten, beschränkt sich die Mission eher auf private Kontakte, so werden etwa Bücher verschenkt an geeignet erscheinende Familienmitglieder und Bekannte. Hin und wieder findet sich auch ein Stand von Lorberfreunden auf Messen. Hauptberuflich reisende

Vortragsredner und Glaubensheiler gab es nur einige Jahre lang im Rahmen der Neu-Salems-Gesellschaft in der Zeit vor dem zweiten Weltkrieg. In der Zeit danach hat der Lorber-Verlag wiederholt versucht, eine etwas kuriose Buchmission in Gang zu bringen, beispielsweise solle jeder Lorberfreund jedes Jahr mindestens ein Buch verschenken, oder auch ein Abo der verlagseigenen Zeitschrift.

Mit Werbung waren die Lorberfreunde immer recht zurückhaltend, obwohl der Bietigheimer Verlag öfters zu mehr Missionseifer und „Tatkräftigkeit" aufforderte. Die Mehrheit der Lorberfreunde blieb von dem enervierenden „Schaffe, schaffe, Häusle baue" aus dem Schwabenland aber eher unbeeindruckt und pflegte sich mit den Wenigen zu begnügen, die der Herr von selbst zuführte. Der Herr würde Gemeinden Selbst gründen, wie in der Neuoffenbarung prophezeit (GEJ 9.94.7).[28] Auch wenn sich manche damit nicht so recht abfinden konnten. Walter Lutz schlug in den 1920ern die Unterwanderung von schon bestehenden religiösen Verbänden vor. Man solle die alten Schläuche mit neuem Wein füllen. Nach zwanzig Jahren würde dann alles ganz anders aussehen. Dabei wurde diese überaus optimistische Idee schon vor zweitausend Jahren von Jesus verworfen (Mat 9.17). Auch die Neuoffenbarung hat mit der Infiltration oder Übernahme von religiösen Verbänden oder Einrichtungen gar nichts im Sinn. Sie verhält sich zu Religionsgemeinschaften transzendental, so wie einst Jesus zum Jerusalemer Tempel.

Naturwissenschaften

Da die Neuoffenbarung viele naturkundliche Angaben enthält und einige wesentliche Entdeckungen vorweggenommen hat, ist das

---

[28] Das Wort 1921-5, Seite 16: Das Wort 1921-9, Seite 6, „Zur Frage der Organisation"

Interesse der Lorberfreunde an den empirischen Naturwissenschaften für spirituell und religiös orientierte Menschen überdurchschnittlich groß. Seit jeher werden neue Erkenntnisse aus allen möglichen Fachgebieten mit den Angaben in der Neuoffenbarung verglichen, wobei sowohl Übereinstimmung als auch Widerspruch kritisch diskutiert werden. Besonders eindrucksvoll sind die Beiträge jener Lorberfreunde, die über eine naturwissenschaftliche Ausbildung verfügen, mitunter selbst als Forscher, Lehrer oder Ärzte tätig sind oder waren. Sie sind dann in der Lage, gängige Vorstellungen und Thesen der Naturwissenschaft in Frage zu stellten. Dr. Wilhelm Martin (1896-1981) schrieb dazu, er habe in der Neuoffenbarung brauchbare Angaben über das Licht für sein Studium entnehmen können: „Schließlich vermittelte mir eine jahrelange anhaltende Beschäftigung mit diesem Gebiet nicht nur einen sehr eingehenden Überblick über die naturwissenschaftlichen Lorberangaben, sondern auch die Erkenntnis, dass diese der Wahrheit zum Teil näherkamen als unsere modernen Erkenntnisse über das Wesen des Lichts, der Elektrizität, des Magnetismus, der Gravitation usw., und dass in unseren modernen Vorstellungen noch sehr viel mittelalterlich Falsches drinsteckt, so dass es in der modernen Naturwissenschaft zu dem kommen musste, was wir heute als die sogenannte Krise der modernen Physik bezeichnen, die man in Fortentwicklung dieser aus dem Mittelalter mitgeschleppten und bis heute noch nicht klar durchschauten Irrtümer mit Hilfe der Relativistik und der Vorstellungen der Wellenmechanik usw. zu überbrücken sucht, was aber gerade die sogenannte Krise verstärkt." So kam er zu dem Schluss, dass gerade in den naturkundlichen Teilen der Neuoffenbarung eine besondere Beweiskraft für deren Echtheit innewohnt, wobei allerdings solche Beweisführung, um von kritischen Naturwissenschaftlern angenommen zu werden, eine enorm aufwändige und mühevolle Arbeit sei.

Naturwissenschaft ist bei den Lorberfreunden nicht zur Religion verklärt. Eine dogmatische Schulwissenschaft, die neuen Ideen mit dem überlegenen Lächeln des Besserwissens gegenübersteht, wird von Neuoffenbarung und Lorberfreunden gleichermaßen kritisiert. Sogar Epigonen wie Albert Einstein wagten die Lorberfreunde kraft der Neuoffenbarung in Frage zu stellen. Das Verhältnis der Lorberfreunde zur Naturwissenschaft ist im Allgemeinen als offen, aufgeklärt und gesund zu bezeichnen. Lorberkritiker bemängeln zwar, die Widersprüche zu naturwissenschaftlichen Erkenntnissen würden zu wenig im Fokus stehen, was aber nicht wirklich der Fall ist. Die Lorberfreunde sind sich der Widersprüche wohl bewusst, hängen sie aber aus zwei Gründen nicht an die große Glocke: Erstens ist schon mehrmals vorgekommen, dass sich vermeintlich falsche Angaben dann doch als richtig erwiesen haben. Zweitens erklärt die Neuoffenbarung immer wieder, kein naturwissenschaftliches Werk zu sein, sondern ein geistiges. Sollte die Wissenschaft eines Tages einen besseren Zugang zur geistigen Welt finden, werden sich ihr sicher auch viele bislang unverstandene Angaben der Neuoffenbarung erschließen.

Zusätzliche Wortempfänger, Kundgaben und Lehren

Neben dem Lorberwerk werden von Lorberfreunden meist auch andere Lehren oder Kundgaben akzeptiert, was manchmal zu heftigen Kontroversen führte. Relativ unbestritten angenommen sind Gottfried Mayerhofer und Emanuel Swedenborg. Eine freundliche Aufnahme finden auch sonstige christliche und nichtchristliche Lehrer und Heilige, wobei die nichtchristlichen eher unter ferner liefen rangieren. Da neue Wortempfänger aktuell kaum mehr auf Verleger und Verlage angewiesen sind, weil sie ihre Kundgaben selbst über das Internet oder im Selbstverlag veröffentlichen können, reduzierten sich auch die Diskussionen

unter den inzwischen kaum mehr in Vereinen organisierten Lorberfreunden.

Die Qualität der Seher, Propheten oder Medien ist sehr verschieden.
Es gibt dubiose, psychotische, machtversessene und manipulative Personen, aber eben auch ganz unverdächtige, vertrauenswürdige Wort-
vermittler, gleichsam Engel auf Erden. Für jene Medien, die das Wort
des Herrn in erster Person vermitteln, wurde von den Lorberfreunden
der Begriff „Vatermedium" eingeführt. Er dient auch zur Unterscheidung
von spiritistischen Medien. Vatermedien behalten in der Regel im Zustand der Inspiration ihren freien Willen und ihre natürliche körperliche
und geistige Verfassung, wie einst die biblischen Propheten. Sie befinden sich nicht in einer Trance und sind dem Wirken der Geister nicht
hilflos ausgeliefert. Was die vielen Wortempfänger nach Jakob Lorber
betrifft, so sind etliche einfach nur Trittbrettfahrer. Die Katholiken kennen das Phänomen: Als Bernadette in Lourdes Marienerscheinungen
hatte, gingen beim Bischof von Tarbes dutzendweise Berichte von anderen angeblichen Sehern ein. Aber nur Bernadette bestand die kirchlichen Prüfungen.[29] Auch die Seher von Fatima wurden imitiert. Daher
sagt man, auf einen wahren Propheten kommen hundert falsche. Diese
„falschen" Propheten sind nicht unbedingt schlechte Menschen. Meistens sind es lediglich religiöse Schwärmer, die sich danach sehnen, Botschaften oder Visionen vom Himmel zu erhalten. Sie sind sehr fromm
und wollen gern auch die Welt retten. Zudem sind sie nicht die Hellsten
im Lande. Wenn ihnen klar wäre, was Propheten durchzustehen haben,
dann würden sie keine solche Berufung wünschen. Sie sind wie Fans von
Stars, die ihre Helden nachahmen. Zuweilen befinden sie sich in einem

---

[29] Beatrix Zureich, Prophetie damals und heute, Danielis Verlag, 2012,
Seite 227

Umfeld, welches sie förmlich dazu drängt, ein Medium zu werden – wie in einem Gewitter, dass schließlich Blitz und Donner hervorbringt. Irgendwann erhalten sie die ersehnten Einsprechungen oder das automatische Schreiben. Allerdings darf bezweifelt werden, ob diese Kundgaben und Träume wirklich von Gott sind. Die biblischen Propheten sehnten sich nicht danach, Prophet zu sein, sondern wurden unerwartet berufen, zuweilen sogar wider ihren Willen.

Schon die *Bibel* berichtet sowohl im Neuen Testament wie auch im Alten Testament von echten und falschen Propheten. Im Fall Micha stand ein wahrer Prophet gleich vierhundert falschen gegenüber. Im 16. Jahrhundert berichtete der Mystiker Johannes vom Kreuz darüber, wie sich falsche Worte ausbilden. Er schrieb, die Anfänger in der Meditation würden sich leicht einbilden, sie würden von Gott angesprochen, obwohl dies gar nicht der Fall sei. Dazu kommen das Verlangen und die Liebe zu dergleichen Dingen, die in ihnen brennen, dass sie sich selbst Antworten geben und diese für Antworten Gottes halten. So würden sich dann solche Menschen in große Narrheiten und Faseleien stürzen. Ähnlich Emanuel Swedenborg: „Wer sich viel in Gedanken mit religiösen Dingen beschäftigt und derart hineinversenkt, dass er sie gleichsam innerlich sieht, hört schließlich auch Geister zu sich reden. Bei jedem, der sich an diese Dinge hängt und nicht zwischendurch in der Welt nützlich macht, dringen sie ins Innere und setzen sich dort fest." Solche Menschen werden dann visionäre Schwärmer, die in jedem Geist, den sie hören, den Heiligen Geist zu erkennen glauben, während es doch nur Schwarmgeister sind.

Eine schwärmerische oder angemaßte Mediumschaft kann ziemlich viel Unheil anrichten. Nicht selten kommt es zu falschen Botschaften, wie etwa der Weltuntergang stünde bevor und man müsse sich an einen Schutzort zurückziehen. Zuweilen werden die ernstzunehmenden

Propheten und ihre Kundgaben und sogar Jesus Christus und Gott atta-
ckiert und untergraben. Etliche Personen haben durch solche Machen-
schaften ihren Glauben und ihr Vermögen eingebüßt. Auch für das Medium, das nicht den besonderen Schutz genießt, unter dem wirklich von
Gott berufene Propheten stehen, kann die Sache böse ausgehen. Vor-
mals gute Menschen haben sich sehr zum Negativen verändert, nachdem sie ein Vatermedium wurden. Dennoch gilt es, insbesondere für
christliche Menschen, sich eher davor zu hüten, einen echten Propheten
für einen falschen zu halten, als auf einen Schwärmer hereinzufallen.
Wer nach gewissenhafter Überprüfung glaubt, es tatsächlich mit einem
falschen Propheten zu tun zu haben, der mag diesen und seine Anhänger ermahnen. Wenn sie aber nicht hören wollen, was sehr wahrscheinlich ist, dann sollen sie einfach gemieden werden. Das ist die Anweisung des Neuen Testaments. Man nimmt das „Geschenk" nicht an.
Wird man deswegen verflucht, dann ist dies nur ein sicherer Beweis, es
wirklich mit einem falschen Propheten zu tun zu haben. *Willst du nicht
mein Bruder sein, dann schlag ich dir den Schädel ein.* Fanatismus ist eines der deutlichsten Zeichen für das Wirken von falschen Propheten,
Irrlehrern und bösartigen Anführern.

Verhältnis zu Kirchen und Religionsgemeinschaften

Jakob Lorber, seine Freunde und Familienmitglieder waren überwie-
gend römisch-katholisch. Jakob Lorber blieb dies auch sein Leben lang.
Als aufgeklärtem Katholiken galten ihm zuerst Gott und Gewissen und
nicht die Ansichten irgendeiner Kirchenobrigkeit. Er las daher auch
Schriften, etwa von evangelischen und lutheranischen Autoren, die
„gute" Katholiken nicht lesen würden. Ganz entfremdet vom Katholizismus hat er sich dennoch nicht. Er besuchte die Kirche, wirkte selbst ehrenamtlich beim Chor mit, erhielt daher auch die Sterbesakramente von

einem Priester gespendet und wurde auf einem römisch-katholischen Friedhof begraben. Er führte im Vergleich zu anderen Mystikern ein ruhiges Leben und veranstaltete keinen Wirbel. Um eine offizielle Anerkennung der Kundgaben vonseiten der römisch-katholischen Kirche bemühte er sich nicht. Ihm wurde auch nicht abverlangt, sich einer offiziellen Untersuchung zu stellen. Obwohl einige hervorragende römisch-katholische Geistliche Kenner und Freunde des Lorberwerks waren, kann von einer offiziellen Anerkennung bis heute keine Rede sein. Im Wesentlichen versucht die Kirche die Neuoffenbarung totzuschweigen oder in den Geruch von nichtchristlichen Lehren und Schriften zu bringen. Auf die Anfrage einer Lorberleserin im Jahr 1930 an den Bischof in Bautzen, ob die Katholiken, welche die Lorberschriften lesen, von den Sakramenten ausgenommen seien, kam der schriftliche Bescheid, dass es den Katholiken ohne Erlaubnis der Kirche nicht gestattet sei, theosophische Schriften zu lesen, selbst wenn diese nicht formell auf dem Index der verbotenen Bücher stünden. Wer sie dennoch lese, außer bei wichtigen Gründen und mit Erlaubnis, mache sich des Ungehorsams gegen die Kirche schuldig.[30] Entgegen anderslautender Behauptungen wurden die Lorberwerke niemals in diesem Verzeichnis, das 1965/66 abgeschafft wurde, namentlich aufgeführt. Die Lorberwerke verstehen sich selbst als Offenbarung oder Wort Gottes; Jakob Lorber bezeichnete sich nie als Theosoph. Es gibt eine christliche Theosophie („göttliche Weisheit") und eine nichtchristliche. Unter der christlichen Theosophie werden Hildegard von Bingen, Jakob Böhme, Emanuel Swedenborg und andere eingeordnet. Dort kann im gewissen Sinn auch Jakob Lorber untergebracht werden, wobei aber der wichtige Hinweis, dass er nur der Schreiber und nicht der eigentliche Autor seiner Schriften ist, nicht

---

[30] Das Wort 1930-05, Seite 151, „Bischof und Neuoffenbarung"

vergessen werden darf. Zur heidnischen oder esoterischen Theosophie gehören die Geheimlehren von Okkultisten wie Helena Petrovna Blavatsky.[31] Das eine steht zu dem anderen wie das Christentum zum Heidentum. Zudem sind die Lorberwerke prophetischer Natur. Sie unter der Theosophie einzuordnen ist eine etwas missliche Idee früher Lorberfreunde. Als die Theosophische Gesellschaft den Begriff „Theosophie" für sich vereinnahmte, bemühten sich die Lorberfreunde um Differenzierung und Abgrenzung.

Insoweit die Lorberfreunde Mitglieder einer Kirche sind, kann man sie als innerkirchliche Bewegung bezeichnen, die zwar den wesentlichen Grundsätzen einer christlichen Kirche (die Anerkennung der *Bibel* als Wort Gottes, Jesus als Gottmensch, sowie die Gottes- und Nächstenliebe) entsprechen, aber mit den diversen theologischen Lehrsätzen der Kirche nicht unbedingt konform gehen. Obwohl die Neuoffenbarung einige recht kritische Passagen zu allen möglichen kirchlichen und weltlichen Dingen beinhaltet, spielt Protest bei den Lorberfreunden kaum eine Rolle. Die stark mystisch orientierte Lorber-Bewegung ist durchaus keine Protestbewegung, und die Neuoffenbarung ruft auch nicht zu Protest auf. Es geht vielmehr um Bereinigung, Aufklärung und Vertiefung, das Besinnen auf das Wesentliche, die Gottes- und Nächstenliebe. Die Lorber-Bewegung ist nur bedingt eine Reformbewegung. Man kann sie mit den Franziskanern vergleichen, obwohl die Lorberfreunde durchaus keinen Orden bilden. Aber sie sind auch „gekreuzigte Menschen", wie Franziskus seine Brüder nannte. Viele Lorberfreunde gehören gar keiner Kirche an und definieren sich selbst „ohne religiöses Bekenntnis". Daher

---

[31] Helena Petrovna Blavatsky (1831-1891) war eine russisch-US-amerikanische Okkultistin und Gründerin der „Theosophischen Gesellschaft".

ist im Allgemeinen auch nicht die Bezeichnung als innerkirchliche Bewegung zutreffend.

Die von Jakob Lorber empfangenen Durchgaben eignen sich weniger für Personen, die mit ihren jeweiligen Kirchenlehren zufrieden sind. Sie sind für jene gedacht, die aus tiefem inneren Bedürfnis nach höherer Wahrheit und Aufklärung jenseits des Vergänglichen suchen, Menschen, die durch Lebenserfahrungen demütig wurden und bereit sind, sich wie ein Kind vom Vater an die Hand nehmen und die Wunder Gottes und des Universums zeigen zu lassen. Die Lorberfreunde sehen in organisierten Religionsgemeinschaften eine Schule, die einem Gotteskind, das sich in irgendeinem dieser Systeme befindet, zum Besten dienen kann, wenn es allen seinen Handlungen die reinste Liebe zugrunde legt. Wächst das Gotteskind in der Gottes- und Nächstenliebe, dann wächst es schließlich auch über dieses Gehäuse hinaus und sprengt es, um nur *Mensch* zu sein. Das Verhältnis der Lorberfreunde zu religiösen Gemeinschaften aller Art ist im Allgemeinen ein kritisch offenes.

Die Lorberfreunde üben zwar verhalten Kritik an Missbräuchen in den Amtskirchen und stehen offen im Widerspruch zu einigen menschengemachten Kirchenlehren, bemühen sich aber im Allgemeinen um ein freundschaftliches Verhältnis. Lorberfreunde haben zuweilen auch Kirchenämter inne – unter ihnen befinden sich katholische und evangelische Priester und Theologen. Da gab es beispielsweise den evangelischen Pfarrer Hermann Luger, der sich mit der widersprüchlichen Lehre der Dreieinigkeit in Form von drei Personen, die auf unverständliche Weise doch nur ein Gott sein sollen, nicht abfinden konnte. Als sein Sohn im ersten Weltkrieg im Feld starb, suchte er in seiner Erschütterung nach Gewissheit über das Leben nach dem Tod. Er fand zu den Spiritisten, die ihn aber nicht überzeugen konnten. So suchte er immer weiter, bis ihm geraten wurde, die Werke Jakob Lorbers zu lesen. Als er sich in diese

Bücher vertiefte, wurde ihm das Weiterleben nach dem Tod zur Gewissheit. Auch für die Frage nach der Gottheit Jesu Christi und der Dreieinigkeit, fand er endlich eine verständliche und überzeugende Antwort. Was ihm die Lorberwerke gaben, versuchte er von da an in seinen Predigten unterzubringen, freilich ohne Erwähnung der Werke. Er beschäftigte sich jahrzehntelang mit den Schriften Jakob Lorbers und gab die Schrift *Bibel und Neuoffenbarung* heraus. Seine letzten Worte über die Neuoffenbarung lauteten: „Es mag dahingestellt sein, ob die durch Jakob Lorber niedergeschriebenen Werke eine neue Gottesoffenbarung sind oder nicht; für mich sind sie es. Das ist mein Glaube, darauf lebe und darauf sterbe ich." Dieser Theologe lebte als Mensch einfach und bescheiden; es war ihm gleichgültig, wie seine Amtsbrüder über ihn urteilten. Er bekannte sich freimütig und furchtlos zu den Werken der Neuoffenbarung, in denen er die heimatliche Theologie gefunden hatte. Ein weiteres Beispiel war die Lorber-Bewegung in Lettland Anfang des 20. Jahrhunderts. Diese wurde von zwei Pastoren der lutherischen Kirche angeführt. Die beiden eifrigen Pioniere waren einst die Hoffnung für die Verbreitung der Neuoffenbarung nach Polen und Russland. Auf katholischer Seite finden wir den Priester Otto Feuerstein, der ein tiefer Kenner und Freund der Neuoffenbarung war. Er verfasste mehrere Schriften, verkehrte viel mit Lorberfreunden in Bietigheim und hielt lange Zeit in Stuttgart Vorträge im Geiste der Neuoffenbarung. Er schrieb: „Dass es wirklich Gott, Jesus Christus Selbst ist, der in diesen Offenbarungen spricht, wird jeder aufrichtig Suchende daran erkennen, dass diese Neuoffenbarungen voll übereinstimmen mit der hl. Schrift." Ein Hauptpunkt seines Wirkens war die Aufklärung über Person und Wesen von Jesus Christus. Jahrzehnte später bereicherte der katholische Pfarrer Josef Switala seine Predigten mit Inhalten der Neuoffenbarung und hielt Vorträge bei Tagungen der Lorberfreunde. Versammlungen von

Lorberfreunden wurden auch schon mit Messen in Kirchen abgehalten. Um die Amtskirchen mit an Bord zu holen, hat es sich recht gut bewährt, die Lorberfreunde im Abschluss an eine Versammlung zu einem Gottesdienst einzuladen. Sehr viel hängt davon ab, ob der lokale Klerus freundlich offenherzig oder fanatisch engstirnig eingestellt ist und ob die Lorberfreunde mit entsprechendem Feingefühl vorgehen und nicht gleich eingeschnappt sind, wenn sie abgewiesen und geblockt werden, obwohl sie vielleicht schon viel für die jeweilige Pfarre geleistet haben.

Oft allerdings bleibt den Lorberfreunden als Mitgliedern einer Amtskirche nichts anderes übrig, als auf Tauchstation zu gehen, wenn sie in ihrer Pfarre nützlich sein und nicht ausgeschlossen, schikaniert und angefeindet werden wollen. Wer sich als Ordensmitglied oder Inhaber eines kirchlichen Amtes zur Neuoffenbarung bekennt, riskiert bei ungünstigen Umständen den Verlust von Lebensunterhalt und Pension. Wen also verwundert es, wenn Lorberfreunde eine Kirche, welche zwar die Milch mag, aber nicht die Kuh, nur weil diese auf fruchtbaren Weiden grast, nachdem sie die kirchlichen Gründe verödet und verdorben vorfand, schließlich aufgeben und verlassen? Wen seine Kirche wegen der Neuoffenbarung ausstößt, der soll draußen bleiben. Einst hatten die Apostel bei weitem nicht genug Brot, um all jene zu sättigen, die zum Herrn gekommen waren. Der Herr vermehrte darauf das Brot auf wunderbare Weise, wodurch alle satt wurden. Leider weigern sich die sogenannten Nachfolger der Apostel das auf wunderbare Weise neue geschaffene Brot des Herrn den vielen Hungernden zu geben. Was soll man dazu sagen? Wen verwundern da die Zustände – der ausufernde Unglaube, die absurden Kulte, die Gleichmacherei, die Verbreitung von rückständigen Religionen? Bei bescheideneren Religionsgemeinschaften immerhin haben Neuoffenbarung und Lorberfreunde eine positive, oder zumindest duldsame Aufnahme gefunden. Dazu gehören neben mystisch orientierten Richtungen beispielsweise die „Neue Kirche" der Swedenborgfreunde, die „Universelle Weiße Bruderschaft" um Peter Danov (eine synkretistische Religionsgemeinschaft), die „Kirche Christi mit der Eliasbotschaft" (eine Abspaltung der Mormonen) und die „Freie Christliche Gemeinde Bethsehel e.V." unter Erwin Zitta.

Geschichte

Das Leben von Personen, in deren Herzen die Liebe Gottes waltet, ist ein zweifaches: ein äußeres, materielles und ein inneres, geistiges. Das materielle Leben ist unwirklich und vergänglich, das geistige hingegen real und ewig. Daher ist das wahre Leben das innere, welches das äußere Leben zwar ein Stück weit prägt, dabei aber dennoch für alle außer Gott völlig verborgen sein kann. Ein besonders bemerkenswertes Beispiel dafür ist der in der Neuoffenbarung beschriebene Bischof Martin – dem äußeren Dasein nach ein Kirchengeistlicher, dem Herzen nach ein Atheist, der aber dennoch eine verborgene große Liebe in sich trug, die lediglich an einer gedanklichen Phantasie zu erkennen war, nach der er sich ein gemeinschaftliches Zusammensein und Wirken mit Jesus wünschte. Diese Liebe, dieses Leben, wurde jenseits sozusagen Realität und führte Martin dann auch in den Himmel statt in die Hölle. Daher wäre eine Beschreibung, die nur das äußerliche Leben Martins darstellt, oberflächlich und weit entfernt von einem wirklichen Verständnis. Was nun soll erst von Menschen gesagt werden, die zu Propheten berufen werden, die als Lehrer von Generationen von Menschen wirken? Wie außerordentlich muss erst ihre Liebe, ihr inneres Leben sein? Unter den Lorberfreunden gibt es einige solche. Andere wieder leben verborgen vor der Welt, unerkannt und unbeachtet und froh darüber. Sie führen ein unbedeutendes äußeres Leben, vielleicht sogar verachtet, verfolgt und in Armut, während sie innerlich nichts weniger als Engel und Gefährten des Herrn sind. Natürlich aber gibt es auch Schwindler und Scheinheilige, die ein geistiges Leben nur simulieren, um an Ansehen, Geld und Macht zu gelangen. Keine noch so große Gelehrsamkeit, keine noch so umfangreiche Untersuchung von biographischen Daten ermöglicht Einsicht in die wirkliche Natur von Menschen, in denen die Liebe Gottes lebt. Gott allein weiß es, und der dem Er es offenbaren mag. Da die wahre Herrlichkeit von Gottgeweihten und Lorberfreunden nicht so leicht in Erfahrung zu bringen ist, zudem aufgrund ihrer Intimität oft auch gar nicht öffentlich gemacht werden soll, möchte ich meine sehr geschätzten Leser warnen, sich nicht von den nun folgenden vielen Äußerlichkeiten zu sehr beeindrucken zu lassen. Auch ich vermag nicht in das innere Sanktum von Gottgeweihten zu sehen, weswegen meine Ausführungen weitgehend äußerlich bleiben, und das Innere, wo die eigentliche Wahrheit liegt, wenig berücksichtigen. Obwohl die äußerlichen Ereignisse unwirklich und vergänglich sind, lässt sich aus ihnen bei einer guten geistigen Bildung vielerlei lernen und erkennen. Dies gilt nicht nur für das äußerliche Leben von Jesus Christus, sondern auch für das von Seinen Auserwählten und Nachfolgern.

Der erste Lorber-Freundeskreis war jener um Jakob Lorber selbst, wobei es keinerlei Formalitäten oder geregelte Zusammenkünfte gab. Man traf sich mit dem neuen Propheten, unterhielt sich mit ihm und half bei der Niederschrift der Durchgaben. Die nächsten Freunde Jakob Lorbers waren Anselm Hüttenbrenner, dessen Bruder Andreas Hüttenbrenner, Karl Gottfried Ritter v. Leitner, sowie Antonia Großheim.

Der Komponist Anselm Hüttenbrenner (1794-1868) lebte mit seiner Familie als Gutsbesitzer in Graz und war der erste und insoweit beispielgebende Lorberfreund. Er wurde von Jakob Lorber zuerst über die an ihn ergehende Offenbarung informiert. Einige Nebenworte der Neuoffenbarung richteten sich an ihn, und er ist heute eigentlich nur noch deswegen einem größeren Personenkreis bekannt, obwohl er der bedeutendste steirische Komponist seiner Zeit war, ein Freund von Beethoven und Schubert. Seine religiöse Sehnsucht zeigte sich schon 1811, als er als Novize in den kontemplativen Zisterzienserorden eintrat und dort während 2 ½ Jahren die Kirchengeschichte, die Exegese, die hebräische und aramäische Sprache studierte und auch predigte. Das Klosterleben empfand er aber nicht als seinen Lebensberuf, weswegen er den Orden verließ. Von seinem Mäzen Graf Moritz von Fries in finanzieller Hinsicht sorgenfrei gestellt, widmete er sich einem Studium der Rechte, das er 1818 vollendete. Zugleich durfte er bei dem damals berühmten Hofkapellmeister Antonio Salieri, der in der Tiefe des Herzens sehr religiös war, fünf Jahre lang Komposition und Gesang studieren. Als sein Vater 1820 starb, musste er als ältester Sohn auf Zureden seiner Mutter und Geschwister die Güter des Vaters in Graz übernehmen. 1821 heiratete er Elise v. Pichler, mit der er neun Kinder hatte. Anselm Hüttenbrenner begleitete Jakob Lorber tief überzeugt von Anfang an, als dieser sich zum Schreibknecht Gottes berufen sah. Er erstellte Abschriften des an Jakob Lorber ergangenen Wortes, und ihm wurde auch einiges von Jakob Lorber diktiert, welches dieser durch seine innere Stimme vorgesagt bekam. Viele Einzelkundgaben, die später in *Naturzeugnisse* und *Himmelsgaben* erschienen, wären ohne ihn der Menschheit wohl nicht erhalten geblieben. Weil er so eifrig war, erhielt er vom Herrn den Namen „Wortemsig". Das Leiden und der Tod seiner Frau 1848 waren eine schwere Prüfung für ihn. Er zog sich allmählich aus dem öffentlichen Leben zurück und litt unter der Tatsache, dass das Interesse für seine Musik sehr gering war.

Andreas Hüttenbrenner (1797–1869), der Bruder von Anselm Hüttenbrenner, war von 1844-1850 Bürgermeister von Graz. Auch er ist heute eigentlich nur noch deswegen bekannt, weil an ihn einige Nebenworte der Neuoffenbarung gerichtet sind. Als Bürgermeister erhielt er während der Wirren seiner Zeit (der Märzrevolution) über Jakob Lorber kommunalpolitische und persönliche Ratschläge für sich und die Seinen offenbart. Seine Frau mochte sich jedoch nicht mit Jakob Lorber befreunden. Sie machte ihrem Gemahl das Leben so schwer, dass sich

Jakob Lorber von ihm fernhalten musste. Andreas Hüttenbrenner wurde vom Herrn der Name „Willig" gegeben, da er Ihm ein sehr williger Freund war.

Karl Gottfried Ritter von Leitner (1800-1890) war ebenfalls ein naher Freund und Unterstützer Jakob Lorbers. Er verfasste dessen Biographie, welche heute, neben den Angaben in der Neuoffenbarung, die wichtigste Quelle über Person und Leben des neuen Propheten ist. Leitner war ein zu seiner Zeit bekannter Dichter und Autor und zählte zum Freundeskreis Roseggers und Grillparzers. Als seine Weltanschauung und religiöse Überzeugung nahm er die durch Jakob Lorber ergangenen Kundgaben an. Er war die gesamten 24 Jahre lang, von 1840-1864, zum Teil Augenzeuge, wie die Lorberwerke entstanden. Obwohl Leitner viele Reisen unternahm, blieb sein Wohnsitz Graz, wo er im 90. Lebensjahr auch verstarb.

Antonia Großheim war eine arme Witwe mit sechs Kindern. Als herzensgute, aber nicht leichtgläubige Person überprüfte sie Jakob Lorber genau, indem sie seine Wohnung nach verdächtigen Büchern durchsuchte. Schließlich von seiner Echtheit überzeugt, versteckte sie die Schriften Jakob Lorbers bei sich, als diesem mit der Polizei gedroht wurde, denn bei aller Vorsicht war trotzdem unter die Leute gekommen, er schreibe geheimnisvolle Sachen. Wenn er sich nichts zu essen leisten konnte, was öfters vorkam, dann kochte sie ihm eine Suppe und gab ihm auch Brot, so sie welches hatte. Sie führte schon zu Jakob Lorbers Lebzeiten Freunde der Neuoffenbarung zusammen, und zwar unberücksichtigt von Konfession und Religion. Beim Tod Jakob Lorbers war sie gegenwärtig und lebte noch lange. Im privaten Lorber-Freundeskreis in Graz, der sich nach Jakob Lorbers Verscheiden bildete, erzählte sie als eine treue Anhängerin mehrere Episoden aus seinem Leben. Der Abschnitt „Beglaubigte Mitteilungen über Lorber nach schriftlichen

Aufzeichnungen einer Zeitgenossin" in der Biographie von Leitner beruht auf ihren Niederschriften. Zudem sammelte sie alles, was sich auf Jakob Lorber bezog. Man kann Antonia Großheim als Mutter von Jakob Lorber und den Lorberfreunden bezeichnen. Sie empfing auch selbst Kundgaben, wobei die hauptsächliche „Sieben Worte am Kreuz" (1863) heißt.

Das erste veröffentliche Lorberbüchlein war das Gedicht *Die große Zeit der Zeiten* (*Pathiel*), das 1848 von der Buchhandlung Kienreich in Graz herausgegeben wurde. Alle anderen Werke erfuhren ihre Erstauflage im damals geistig freieren Deutschland. Der erste Verleger war der auch heute noch bekannte Arzt und Schriftsteller Dr. Justinus Kerner (1786-1862). Er veranlasste den Druck der zwei kleinen Schriften *Briefwechsel Jesu mit Abgarus* und *Brief Pauli an Laodizea* 1851 im Verlag von J. Landherr in Heilbronn. Der mystisch veranlagte Justinus Kerner gewann den Arzt und Schriftsteller Dr. Friedrich Zimpel (1801-1879) für die Neuoffenbarung. Dieser reiste 1850 eigens nach Graz, um Jakob Lorber aufzusuchen. Nach monatelanger Beobachtung, überzeugt von dessen Integrität, förderte Friedrich Zimpel den Druck von *Die Haushaltung Gottes*, *Die Jugend Jesu* und *Der Mond* im Verlag von E. Schweizerbart in Stuttgart. Die Jugendgeschichte Jesu wurde jedoch wegen der kritischen Vorrede des Herausgebers durch die behördliche Zensur konfisziert und vernichtet. Diese beiden ersten Herausgeber von Schriften der Neuoffenbarung waren angesehene Persönlichkeiten und Wissenschaftler, die angesichts der damaligen Geistesströmung viel Mut bewiesen haben. Aus einem Wort des Herrn durch Jakob Lorber wurde Friedrich Zimpel als ein Bruder Seines Herzens bezeichnet, dessen Seele und Geist nicht von dieser Erde, sondern von dorther stamme, wo Er Selbst sei.

Der Dresdner Zeughausverwalter Johannes Busch (1793-1879) wurde durch die bis dahin veröffentlichten Lorberschriften ein eifriger

Freund der Neuoffenbarung. Er schrieb im Jahr 1854 einen Brief an Jakob Lorber, in dem er sich auf freundlichste Weise nach weiteren Schriften erkundigte und sich Zugang zu noch unveröffentlichten Manuskripten erbat, wozu ihn eine kaum zu bewältigende innerste Sehnsucht seines Geistes und Herzens drängte. Nachdem er die erbetene Zustimmung erhalten hatte, steigerte sich seine Begeisterung für die Schriften noch mehr. Schließlich reiste er in tiefster Ergriffenheit nach Graz und besprach sich lange und öfters mit Jakob Lorber. Der glühend begeisterte Johannes Busch drängte auf weitere Veröffentlichungen und sah sich in der Folge längere Zeit in Deutschland nach einem geeigneten Verleger um, weil Jakob Lorber selbst in den engen, geistig bedrückten Verhältnissen der katholischen Steiermark nichts unternehmen konnte. Da Johannes Busch niemanden zu finden vermochte, nahm er sich schließlich selbst der Sache an und wurde so der erste exklusive Herausgeber der Schriften Jakob Lorbers. Unterstützung fand er dabei durch seinen Sohn Dr. Moritz Busch, der Pressechef bei Bismarck war, dem Tierarzt Karl August Schöbel aus Söbringen/Pillnitz und Gottfried Mayerhofer in Triest. Unter großen Opfern an Zeit und Geld konnte er in den Jahren 1855-1877 die meisten Lorberschriften in kleiner Auflage herausgeben und drucken lassen. 1855 erschien *Die Außerordentlichen Eröffnungen über die natürliche und geistige Beschaffenheit des Planeten Saturnus,* 1856 *Die Außerordentlichen Eröffnungen über die natürliche und metaphysische oder geistige Beschaffenheit der Erde.* 1861 konnte Johannes Busch schon die zweite Auflage von *Die Dreitagesscene Jesu im Tempel, als Er zwölf Jahre alt war* herausgeben. 1864 wurde *Außerordentliche Kundgebungen und Eröffnungen über die naturmäßige und geistige Beschaffenheit und Wesenhaftigkeit der Sonne* gedruckt, darauf 1871-1877 das vorerst in sieben Bänden edierte *Evangelium St. Johannis.* Als beinahe 84-jähriger Greis vollendete Johannes Busch 1877 unter

Geldnöten den Druck dieses Werkes und starb dann zwei Jahre später. Die frühen Ausgaben der Lorberwerke sind heute wertvolle Raritäten. Johannes Busch wird zuweilen als Begründer des später von Christoph Friedrich Landbeck gegründeten Verlages in Bietigheim genannt. Tatsächlich aber hatte er mit diesem Verlag nichts zu tun. Diese Behauptung geht auf Landbeck zurück, der sich als Nachfolger von Johannes Busch deklarierte.

Der Triester Lorber-Freundeskreis

Aus Angst vor Verfolgung oder einer möglichen Konfiskation des Schrifttums vonseiten des Habsburger Katholizismus scheuten die Lorberfreunde eine Veröffentlichung im Kaiserreich, für die auch die finanziellen Mittel fehlten. Man warb still in persönlicher Umgebung und schrieb die Lorberwerke ab. Auch der Militärarzt Dr. Waidele kopierte die Handschriften Jakob Lorbers und sammelte sie. Er war schon so vergeistigt, dass er manchmal direkte Engelsbotschaften erhielt. Als Waidele von Graz nach Triest versetzt wurde, erhielt er den Auftrag, dem schwerkranken Italiener Dr. Medeotti das von Friedrich Zimpel gedruckte Buch „Die Jugendgeschichte Jesu" ans Bett zu legen, versehen mit einem Zettel, dass er dieses Buch in acht Tagen wiederhaben wolle. Es war eines der wenigen Exemplare, welches der behördlichen Zensur entgangen war. Medeotti war erstaunt darüber, wie ihm ein Fremder wortlos ein Buch aufs Bett legte und mit stummem Kompliment kam und ging. Er las das Buch, war von der Lektüre tief ergriffen und machte sich in der Folge daran, alles, was er bekommen konnte, zu studieren. So erfuhr Medeotti auch über die Sonnenkur der Neuoffenbarung, mit der er sich intensiv beschäftigte. Der schwerkranke Mann machte sich daran, die mehr oder weniger komplizierten Apparate anfertigen zu lassen, was nicht so leicht war, denn das nötige dunkelviolette Glas gab es noch nicht. Als er dann Diät, Sonnenwasser und Sonnenheilmittel im festen Vertrauen und bei genauer Beachtung bei sich anwandte, wurde er, der seit 17 Jahren schwer an den Folgen von Leichenvergiftung litt, wirklich geheilt. Er war während dieser Jahre wohl schon 40 Mal gestorben; erst als man ihn bestatten wollte, kam der Scheintote wieder zu sich. Nun wurde sein Haus die Sammelstätte der Freunde der Neuoffenbarung in Triest. Waidele machte auch andere Personen mit den Lorberschriften bekannt, darunter den Major Gottfried Mayerhofer, der dann der Führer des Lorber-Freundeskreises im Haus Medeottis wurde. Da versammelten sich neben Waidele, Medeotti, Gottfried Mayerhofer und Friedrich Landbeck auch Auguste Esche, über die im nächsten Abschnitt berichtet wird, Ritter v. Mayersbach, ein Beamter am Gouvernium und Landeshauptmann von Istrien, sowie zwei der fünf Kinder desselben.

Im Triester Lorber-Freundeskreis herrschte eine große Faszination für Botschaften von jenseitigen Geistern und für das Magnetisieren und geistige Heilen, worin so manch Wundersames zuwege gebracht wurde. Begeistert (im wortwörtlichen Sinn) war man auch vom automatischen Schreiben, wahrscheinlich beflügelt durch Gottfried Mayerhofer, in einem Ausmaß, dass sogar eine unvorbereitete und geistig unverständige Person Durchgaben von ihrem verstorbenen Bruder niederzuschreiben vermochte. Dabei handelte es sich um den Cavaliere de Trombetti, einen ziemlich rauen Italiener aus Neapel, der mit seiner Frau Ernestine, die sehr zartfühlend war, ebenfalls dem Triester Lorber-Freundeskreis angehörte. Es folgten Kundgaben von „Gabriel" und schließlich sogar von „Gott Vater", wobei dann aber festgestellt wurde, dass sich Trombetti durchaus nicht zum Vatermedium eignete. Seine Gemahlin Ernestine war seit jeher leidend, schwächlich und kränklich. Sie trug ihre zunehmenden Leiden, die sich in ihren letzten Tagen bis zum Äußersten steigerten, mit unglaublicher Geduld und Ergebung in die Führung ihres über alles geliebten Jesus. Sie war den anderen Triester Lorberfreunden ein aneiferndes Vorbild im Dulden des Leidens. Vierzehn Stunden vor ihrem Hinscheiden wurde sie in ihrer schweren Leidensnacht hellsehend und hellhörend; noch bei vollem Bewusstsein sah sie leib- und wesenhaft ihren geliebten Jesus, der sie Sein Kind nannte, sie für ihre Treue lobte und ihr einen sanften Übertritt versprach, zum großen Trost aller Anwesenden. Nach einer weiteren Anrufung des Herrn trat die Schmerzlosigkeit dann auch ein, wobei Ernestine überaus selig wurde und Herrliches sah. So ging Ernestine dann im Alter von nur 36 Jahren dahin und erfüllte das Wort „Tod, wo ist dein Stachel, Hölle, wo ist dein Sieg?" und auch das in der Neuoffenbarung verkündete Wort „Wer Mich liebt, der wird den Tod nicht schmecken!" Der gottselige Tod von Ernestine und einem anderen Lorberfreund namens Leopold war den Triester Lorberfreunden die Bestätigung, sich auf dem rechten Weg und in der Schule der Gotteskindschaft zu befinden.

So soll dann also im 7. Jahr nach Jakob Lorbers Hingang nach Ansicht der Triester Lorberfreunde der Herr nach Triest gekommen sein und Seine Offenbarung fortgesetzt haben, zumindest durch Gottfried Mayerhofer und weitere Wortempfänger. Diese Geschehnisse in Triest jedenfalls waren der Anfang der Lorber-Bewegung als eine freiheitliche Bruderschaft. Sie bilden auch ein recht typisches Muster für die Entstehung und Unterhaltung von weiteren Lorber-Freundeskreisen, bei weitem nicht allen, aber doch den mehr öffentlich bekannten: Man fand und traf sich, und schon bald erwiesen sich einige oder auch mehrere Teilnehmer als Vatermedien oder zeigten sonstige Gnadengaben, wodurch die Gemeinschaft gefestigt wurde. Üblicherweise wurden diese besonders Begabten die geistigen Leiter des jeweiligen Lorber-Freundeskreises. Einige Charismatiker machten ihren eigenen Kreis von Anhängern zu einem Lorber-Freundeskreis, indem sie diese auf die

Lorberwerke verwiesen. Manchmal schlossen sie sich auch einem bestehenden Lorber-Freundeskreis an und rissen dann gewollt oder ungewollt die Führung der Gemeinschaft an sich, was verständlicherweise leicht zu Zwist führte. Solange diese begnadeten Leiter lebten, oder sich halten konnten, bestand die Gemeinschaft weiter; war dies nicht mehr der Fall, löste sie sich allmählich auf. Sich zu treffen, um Bücher zu lesen, miteinander zu diskutieren, gemeinsam zu singen und zu wandern, Vorträge oder Predigten anzuhören, ist auf Dauer zu wenig gemeinschaftsbildend. Sakralbauten, formelles Beten, Rituale und Zeremonien zur Festigung der Gemeinde sind verpönt, ordensähnliche Lebensgemeinschaften konnten sich bisher nicht durchsetzen, für wohltätige Arbeit gibt es schon genug Wohltätigkeitsorganisationen. Auch die Missionsarbeit kann nur zurückhaltend geschehen, und für das Verlegen und Drucken der Bücher existiert schon ein Verlag. Bleibt also nur der direkte Draht zu Gott, um einer Gemeinschaft dauerhaft Bindemittel und Attraktivität zu verschaffen. Damit glichen Lorber-Freundeskreise mehr als andere religiöse Gemeinschaften der ursprünglichen Religionsausübung, wie sie auch heute noch unter Naturvölkern zu finden ist: Dort versammelt sich Stamm oder Sippe um ihren jeweiligen geistigen Leiter, der gewöhnlich einen Draht zu Gott und der geistigen Welt hat und nicht selten auch die Heilkunst beherrscht. Bei diesen „Medizinmännern" handelt es sich um geistig besonders begabte Personen, gewöhnlich hochsensible Menschen mit medialen Fähigkeiten, die aufgrund ihrer Charaktereigenschaften, wie die Neigung zur Zurückgezogenheit und Enthaltsamkeit, von Kindheit an zu diesem Wirken bestimmt und erzogen werden. Auch in der römisch-katholischen Kirche finden sich ähnliche Muster. Dort bilden sich auch immer wieder Gemeinschaften um Menschen, die Heiligkeit erlangt oder einen Draht zu Gott haben, zumindest in den Augen ihrer Anhänger. Das kann zu einem regelrechten Kult ausarten, wobei sich die Dinge nach dem Tod oder möglichen Fall der Charismatiker aber gewöhnlich wieder beruhigen. Falls ein solcher Gottesvertreter anfängt, Entsagung von der materiellen Welt zu fordern, anstatt nur Heilung, Rat und Trost zu spenden und höchstens zu Messe und Gebet aufzurufen, dann reduziert sich die Anhängerschaft für gewöhnlich auch recht schnell. Die Sehnsucht nach Gott ist unter den Menschen groß – zumindest solange nicht ernsthaft von ihnen verlangt wird, sich zu ändern. Viel hängt dabei von der Mentalität ab. Beispielsweise die Lorber-Freundeskreise in Norddeutschland blieben eher nüchtern, waren mit *Bibel* und Neuoffenbarung zufrieden und kamen auch ohne Medien und Charismatiker aus. Aber jene in Sachsen konnten ohne diese gar nicht sein.

In der Folge flossen nun viele Kundgaben durch alle möglichen Vatermedien bei den Lorberfreunden ein. Dieselben prägten und beeinflussten die Lorber-Bewegung zuerst mittels des Verlegers Christoph Friedrich Landbeck und später durch den Neu-Salems-Verlag etwa sechs Jahrzehnte lang bis in die 1930er Jahre. Danach wurde mit den Wortempfängern mehr zurückhaltend verfahren, denn sie setzten die Lorber-Bewegung dem Vorwurf aus, eine Bewegung des Spiritualismus und der Esoterik zu sein, was sie durchaus nicht sein wollte. Die Anhänger der Neuoffenbarung verstehen sich als Christen, auch als Mystiker, vielleicht auch als christliche Theosophen, aber nicht als Anhänger des Spiritualismus und der Esoterik, obwohl etliche Lorberfreunde aus dieser Richtung zur Neuoffenbarung gefunden und daher ein entsprechendes Gepräge haben. Vom Spiritismus wollte man schließlich, zumindest offiziell, gar nichts mehr wissen; ein Interesse daran besteht aber bis heute unter den im Allgemeinen für alles Geistige besonders aufgeschlossenen Lorberfreunden.

Gottfried Mayerhofer (1807-1877)

Gottfried Mayerhofer war ein in München geborener Offizierssohn, der Mathematik studierte, wobei er Vorlesungen am Fraunhofer-Institut gab, eine Militärlaufbahn einschlug und Major wurde. Er ging nach Griechenland, als bayrisches Militär dort einzog, um Prinz Otto als König der Hellenen in Athen zu begleiten. 1837 wurde er auf eigenen Wunsch aufgrund seiner Heirat mit der Griechin Aspasia d'Isay, der Tochter eines Athener Großkaufmanns, aus dem Regiment entlassen. Als die Familie ihren Sitz nach Triest verlegte, übersiedelte auch Gottfried Mayerhofer widerwillig dorthin, wo er sich bis zu seinem Tod der Musik und der Landschaftsmalerei widmete und sich zunehmend für geistige Dinge interessierte. Ihm kam ein Buch von Jakob Lorber in die Hände, welches ihm sehr gut gefiel, worauf er anfing, die Lorberbücher aus der Handschrift Waideles abzuschreiben. Da Griechenland keine Pension ins Ausland zahlte, war Gottfried Mayerhofer selbst ganz mittellos und diente seiner Frau, die zwei Häuser in Triest besaß. Er wurde als hochgebildeter Spiritualist und Hellseher beschrieben, der Macht über böse Geister besaß und viele Heilungen wirkte.[32] Von sich sagte er, dass er lieber mit jenseitigen Freunden verkehre als mit diesseitigen Lügnern und Heuchlern. In Triest fand er zum dortigen Lorber-Freundeskreis unter der Leitung von Dr. Medeotti und unterstützte den sich in Geldnöten befindenden Johannes Busch beim Druck der Lorberwerke. Um an das nötige Geld zu kommen, malte er Bilder, obwohl er zu der Zeit schon schwer augenleidend war. Vom März 1870 bis zu seinem Tod, sieben Jahre lang, empfing Gottfried Mayerhofer Kundgaben von Gott Vater, die zwar auf das Lorberwerk aufbauen und es kommentieren, aber auch ohne

---

[32] Léon Favre-Clavairoz, Unbekannte Medien, Psychische Studien 5/1878, Seite 161

Kenntnis desselben verstanden werden können. So entstanden seine drei Hauptwerke „Lebensgeheimnisse", „Schöpfungsgeheimnisse" und die „Predigten des Herrn". Zudem existieren viele Nebenworte.

Über die Art des Wortempfangs schrieb Gottfried Mayerhofer einem Freund: „Ich bin immer ganz passiv bei solchen Mitteilungen, weiß höchst selten, um was es sich handelt. Es erfasst mich gewöhnlich eine nicht zu erklärende Unruhe, ich muss mich dann zum Schreibtisch setzen, und erst wenn ich den Bleistift in die Hand nehme, erfahre ich, was der Herr will, und auch da noch weiß ich weder Folge noch Ende, ja, nicht ein Wort früher als das andere." Dazu erhielt er auch folgende Kundgabe: „Ich (Gott Vater) wähle Mir auch oft Leute, die eines guten Herzens und Willens sind und bei aller sonstigen Einfachheit doch auf einer ziemlich hohen moralischen Stufe stehen, ohne dass sie es selbst wissen. Diesen unbewussten Halbengeln muss Ich dann die Hand Selbst führen und mechanisch mit ihnen schreiben, was sie nicht geübt sind, im Innern zu vernehmen. (...) Bei Meinem Einfließen und dem Vernehmbarmachen Meiner Stimme ist es dem Schreiber, als wenn er mit einer zweiten Person spräche. Alle anderen Ideen treten zurück, alle Phantasiegebilde schwinden, der Mensch ist bloß Ohr (oder Geistesauge), und zwar nur geistiges Ohr, denn das Geräusch, das von außen an sein irdisches Ohr schlägt, kümmert nicht. So konzentriert er sich, um auf Meine Stimme allein zu hören, lebt ein Gemeinschaftsleben mit Mir, und gibt auch dann wortgetreu wieder, was Ich euch sagen wollte, damit ihr in der Aufklärung und Besserung fortschreitet."[33]

Um 1872 traf Gottfried Mayerhofer in Triest auf Friedrich Landbeck, der als Schildermaler in jener Werkstätte arbeitete, in der Mayerhofer seine Bilder rahmen ließ. Mayerhofer führte den damals 30-jährigen

---

[33] H. Zluhan, Vom inneren Wort, 1961, Seite 241

Landbeck zur Neuoffenbarung. Landbeck seinerseits half dem am Star leidenden Mayerhofer, indem er ihn entsprechend seiner alternativen Heilkünste behandelte und seine Kundgaben ins Reine schrieb, was Mayerhofer sonst selbst besorgt hatte. Landbeck berichtete von einer alternativen und eigentlich widersprüchlichen Angabe über den Erhalt dieser Kundgaben: „Das Eigentümliche bei ihm (Mayerhofer) war, dass er gewöhnlich früh die zu behandelnden Gegenstände herrlich klar erschaute. Er betonte öfter: in solch herrlicher Klarheit, wie er die Sachen in der Frühe sah, kamen sie nie mehr hernach, wenn er sie niederschrieb als Diktat des Herrn. Gar oft waren diese Diktate veranlasst durch mündliche oder briefliche Anfragen. Einmal sagte er mir auch, er habe etwas geschaut zu Schillers Lied 'Die Glocke'; darüber hätte er schreiben sollen, aber es traten Hindernisse äußerer Art dazwischen, so dass die Ausführung unterbleiben musste. Einmal, erinnere ich mich, schrieb er auch direkt prophetisch in seinem letzten Wort, als ich gerade zu Besuch zu Hause weilte, das sich leider so schnell durch seinen Hingang erfüllte."[34]

Der gewissenhafte Gottfried Mayerhofer bat Gott um eine Bestätigung seiner Schreibmission, die ihm folgendermaßen erfüllt wurde: Als er mit seiner Frau eines Abends einen Spaziergang den Hafen von Triest entlang und dann nach St. Andrea machte, kamen sie beim Leuchtturm in eine etwas abgelegene Gegend. Da erhob sich auf einer der letzten Bänke die mystische Gestalt einer älteren Frau, trat Mayerhofer entgegen und rief mit ausgestrecktem Arm: „Sie verkehren mit Gott! Sie sind ein Prophet!" Darauf setzte sie sich wieder ruhig nieder. Als sich der überraschte Mayerhofer bei ihr erkundigte, sagte sie ihm ihren Namen – Auguste Esche. Niemand in der Gegend kenne sie und sie wohne in

---

[34] „Wegbereiter der Neuoffenbarung", Otto Zluhan, Zeitschrift Das Wort 1958-8

einem abgelegenen Haus, um zu sterben, denn sie sei unheilbar krank. Beim Anblick Mayerhofers habe sie sich unbewusst veranlasst gefühlt, sich von ihrer Bank zu erheben und ihn anzusprechen, wobei sie aber nicht mehr wisse, was. Gottfried Mayerhofer notierte sich Namen und Adresse. Als er sich am Abend zurückzog und an den Herrn wandte, erhielt er folgende Kundgabe: „Mein lieber Sohn, du wünschtest ja eine Bestätigung deiner Erwählung, was Ich dir auch verheißen und nun erfüllt habe. Anderteils ist die Begegnung mit der 'Frau', Meinem Kinde, auch die Erfüllung einer Verheißung, die Ich derselben vor 7 Jahren schon gab. Und so habe Ich euch zusammengeführt zu allseitigem Segen. Diese neue Schwester übergebe Ich deinem Brd. Medeotti, dass er sie die Sonnenkur machen lasse, durch die er selbst wunderbar geheilt wurde, und so soll auch sie dadurch genesen; und ihre Geisteskur soll sie in der Geist-Sonnenkur Meines neuen Lichtes machen." Die Aufgabe, diese sterbenskranke Frau mit Arznei für Leib und Seele zu versorgen, fiel Friedrich Landbeck zu. Als sich ihre Gesundheit gebessert hatte, erzählte sie ihm von sich, dass sie aus Chemnitz in Sachsen war, die Tochter eines Strickwaren-Fabrikanten. Krank gemacht von ihrem Ehemann, litt sie so sehr, dass sie sich nach dem Tod sehnte. In Venedig lernte sie Anka von Atanaskowitsch aus Ungarn kennen, ein Medium, das zuweilen einige tiefe Worte von ihrem Schutzgeist bekam. Als sie diese fragte, wie lange sie ihr Elend noch zu erdulden hätte, erhielt diese von dem Schutzgeist die Antwort, sie würde in sieben Jahren von Gott Selbst geheilt werden. Auguste Esche fasste dies aber so auf, dass sie nach sieben Jahren Leiden durch den Tod erlöst werde. Im Rahmen ihrer Kur zog sie nach Triest, und weil ihr von ärztlicher Seite nicht zu helfen war, wollte sie am Meer sterben. Da traf sie dann auf Gottfried Mayerhofer, und tatsächlich wurde sie durch die Sonnenkur wieder völlig gesund und bestieg die höchsten Berge Tirols. Sie wurde tief eingeweiht in das Wesen der Neuoffenbarung und erhielt selbst die Gnade Gottes, durch Gebet und Handauflegung zu heilen.

Gottfried Mayerhofer wurde im Triester Freundeskreis so beliebt, dass sich die italienischen Frauen um ihn drängten, weil sie dachten, der Herrgott sei sein innigster Gefährte. Seine besorgt gewordene Gemahlin ließ ihn schließlich nicht mehr an den Versammlungen im Haus Medeottis teilnehmen – zum großen Leidwesen der Gemeinschaft. So wurde dann Friedrich Landbeck Vermittler zu der kleinen Gemeinde, die Gottfried Mayerhofer als ihren Leiter betrachtete. Mayerhofer starb am Karfreitag 1877, das war der 30. März. Für den Triester Lorber-Freundeskreis war sein Hingang ein schwerer Schlag. Seine Aufgabe, Wort und Rat des göttlichen Vaters zu vermitteln, übernahm Johanne Ladner, die dann aber in Bietigheim lebte. Auch um sie bildete sich ein Freundeskreis, der von Friedrich Landbeck betreut wurde, denn dieser reiste wieder zurück nach Deutschland. Triest blieb ihm jedoch seine zweite Heimat, die er bei Gelegenheit besuchte.

Christoph Friedrich Landbeck (1840-1921)

Christoph Friedrich Landbeck war eine der prägendsten Personen der Lorber-Bewegung. Seine Freunde und Anhänger aus dem Umfeld seines Verlages sahen in dem etwas exzentrischen Mann mit dem Patriarchen-Bart einen Jünger Christi, einen Ältesten, und nannten ihn sogar „Vater". „Bruder Fritz" habe aufgrund seiner Treuherzigkeit, seiner Gutmütigkeit und seinem sonnigen Humor fast nur Freunde gehabt. Alle Kinder in Bietigheim seien ihm entgegengelaufen und hätten ihm die Hand gegeben. Wenn nötig, dann konnte er aber auch wütend sein, und dann war nicht mit ihm zu spaßen. So langsam und umständlich er in seinem Wesen war, so zäh und gründlich war er aber auch in der Verfolgung seiner Ziele. Gegner und Freunde bekamen seinen Eigensinn zu spüren.[35] Schon Friedrich Landbecks Vorfahren – Handwerker und Bauern – sollen sich zur Mystik hingezogen gefühlt haben und seiner Großmutter soll eine Hellseherin prophezeit haben, aus ihrer Familie käme einer der zwei Ölbäume der Offenbarung.

Friedrich Landbeck war der älteste Sohn von einem Maler und Gipsermeister in Bietigheim. Die Mutter starb, als er drei Jahre alt war, worauf den Knaben zuerst eine Haushälterin und dann eine Stiefmutter versorgte. Nach seiner schulischen Ausbildung kam er in die Lehre bei einem bekannten Dekorationsmaler in Stuttgart. Einer kurzen Zeit selbständiger beruflicher Arbeit im Elternhaus folgten Wanderjahre. Der reiselustige junge Mann interessierte sich für alternative Heilkunst und Vegetarismus, beschäftigte sich mit Mystik und suchte nach einer zeitgemäßen Offenbarung Gottes, denn er glaubte sein Leben lang an den himmlischen Vater, allein die Person Jesu war ihm infolge der Lektüre rationalistischer Schriften in Nebel gehüllt. Dass er nicht heiratete, obwohl sich ihm mehrmals die Gelegenheit bot, betrachtete er im Nachhinein als höhere Führung. Seine Braut sah er in Jesus, dem himmlischen Vater,[36] frei nach „Ich will mich mit dir verloben für alle Ewigkeit, ich will mich mit dir verloben in Gerechtigkeit und Recht, in Gnade und Barmherzigkeit" (Hosea 2.21). In der Schweiz lernte er den französischen Spiritismus nach Allan Kardec und Adelma Vay kennen, dessen Schriften er in Triest studierte, blieb dabei aber für sich und schloss sich keinem spiritistischen Kreis an. In Triest traf er dann 30-jährig auf Gottfried Mayerhofer, als dieser schon als Vatermedium wirkte. Er gab Friedrich Landbeck eine seiner Durchgaben – das Osterwort – und führte ihn in die Lorberwerke ein. Als Mayerhofer feststellte, dass Landbeck der Lehre

---

[35] „Karl Rohm: Christoph Friedrich Landbeck – Ein Denkstein von Karl Rohm"; Das Wort 1921-6, Seite 5 und 15, Nachruf
[36] Christoph Friedrich Landbeck: Der Wahrheit-Sucher, ab Seite 92

Allan Kardecs anhing, derzufolge Gott nicht direkt mit den Menschen verkehren könne, gab er ihm weitere Schriften und flehte zum Herrn, Er möge Landbeck von den Lügengeistern Kardecs befreien. Landbeck erkannte in den Neuoffenbarungen dann tatsächlich das reine Wort Gottes und dankte Gott dafür, an der so lange gesuchten heiligen Quelle angelangt zu sein. Als der am Star erkrankte Mayerhofer am Auge operiert werden musste, gab Landbeck seinen Beruf als Schildermaler auf und stellte sich ganz in den Dienst von Mayerhofer und der Triester Lorber-Gemeinschaft. Um niemandem zur Last zu fallen, lebte er sehr bescheiden. Er kopierte die Kundgaben Jakob Lorbers und Gottfried Mayerhofers für den Triester Freundeskreis, wobei er die Jugendgeschichte Jesu von Jakob Lorber dreimal und das Predigtbuch Gottfried Mayerhofers siebenmal abschrieb. Außerdem behandelte er Mayerhofers Augen durch Handauflegung und Gebet und besuchte und bediente Patienten Medeottis und Mayerhofers. Nach dem Tod von Mayerhofer trat Friedrich Landbeck als Gehilfe von Gustav Werner ins Bruderhaus in Reutlingen ein, einer christlich-sozialen Einrichtung in Baden-Württemberg. Dort arbeitete er auf dem Zeichenbüro, allerdings nicht allzu lange, denn der freisinnige Landbeck konnte sich mit dem engen, orthodoxen Regiment der dortigen Schwesternschaft nicht abfinden. In der Zeit verstarb Johannes Busch, der damalige Verleger der Lorberschriften.

Friedrich Landbeck wurde nun von Freunden Gottfried Mayerhofers aufgefordert, den Verlag des Johannes Busch zu übernehmen. Sie hielten ihn für den geeignetsten Mann, obwohl ihm das Geld zur Übernahme und Fortführung des Verlags fehlte. Landbeck lehnte diesen Antrag zweimal ab, weil er einen Wink von oben darüber erwartete. Diesen sah er gekommen, als er nach Differenzen mit dem Direktor des Bruderhauses in Reutlingen seine Entlassung nahm, denn in dem Moment, als er das Büro verließ, traf er auf den Briefträger mit einem Einschreiben, einem Ultimatum in Sachen Verlagsübernahme. Mithilfe freiwilliger Spenden konnte er die Bestände des Busch-Verlages nach Bietigheim überführen und einen Verlag im Gartenhaus des elterlichen Anwesens gründen. Diesen Verlag nannte er zuerst „Neu Theosophischer Verlag, Johannes Busch Nachfolger" und ab 1907 „Neu-Salems-Verlag", nach den „Neusalemiten", als die Jesus im *Großen Evangelium Johannes* (9.98.1) die Anhänger der Neuoffenbarung anspricht. Dies geschah, um eine Verwechslung mit der Theosophischen Gesellschaft zu vermeiden. Er wurde nun der Herausgeber der Schriften Jakob Lorbers, jener von Gottfried Mayerhofer und etlicher anderer Wortempfänger, wie beispielsweise von Johanne Ladner (1824-1886) und Leopold Engel (1858-1931). Dafür investierte er seine Zeit und Kraft und sein irdisches Vermögen. Er wirkte als Verleger, Korrektor, Organisator und Wanderbote. Bei seinen zahlreichen Reisen in den folgenden Jahrzehnten verbreitete er die Botschaft der Neuoffenbarung und sammelte die verstreuten Originalhandschriften. Neben Wortempfängern und anderen Interessierten stellte sich auch ein einstiger Meister der Freimaurer in Bietigheim ein. Dieser erklärte, die höchste Stufe der Freimaurerei sei die Erlangung des lebendigen Wortes, welches in Bietigheim durch Johanne Ladner so reichlich und so rein fließe. Deshalb habe er die Loge verlassen und sich dem Bietigheimer Freundeskreis angeschlossen. Er wurde Friedrich Landbeck ein väterlicher Freund und Kassenverwalter.[37]

Friedrich Landbeck vermochte zwar die wichtigsten Schriften zu drucken, aber im buchhändlerischen Sinn vertrieben hat er sie nicht. Zeigte sich ein Interessent, dann besuchte er ihn und unterhielt sich mit ihm, wobei der nach wie vor reiselustige Landbeck wegen nur einem Interessenten sogar nach Südrussland und nach Konstantinopel reiste.

---

[37] Christoph Friedrich Landbeck: Der Wahrheit-Sucher, Seite 55

Auch Schweden und Norwegen besuchte er, weil sich in der Heimat Emanuel Swedenborgs Interesse für die Neuoffenbarung zeigte. Er hatte die Gabe, im täglichen Leben und auf Reisen mit den ihm begegnenden Menschen ein Gespräch anzuknüpfen und dieses nach einigen einleitenden Sätzen sofort aufs geistige Gebiet zu lenken. Dadurch weckte er überall Interesse für die Neuoffenbarung und gewann viele Freunde. Kleinen Kindern, die ihm auf der Straße begegneten und ihm die Hand gaben, schenkte er ein Bildchen mit geistigen Sprüchen, damit die Eltern es auch lesen und geistigen Gewinn davon haben konnten. Junge Frauen bekamen ein Heilandsbild mit dem Rat, ihren Seelenbräutigam zu lieben und Ihm Freude zu bereiten. Auch die Armen hatten an ihm einen großen Wohltäter. So pflanzte er persönlich ein Interesse für die Neuoffenbarung in die Herzen empfänglicher Menschen, die sich dann, ähnlich wie der Triester Lorber-Freundeskreis, um Vatermedien oder Seher sammelten. Manchmal weiteten sich diese Kreise aus, wurden aber, infolge der mangelnden Trennung von Spiritismus und Okkultismus, eher von spiritistischen Kundgaben anstatt der Neuoffenbarung motiviert. Beispielsweise kam Friedrich Landbeck 1882 nach Saarbrücken (St. Johann) und wirkte dort, worauf sich ein Freundeskreis bildete, der in den folgenden Jahrzehnten von den Vatermedien F. Schmidt und Johann Gerisch unterhalten wurde. Vermehrt Zulauf erhielt dieser Kreis jedoch erst, als die Menschen, durch die Not des ersten Weltkrieges wachgerüttelt, nach einem Trost suchten, der nicht von dieser Welt war. Dieses Suchen nach Gewissheit über das Dasein einer anderen Welt wurde zu jener Zeit im Saarland besonders genährt durch „die Seherin von Altenkessel", Maria Michely, welche die Lorberschriften schätzte. Durch sie traten viele in Verbindung mit ihren lieben Verschiedenen und wurden so für das höhere Geistige aufgeschlossen. Es entstand nun aus dem Lorber-Freundeskreis der „Friedensreichbund" im Saarland, der eine eigene Zeitschrift herausbrachte, den *Friedensreichboten*. Leiter dieser geistigen Bewegung waren Karl Schneider, der das Buch *Maria Michely, die Seherin von Altenkessel* im Friedensreich-Verlag herausbrachte, und Johann Gerisch. Da Karl Schneider dann aber Jenseitskundgaben und Offenbarungen erhielt, die mit *Bibel* und Lorberwerk nicht übereinstimmten, und so die Gemeinschaft in eine Richtung leitete, die mit jener des Gründers Johann Gerisch nicht vereinbar war, trennten sich Karl Schneider und seine Anhänger nach monatelanger Krise von der Gemeinschaft. So verlor der Lorber-Freundeskreis wieder jene Mitglieder, die nicht wirklich, oder nur bedingt, von der Neuoffenbarung motiviert waren, und erlitt zudem noch einen Vertrauensverlust. Friedrich Landbeck kann daher nur bedingt als Apostel oder Missionar der Neuoffenbarung betrachtet werden. Die notwendige und wichtige Trennung der Neuoffenbarung vom Spiritismus bestand bei ihm nicht, trotz seiner Abwendung von Allan Kardec. Dieser Umstand zeitigte noch Jahrzehnte später die entsprechenden Auswirkungen für die Lorberfreunde.

Wer Bücher von Friedrich Landbeck kaufen wollte, bekam sie billig. Wer Interesse zeigte, dem brachte er sie als Geschenk ins Haus. Überhaupt soll er alles verschenkt haben, was er schenken konnte, wenn er seinen Mitmenschen damit dienen konnte. Das Geld dafür bekam er seinerseits geschenkt. Er tat Gutes im Stillen und machte sich mit vielen kleinen und einigen größeren Geschenken bei Jung und Alt beliebt. Edition und Druck der Bücher, Lebensunterhalt und Missionsreisen finanzierte er durch freiwillige Spenden wohlhabender Freunde. Einer dieser treuen Freunde war Oberkriegsgerichtsrat Paul Selle, der auch die Wegweiserhefte zusammenstellte und deren Druck finanzierte. Mit diesem erfahrenen Juristen hat Friedrich Landbeck später sein Testament und den Gesellschaftsvertrag zur Fortführung des Verlages festgelegt. Seinen Haushalt führte seine Pflegetochter Emma Schmitt. Um die Arbeit bewältigen zu können, stellte er 1908 den damals 18-jährigen Otto Zluhan als Verlagsgehilfen ein. Kritisiert wurde Friedrich Landbeck dafür, zu viel Wein zu trinken, zu viel zu reisen und zu viel zu verschenken. Die Notwendigkeit seiner Reisen ist durchaus in Frage zu stellen. Was den Wein betrifft, bezeichnet er diesen im Vorwort seiner Autobiographie als geistige Verbindung mit dem Himmel, und widmet ihm auch gleich noch ein Gedicht. Aus der Neuoffenbarung hat er diese bedenkliche Idee, durch eine Rauschdroge mit dem Himmel verbunden werden zu können, jedenfalls nicht. Dort heißt es, entsprechend Eph. 5.18, im Wein ruhe ein betäubender und den Menschen verunreinigender Geist, der die Seele nicht erleuchte, sondern verfinstere, sogar Unzucht bis hin zur Besessenheit bewirken könne. Nur ein reiner Wein sei, hin und wieder mäßig genossen, der leiblichen Stärkung dienlich. Wahrscheinlich hat Friedrich Landbeck diese Idee aus dem Spiritismus. Dort werden durchaus auch Drogen angewendet, um mit Geistern in Verbindung zu treten, inspiriert durch beispielsweise den Schamanismus. Somit stellt sich natürlich die Frage, ob er seine zeitweiligen Inspirationen denn auch wirklich vom Herrn erhielt und nicht bloß vom Wein. Jedenfalls betrachtete er sich nur bedingt als medial veranlagt. Er hatte eine Menge Erfahrung mit Geistheilern und Medien, über die er in einem direkten Verkehr mit dem Jenseits stand, und berichtete auch von einer eigenen Nahtoderfahrung.[38] Am Ende seiner Tage nannte sich Friedrich Landbeck mit Vorliebe „Wahrheitssucher". Er blieb rüstig bis ins hohe Alter und besorgte auch noch als Greis die Verlagsgeschäfte. Im Dezember 1920 zog er sich auf seinen Geschäftsreisen eine starke Erkältung zu, die seine körperlichen Kräfte rasch abnehmen ließ. Hinzukommende Arterienverkalkung und Darmbeschwerden fesselten den Kranken Anfang 1921 ans Bett. Er

---

[38] Christoph Friedrich Landbeck: Der Wahrheit-Sucher, ab Seite 101

erlebte noch die Herausgabe der Monatsschrift *Das Wort* und die Ergänzung des Verlages mit einer eigenen Druckerei, denn davor wurden die Bücher nicht in Bietigheim, sondern bei Karl Rohm in Lorch gedruckt. Durch die vermehrte Arbeit wurden Ottilie Mayer als Kontoristin, Fritz Enke als Buchdrucker und Wilhelm Müssigmann als Schriftsetzer eingestellt. Um den Weiterbestand des Neu-Salems-Verlages zu sichern, übergab Friedrich Landbeck die Verwaltung und Vertretung seinen Mitarbeitern Otto Zluhan und Walter Patenge. Er starb noch im selben Jahr im Alter von 81 Jahren.

Wichtig zu erwähnen ist der Vorfall um Franz Schumi (1848-1915), der recht deutlich den Machtanspruch Friedrich Landbecks demonstriert, nämlich der alleinige Verleger und förmliche Eigentümer der Lorberwerke und Leiter der Lorber-Bewegung zu sein. Franz Schumi, der in Graz lebte und dann nach Zürich übersiedelte, war ein zu seiner Zeit relativ erfolgreiches Vatermedium, das von sich behauptete, so wie Jakob Lorber von Jesus Botschaften zu empfangen. Er stellte sich und seine Kundgaben über Jakob Lorber und das Lorberwerk, in dem sich Irrtümer befänden, missionierte auf eher aggressive Weise und drängte sich mit seinen Anhängern den Lorberfreunden ungeladen auf, wenn diese sich versammelten. Die Beziehungen waren also vorbelastet. Franz Schumi klagte nun im November 1903 Friedrich Landbeck an, die Schriften Jakob Lorbers gestohlen zu haben, und wollte dazu nur vor Gericht mehr sagen. Damit traf Schumi einen wunden Punkt bei Landbeck, denn der solcherart Angeklagte sah sich verleumdet, reiste sofort nach Zürich und suchte mit der Verstärkung von zwei Freunden den Ankläger persönlich auf, um ihn vor Zeugen der Lüge zu überführen. Einer dieser Freunde war der Kassationsgerichtspräsident Georg Sulzer (1844-1929), der einige Erfahrung mit spiritistischen Erscheinungen und Medien hatte und die Neuoffenbarung in der Schweiz bekannt machte. Dieser nahm sich den von der plötzlichen Heimsuchung überrumpelten Schumi gründlich vor: Er sei ein betrogener Betrüger, er solle endlich in sich gehen und von seinem Wahn ablassen, wo er doch sehe, dass er von seiner Geisterführung belogen und betrogen würde. Franz Schumi versprach dies, zumindest laut Friedrich Landbeck, hielt sich aber nicht daran. Er veröffentlichte folgendes Wort, das am 13. August 1904 an ihn ergangen sei: „Meine lieben Kinder! Mit vorliegendem Diktat übertrage Ich Jesus, euer Vater, alle von Mir bisher diktierten Bücher seit dem Jahre 1840 her zum Neudruck an Meinen Schreiber Franz Schumi, der sie nach Meinem ihm kundgegebenen Willen neu und rein und in neuem Format, das Ich ihm angegeben habe, nacheinander neu herausgeben wird. Diese Meine Entschließung entstand infolge der unrichtigen Handhabung Meines Willens in Bezug der Herausgabe, der Versendung und der Verbreitung. Ich habe viele Jahre unwillig nach Bietigheim geschaut − nun ist endlich der Zeitpunkt angekommen, dass Ich als Autor und alleiniger Verfüger über Meine Lehre, alles dem Schumi übertrage und nämlich ins Eigentum als Mein künftiger Herausgeber aller Meiner Bücher. Dies zum allgemeinen Wissen Meines Willens und Meiner entscheidenden Verfügung, euer Vater Jesus, Amen." Georg Sulzer ging dann soweit, noch im selben Jahr ein „Memorandum" zu verfassen. In diesem Büchlein wird Franz Schumi als Vatermedium diskreditiert und Friedrich Landbeck förmlich in den Himmel gelobt.

Sicherlich ist der Verdienst Friedrich Landbecks um Druck, Bewahrung und Verbreitung der Neuoffenbarung nicht gering. Für sein Wirken behauptete er sogar Anweisungen von oben bekommen zu haben, ohne auf das Wie und Woher einzugehen, etwa dass das *Große Evangelium Johannes*, welches Johannes Busch in 7 Bänden herausgegeben hatte, nunmehr in 10 Bänden gedruckt und in Kapitel geteilt werden solle. Das während seiner 42-jährigen Verlagstätigkeit geschaffene Werk wurde von Otto Zluhan mit einem Dom verglichen, der eine gläubige Gemeinde in seinen Mauern umschließt, was für sich schon eine kritische Betrachtung geradezu herausfordert. Denn wer da denkt, die gläubige Gemeinde im Dom des Friedrich Landbeck bestünde aus treuen Nachfolgern der Neuoffenbarung, der täuscht sich. Indem Friedrich Landbeck nicht nur die Lorberwerke verbreitete, sondern auch die Durchgaben von etlichen oft anonymen Wortempfängern, prägte und schwächte er wesentlich die Lorber-Bewegung, die in der Folge diversen Irrtümern und Verrücktheiten ausgesetzt war. Die Lorberfreunde, die nun entscheiden sollten, welche dieser Wortempfänger wirklich eine prophetische Berufung hatten, wurden mit mühsamen Untersuchungen und Diskussionen belastet. Friedrich Landbeck verstand sich weniger als jemand, der das Lorberwerk verbreitete, sondern als Anhänger und Übermittler des „neuen Vaterwortes", des „neuen Lichtes", wobei er Jakob Lorber nur als einen hauptsächlichen von vielen Vermittlern desselben ansah. Er betrachtete den Spiritualismus als Basis des Christentums[39] und ist bei sehr kritischer Betrachtung eher als Spiritualist denn als Christ zu bezeichnen, auch wenn er zweifellos, wie übrigens viele Spiritualisten, ein sehr christlicher Mensch war, noch dazu eng verbunden mit der evangelischen Kirchengemeinde seines Heimatortes. In Wirklichkeit aber ist die Basis des Christentums das Wort Gottes und der darauf gründende lebendige Glaube. (Der Unterschied zwischen einer Durchgabe des Spiritismus und einer Offenbarung Gottes wird im Kapitel „Spiritismus und Okkultismus" erklärt.) Da sowohl Friedrich Landbeck selbst, als auch einige der Wortempfänger, dem Spiritismus zugeneigt waren, denselben sogar offen praktizierten, allen voran Leopold

---

[39] Christoph Friedrich Landbeck, Der Wahrheit-Sucher, Anhang Heureka II, Seite 16, Fußnote

Engel, gerieten die Lorberfreunde allgemein in den Verdacht, eine spiritistische oder okkultistische Bewegung zu sein, was wohl viele Personen davon abhielt, sich mit dem Lorberwerk überhaupt zu beschäftigen. Andererseits machten die Wortempfänger erst etliche Leute auf das Lorberwerk aufmerksam. Ob die Bilanz dabei insgesamt positiv oder negativ ausfällt, ist kaum zuverlässig festzustellen. Jedenfalls verzeichnete die Lorber-Gesellschaft um den Lorber-Verlag das meiste Interesse, als diverse Wortempfänger neben dem Lorberwerk propagiert wurden. Allerdings war dies auch eine Zeit der materiellen Nöte und der dadurch verstärkten spirituellen Suche der Allgemeinheit. Zudem neigten die Menschen damals zur Hysterie, so ähnlich wie die heutigen Menschen zum Narzissmus. Am bedenklichsten ist jedoch der Umstand, dass Friedrich Landbeck die Authentizität der Neuoffenbarung vernachlässigt hat. Er formte sie in seinem Sinn und gab ihr eine Eigenart nach seinem menschlichen Wesen, so als wäre sie *sein* Werk, und nicht das Jakob Lorbers oder vielmehr des Herrn. Seine Verlegerfreunde Karl Rohm und Otto Zluhan priesen ihn sogar für diesen förmlichen Sündenfall, der leider ziemlich verbreitet ist bei Verlegern hochgeistiger Werke. Seine ungute Einstellung übertrug sich auf die nachfolgenden Verleger, welche die Neuoffenbarung so behandelten, als wäre sie *ihr* Eigentum und weitere Eingriffe vornahmen, wobei sie stets schlankweg behaupteten, nichts an Inhalt und Wesenhaftigkeit sei verloren gegangen, obwohl das Gegenteil der Fall war. Die Geschichte der Autoren, die eine Botschaft vermitteln wollen, und ihrer Verleger, die Bücher verkaufen und Geld verdienen wollen, ist lang und hat viele Kapitel. Friedrich Landbeck nummerierte und überarbeitete die Lorberwerke, wobei er aber nicht nur Kapitel und Kapitelüberschriften einführte oder Druckfehler berichtigte, was der Lesbarkeit der Texte alles zugutekam, sondern auch als Korrektor und Zensor wirkte (siehe dazu den Anhang). Dass dies böswillig geschah, ist ihm wohl nicht zu unterstellen. Seine Motivation lag eher darin, die Schriften nach seiner Vorstellung annehmbarer zu gestalten, um sie so leichter unters Volk bringen zu können. „Am Kleid liege nichts, nur am Sinn" dichtete er sinngemäß in seiner Autobiographie. Beeinflusst von spiritistischen oder naturalistischen Anschauungen, sowie den Durchgaben kurioser Medien, nach denen ein Wort Gottes, da von Menschen niedergeschrieben, stets auch nur bedingt und fehlerhaft sein könne, daher keine Offenbarung in Wirklichkeit von Gott komme, mangelte es ihm an der notwendigen Verwirklichung des Wesens des echten Gotteswortes, welches auch im Buchstabensinn göttlich ist, so wie auch Jesus – die größte Offenbarung oder das Wort Gottes in Person – dem Menschlichen nach göttlich ist, obwohl dies, äußerlich betrachtet, nicht so aussieht. Friedrich Landbeck war ein Menschenkenner, der auf seinen Reisen vielerlei Erfahrungen gesammelt hatte. Er wusste genau, dass die Menschen über die Herzen ihrer Kinder zu erreichen sind. Kinder wiederum sind leicht durch Süßigkeiten und kleine Geschenke zu gewinnen. Er kannte den Wert des Schenkens, das zum Zurückschenken verpflichtet, wodurch Beziehungen verstärkt werden. Seine Stärke lag im persönlichen Umgang mit den Menschen. Als Verleger und Bewahrer der Neuoffenbarung war er aber durchaus nicht geeignet. Nicht nur wegen seines eigenmächtigen Wirkens als Korrektor, und weil er das Lorberwerk dem Verdacht aussetzte, ein spiritualistisches Werk zu sein, bloß Menschenwort und nicht Gotteswort, sondern auch, weil er den Verlag dieser Schriften mittels Machtpolitik derart festigte, dass die Lorberfreunde bis heute an den Nachwirkungen leiden.

Die Zeit der Wortempfänger

Nach Jakob Lorbers Verscheiden entstanden an verschiedenen Orten in Europa Freundeskreise. Einige davon bildeten sich rund um

94

Wortempfänger, die angaben, gleich oder ähnlich wie Jakob Lorber die Stimme von Gott oder Engeln zu empfangen. Die einen wirkten schon als Wortempfänger, bevor sie das Lorberwerk kennen lernten, andere erst danach. Insgesamt waren es wohl über fünfzig, die von Lorberfreunden anerkannt oder zumindest in Betracht gezogen wurden. Von vielen sind heute nur mehr ihre Initialen bekannt. Allgemein erreichte kein Werk dieser neuen „kleinen Propheten" die Qualität des Lorberwerks. Zumeist handelte es sich um Trostworte, Wiederholungen und Ermahnungen. Ein großer Teil der Kundgaben wurde nie veröffentlicht, weil es sich um private Dinge handelte. Die Sachsen brachten auffällig viele Vatermedien hervor und zeigen überhaupt eine besondere spirituelle Ader, die für ein mystisch orientiertes Christentum, wie jenes der Neuoffenbarung, besonders empfänglich war. Dresden und Chemnitz waren Hochburgen besonders begnadeter Lorberfreunde. Das Zentrum der Lorber-Bewegung bildete sich dennoch in Bietigheim in Baden-Württemberg, wo Christoph Friedrich Landbeck seinen Wohnsitz hatte und seinen Verlag führte. Dort wurde ähnlich verfahren wie davor in Triest.

Die Lorberfreunde wurden mit den Jahren immer kritischer bei der Annahme von Vatermedien, da diese in den Lorberkreisen viel Verwirrung und Unfug anrichteten. Einige dieser Medien schlichen sich ein, nachdem sie von den Kirchen abgelehnt worden waren. Manche erwiesen sich sogar als ausgemachte Gegner der Neuoffenbarung. Zeitweise herrschte aus dem Wunsch nach Geltung eine Sucht nach dem inneren Wort, durch die man versucht ist zu glauben, die eigenen Worte seien von Gott oder dem Heiligen Geist inspiriert. „Jeder wahre Sucher in der Geisteslehre weiß, wie man auf Schritt und Tritt falschen Propheten und Prophetinnen begegnet. Da heißt es prüfen und abermals prüfen! An ihren Früchten werdet ihr sie erkennen! Die gesamte Lebensführung des Werkzeuges muss in schönstem Einklang mit seinen erhabenen Lehren stehen, sonst kann man mit Recht zweifeln an dessen göttlicher Sendung. Wie viel Eitelkeit spricht oft aus einem Medium! Jedes dünkt sich als bestes Medium und ist neidisch, wenn ihm ein anderes den Rang streitig machen will", schrieb Alfred Rathmann in *Das Wort* 1921-5. Es ist nicht leicht zu beurteilen, ob ein Vatermedium tatsächlich prophetisch wirkt oder doch nur spiritistischen Hintergrund hat, sich etwas einbildet oder gar bewusst betrügt. Eine solche Beurteilung fällt sogar jenen Vatermedien schwer, die als vertrauenswürdig und aufrichtig gelten, wenn sie aus sich urteilen müssen, weil sie unter Umständen kein höheres Wort darüber erhalten. Manch ein Lorberfreund hat seinen Glauben wegen Verhalten und Botschaften von Vatermedien eingebüßt. Etliche Lorberfreunde sind irregeführt und ausgenutzt worden von Vatermedien, die den nahen Weltuntergang verkündeten und ihre Anhänger ordentlich verrückt machten. Heute wie damals gilt, Vorsicht walten zu lassen, wenn man sich mit Propheten und Vatermedien beschäftigt. Vor allem sollte man deren Kundgaben oder Forderungen anderen Menschen nicht aufdrängen, insbesondere und gerade dann nicht, wenn solches der vermeintliche Prophet per angeblich göttlicher Kundgabe fordert, denn eines der zuverlässigsten Kennzeichen eines falschen Propheten ist Fanatismus und Extremismus. Das Falsche wird mit Feuereifer verkündet, das Wahre hingegen friedlich, ohne Druck und Gewalt. Im Grunde ist es wie mit Verkäufern: Jene, die einem nachlaufen, die lästig sind und drängen, die viel Werbung machen und einem das Blaue vom Himmel versprechen, das sind die Gauner, vor denen man sich hüten sollte. Hingegen jene, die ruhig auf Kundschaft warten, die nicht lügen und betrügen, was sie und ihre Ware betrifft, das sind die Anständigen, bei denen man einkaufen kann. Trotzdem ist nicht jeder Ruhige anständig, nicht jeder Drängler ein Gauner.

Es folgt nun eine Aufzählung von einigen Vatermedien, die unter den Lorberfreunden mehr allgemeine Beachtung gefunden haben, hauptsächlich weil sie von Friedrich Landbeck und der Neu-Salems-Gesellschaft als echt angenommen wurden.

Anton (Toni) Hedwig aus Mediasch (A.H.M. und T.H.M) in Rumänien, geboren im Jahr 1845, war einer der ältesten Lorberfreunde und wurde im Nachruf der Neu-Salems-Gesellschaft sogar als „Patriarch des Neu-Salems-Lichtes" bezeichnet. Er besaß die Originalhandschrift des *Großen Evangeliums Johannes* und die Abschrift der *Haushaltung Gottes* von Anselm Hüttenbrenner; beides übergab er 1909 kostenlos an Friedrich Landbeck. Später übergab er dem Neu-Salems-Verlag noch weitere Abschriften von Anselm Hüttenbrenner. Anton Hedwig lebte still und bescheiden in Armut und wirkte lange als Vatermedium und Ratgeber. An ihn ergangene Kundgaben sind in *Das Wort* bis 1930 und in dem Buch *Dekalog* zu finden. Seinen Lebensabend verbrachte er mit seiner einzigen ihm verbliebenen Tochter Hermine, die selbst unbemittelt war, in gottseliger Zurückgezogenheit. Verarmt und erblindet, erhielt er in seinen letzten Jahren Hilfe durch die Lorberfreunde. Er starb am 17. Juli 1932.

Ida Schöttle Kling (I.K.L. und I.K.F.) war die jüngere Tochter von Maria Kling, die in der Schweiz lebte und der Friedrich Landbeck bei einer seiner Missionsreisen die Neuoffenbarung nahebringen konnte. Damals war Ida ein stilles, tiefer denkendes Mädchen, welches das Vernommene behielt. Später wurde sie zu einem Vatermedium und für Friedrich Landbeck die Nachfolgerin von Johanne Ladner. Ida Kling war selbst nicht klar, wie sie dazu kam, Kundgaben zu erhalten. Ein Lorberfreund und Fabrikant namens Knauer hatte einen Traum, worin ihm der Herr klar und deutlich, Wort für Wort, Seine letzte Ansprache an Seine Jünger diktierte, die Er gehalten hatte, als Er noch im Fleisch war. Im Anschluss an diese Worte hieß es, als ob der Herr im Besonderen zu Knauer und seinen Freunden sprach: „Noch ein Notabene habe Ich euch zu sagen, dass ihr dies im Traume Gegebene nicht eher wieder zu lesen bekommen werdet, als Ich durch Meine Magd euch noch mehr Kundgaben zukommen lasse." Als nun Knauer am 23. Juni 1890 diesen Traum Ida Kling und ihrer Mutter erzählte, fühlte Ida beim Wort „Magd" einen starken Schlag im Herzen, wie ein Anklopfen. Dieses Anklopfen setzte sich weniger stark fort, als sie später, während ihrer Morgenandacht, in der *Bibel*, den Schriften des Thomas von Kempen und in den *Lebensblättern* las. Als sie erschrak, vernahm sie in ihr eine deutliche Stimme: „Fürchte dich nicht; Ich bin es, dein Vater." Am 13. Juli 1890 schrieb sie das Erste nieder: „Mein liebes Kind! Siehe, Ich bin bei euch alle Tage, wenn du Mich erkennen willst in deinem Herzen. Und obgleich du noch nicht glauben willst, wer zu dir spricht, so sei doch unverzagt und halte dich in allen Dingen an den Herrn. Er will dich führen an die rechte Quelle. Verstehst du auch Seine Führung nicht, so glaube und vertraue. – Ich will dir nur noch eines sagen: Sei in allen Dingen auf der Hut; denn Ich will dich ganz haben mit allen deinen Kräften. Dein Vater." Als Ida bei dieser Niederschrift bei sich zweifeln wollte, ob sie sich solcher Gnade für würdig halten dürfe, erhielt sie wiederholt vom Vater die Versicherung, dass Er Selbst ihr die Worte in Herz legte. Es folgten weitere Worte und Niederschriften, wobei Ida aber vorerst darüber schwieg und nur jenen davon erzählte, die der Herr ihr als Suchende zuführte. Ihr irdischer Vater, ein Lehrer, stand der Sache zuerst neutral gegenüber, war aber später von der Echtheit der Worte überzeugt. Ihre Mutter hatte von Anfang an eine große Freude an den Erlebnissen ihrer Tochter. Mit der Zeit kamen auch Worte für Bekannte und für die Allgemeinheit. Fast fünf Jahre später, am 8.2.1895, erhielt sie von Vater Jesus folgende Erklärung: „Wie du glaubst, also geschieht es dir! Du hast dich stets voll kindlichen

Vertrauens zu Mir, deinem Vater, gewendet, und hast nur Mich gesucht in dir, wie sollte Ich Mich da nicht finden lassen! Seit jenem Augenblick, da Ich laut und vernehmlich an deiner Herzenstür erschien (23.6.1890) bin Ich dein Führer und Leiter, der dich mit starker Hand durch Nacht zum Lichte führte, und immer tiefer und tiefer dich ins wahre Licht des Geistes führen will. Darum sei fest, Mein Kind, und werde stark im Hoffen, Lieben und Vertrauen, so wirst du bald des Glaubens Früchte schauen. Und wenn Ich dir sage: 'Lass dir an Meiner Gnade genügen, denn Meine Kraft ist in den Schwachen mächtig!' so wirst du getröstet sein, auch im Leiden und dich derselben freuen, und Mir danken vom Grunde deines Herzens, dass Ich noch keinen Augenblick von dir gewichen bin, wenn du Mich gleich schon oft verlassen wolltest. Ich hielt dich fest, weil du in Liebe Mir vertraut bist – und ewig bleiben wirst."[40] Kundgaben von ihr sind in *Das Wort* bis 1957 zu finden, in dem zweibändigen Werk *Vater und Kind*, in *Lebensworte der Ewigen Liebe* und *Festgarten*. Sie lebte in Ludwigsburg und war mit Prof. Hermann Schöttle verheiratet, der 1932 im Alter von 83 Jahren verstarb. Ida Kling war ein stiller, zurückgezogener, bescheidener und selbstloser Mensch. Schon als junges Mädchen ging sie nach ihrer Berufung zum Schreiben an der Hand des Vaters wie ein Kind fragend, lauschend, folgend und zuweilen auch nicht folgend durchs Leben, ohne sich besonders hervorzutun und noch weniger für ihre selbstlose Hingabe und ihre viele Schreibarbeit je das Geringste zu nehmen. Nie wollte sie der Welt als „Medium" erscheinen. Ihr lag alles daran, dass ihr Heiligstes, ihr Herzensverkehr mit dem himmlischen Vater, ja nicht herabgewürdigt werde. Sie beteiligte sich nie an spiritistischen Sitzungen und Zirkeln, sondern stimmte ihr stilles und zurückgezogenes Leben auf den Umgang mit ihrem Vater ab. Vor

---

[40] Christoph Friedrich Landbeck: Der Wahrheit-Sucher, ab Seite 119

Geistermitteilungen hatte sie eine große Scheu. Wünschte ein Geist durch sie zu schreiben, dann folgte sie diesem Verlangen nur durch die Ermächtigung und im Beisein ihres über alles geliebten Jesu-Vaters. Sie erhielt eine Menge Kundgaben, meist veranlasst durch das alltägliche Leben, oft aber auch durch unmittelbare Anfragen der Mittlerin selbst beim Vater, oder durch Anfragen von Freunden. In Ida Kling verwirklichte sich das an sie ergangene Wort: „Wer nichts mehr sucht, wer nichts mehr will, wer ruht an Meinem Herzen still, der ist in Wahrheit eingegangen ins Liebereich und hat empfangen, was keinem Engel wird zuteil: Das Kindesrecht, das volle Heil!"

Johanne Ladner (1824-1886) gehört neben Gottfried Mayerhofer und Leopold Engel zu den bekannteren Wortempfängern unter den Lorberfreunden. Für Friedrich Landbeck wurde sie der Nachfolger von Gottfried Mayerhofer, lebte mit ihm in Bietigheim und unterstützte ihn sowohl persönlich, als auch mit allerlei jenseitigen Kundgaben. Sogar die Verhaltensregeln für die damalige Bietigheimer Gemeinschaft wurden von ihr in einem Vaterwort vom 4. November 1881 vermittelt: „1. Bietet einander die Bruderhand um Meinetwillen, zu Meinen Zwecken! 2. Seid aufrichtig gegeneinander. 3. Belaste Keines das Andere, wenn Ich es für gut finde, euch ein gemeinschaftliches Kreuz aufzulegen. 4. Überfordert einander nicht in den Opfern. 5. Tut, was die Bruderliebe euch lehrt, nach dem *Großen Evangelium Johannes*. 6. Sorget dafür, dass eure gemeinschaftlichen Gebete gepflegt werden; hauptsächlich beim Ausgeben der Bücher versäumet das Gebet nicht. 7. Auch äußere Ordnung des Gemeingutes sollet ihr beobachten, doch nicht nach weltlicher Art. 8. Verschwiegen solle Eines dem Andern sein, wenn es eine Not klagt. 9. Mischet euch nicht in die allgemeine Umwälzung, sondern suchet im stillen Kämmerlein eure Erholung. 10. Erquicket einander mit liebevollen Briefen! 11. Die Folge oder Frucht des Neuen Lichtes ist: Richtige

Kinder-Erziehung, (siehe *Evangelium Johannes*) 12. und in schonender Behandlung des schwächeren Alters."[41] Über die Art des Empfanges der Botschaften heißt es in einer Kundgabe von ihr: „Ich (Gott Vater) klopfe bei denselben (den Empfängern der Botschaften) oft uneingeladen an, auf eine Weise, die nur ihm verständlich und fühlbar ist, oft durch ein Herzklopfen, eine Bangigkeit oder unwillkürlich ergreift die Hand die Feder, ohne zuvor an das Schreiben mit Mir gedacht zu haben; ist aber eine gewisse Ängstlichkeit beim Einfließen der Worte da, besorgend, dass etwas nicht klar verstanden wurde, so macht die Hand dann mechanisch Halt, bis der Strom wieder aufgenommen werden kann."[42] Sie vermochte allerdings auch anders mit dem Übernatürlichen in Kontakt zu treten, beispielsweise wurde ihr einmal von Friedrich Landbeck ein Manuskript zur Beurteilung gegeben, das sie aber aufgrund ihrer Erkrankung nicht lesen konnte, weswegen sie es an ihre Brust hielt und so eine Auskunft darüber vernahm, die sich später bewahrheitete. Ihr Schutzgeist soll ihr Bruder Johann gewesen sein, der schon nach 10 Tagen verstorben war und eine himmlische Erziehung und Ausbildung erfahren hatte – entsprechend dem, was im Lorberwerk über verstorbene Kinder berichtet wird. Johanne Ladner lebte viele Jahre als Hausmutter einer Krankenheilanstalt und dann als Wochenbettpflegerin. Sie litt an der Gicht, die zuletzt ihr Herz angriff, worauf sie rasch verstarb. Ihre Hinterlassenschaft vererbte sie an Friedrich Landbeck. An sie ergangene Kundgaben finden sich in dem Buch *Vaterbriefe*, in anderen Werken und in vielen Ausgaben von *Das Wort*.

Johannes Fischedick (J.F.B.), geboren am 10. Februar 1908 im Ruhrgebiet, war einer der Söhne eines katholischen Kaufmanns. Er erlernte

---

[41] Christoph Friedrich Landbeck: Der Wahrheit-Sucher, ab Seite 84
[42] Johanne Ladner, in: Gottfried Mayerhofer, Schöpfungsgeheimnisse, 1932, Seite 241

das Tischlerhandwerk, ging dann auf die Kunstgewerbeschule und studierte Innenarchitektur. Aus innerem Drang widmete er sich der Bildhauerei. Nach sechs Semestern verließ er die Schule und lebte fortan als freischaffender Künstler, der sich für Vegetarismus, Rohkost und alternative Lebensweise interessierte. Durch einen Freund wurde er zu den Werken Jakob Lorbers hingeführt und fand darin, zu seiner großen Freude, viel Herrlichkeit, Klarheit und Wahrheit. Er fand alles im hellsten Licht, was er in seinem Leben je gesucht und dunkel geahnt hatte. So schloss er sich einem lokalen Lorber-Freundeskreis an, der sich wöchentlich traf. Johannes Fischedick hatte schon öfters Gedichte auf inspirative Weise erhalten. Als er dann auf das geistige Gebiet kam, verstärkte sich dies. Er suchte immer mehr die Ruhe, um besser empfangen zu können, und mit der Zeit wurden ihm auch Belehrungen, Gleichnisse und Ermahnungen geschenkt. Im März 1932 vernahm er zum ersten Mal einen leisen Klang im Herzen. Morgens, nach dem Erwachen, hörte er es, leise, aber durchdringend. Er konnte das nicht glauben, versuchte das „Ich" der Rede in ein „Du" zu wandeln oder zu unterdrücken, aber es ging nicht, es drängte ihn mächtig zum Schreiben. Schließlich schrieb er alles in Ruhe auf, was ihm die Stimme sagte. Seitdem tönte die milde und liebreiche Stimme in stillen Stunden immer wieder in ihm. An ihn ergangene Kundgaben finden sich in dem Büchlein *Vom inneren Leben*, niedergeschrieben 1932, und in zahlreichen Ausgaben von *Das Wort*, hauptsächlich der Jahrgänge 1932 bis 1934. Große Bescheidenheit und Demut zeichneten schon den jungen Johannes aus und blieben ihm auch später eigen, als er ein anerkannter Künstler war. Das innere Wort versiegte nie in ihm. Den Diktator Adolf Hitler bezeichnete er im Jahr 1936 als einen den Deutschen von Gott gesandten Führer und äußerte bei der Gelegenheit auch weitere fragwürdige, deutlich vom unguten Zeitgeist inspirierte Überlegungen zu Christentum und Jesus Christus.

Spätere Aufzeichnungen sind *Über allen Wundern bist Du – Gespräche in der Kammer* und *Banjalita*, beides Zeugnisse von verinnerlichter Frömmigkeit und einer reifen Geistigkeit, wie sie christliche Mystiker auszeichnet. Er verstarb im Jahr 1984.

Otto Hillig (O.H.D.) (1872-1928) lebte in Dresden und war bekannt und beliebt bei vielen Lorberfreunden seiner Zeit, denen er jahrzehntelang Freund und geistiger Führer war. Dem äußeren Stand und Beruf nach war er einfach und bescheiden, verfügte aber über eine sehr tiefe und vielseitige innere Entwicklung. Er war ein weiser und liebevoller Menschenfreund mit einem großen Herzen. Geboren wurde er am 25. Juli 1872 im Erzgebirge, wobei sich schon früh sein ernster religiöser Sinn zeigte. Am Anfang seiner dreißiger Jahre traf er in Dresden auf Georg Riehle und lernte die Neuoffenbarung kennen. So bildete er mit Georg Riehle und Max Roth einen kleinen Kreis, der sich bald erweiterte. Wöchentlich versammelten sich 20 bis 30 Freunde, die Georg Riehle durch die Gabe des inspirierten Sprechens führte. Otto Hillig erlangte die Gabe, das geoffenbarte Geistige in Liedern und Gedichten zusammenzufassen. Die Lieder wurden von Max Roth vertont, ebenfalls unter höherer geistiger Anleitung. Ein Teil der Lieder und Gedichte wurde 1915 im Buch *Gnadengaben* mit einer Auflage von 5000 Stück erstmals herausgegeben. 1918 folgte eine stofflich bedeutend erweiterte Auflage im selben Umfang. Das Gedicht „Der Völkerkrieg im Lichte Gottes" wurde auf vielseitiges Verlangen mehrmals gedruckt und erreichte eine Gesamtauflage von 11 000 Stück. Die durch höhere Inspiration erhaltenen Lieder wurden unter den Lorberfreunden sehr beliebt. Als Georg Riehle während des ersten Weltkrieges im Feld stand, leitete Otto Hillig den Dresdner Freundeskreis. Sein Lieblingsamt war aber die Seelsorge und Beratung durch Wort und Schrift. Zahlreiche Seelen erhielten durch ihn Trost, Rat und Anleitung – auch durch das in ihm redende innere Wort, meist in Gedichtform. Einige dieser Vaterworte und Gedichte wurden in *Das Wort* von 1921 bis 1928 veröffentlicht. Otto Hillig starb im Alter von 56 Jahren am 19. Oktober 1928. Schon Anfang des Jahres war er kränklich; es wurde Arteriosklerose angenommen. Sein Ableben geschah dann unerwartet, ohne Schmerz und Kampf. Beerdigt wurde er auf dem Friedhof in Dresden-Löbtau, wobei so viele Freunde aus Sachsen und Böhmen beim Begräbnis anwesend waren, dass sie die Friedhofskapelle nicht zu fassen vermochte.

Richard Erler (R.E.M.) lebte in München und schrieb in den 1920er-Jahren Kundgaben seines inneren Wortes nieder. Er erhielt, ähnlich wie Jakob Lorber, den Auftrag: „Schreibe!" Von da an schrieb er mehrere Jahre lang nieder, was er, in sich gekehrt, meist in den frühesten Morgenstunden, vernahm. Er erhielt Mitteilungen über Kernspaltung zu einer Zeit, in der außer wenigen Wissenschaftlern noch niemand eine Ahnung davon hatte. Die Atomzertrümmerung wurde dabei gleichgesetzt mit der Freilassung Satans, oder jener bösen Geister, die in der Materie gefangen sind. Ihrer Kerker ledig, würden sie Naturkatastrophen und Unwetter verursachen und sich sogar der Menschheit bemächtigen. Geistige Wirren seien die Folge, wo keiner mehr wisse, wo aus und ein, wo alles auf dem Kopf stünde. Zügellosigkeit würde herrschen, Wahrheit und Gerechtigkeit würden nirgends mehr zu finden sein. Diese Vorstellung fand besonders in den 1970-er Jahren, während der Anti-Atomkraft-Bewegung, unter den Lorberfreunden Anhänger. Beweise für die Richtigkeit der Kundgaben sah man in plötzlichen Gewaltverbrechen von unbescholtenen Menschen, die dann vor Gericht keinerlei Auskünfte über ihre Beweggründe geben konnten. Ebenso in der allgemeinen Zunahme der Gewalttätigkeiten, den Zuständen in allen Lebensgebieten und in der höheren Säuglingssterblichkeit in Gebieten mit stärkerer radioaktiver Verstrahlung. Dies sei aber gerade einmal der Anfang, denn es wurden ja immer mehr Kernkraftwerke gebaut. Außerdem wurde „der Feind aus den Lüften" aus dem Lorberwerk und der *Bibel* auf die durch Kernspaltung freigemachten bösen Geister bezogen. „Die große Geisterstunde über die Erde ist hereingebrochen. Die Geister werden sich ergießen über die Erde, und sie wird gleich sein einer Hölle voll Finsternis und Zornfeuer wird sie beleuchten...", schreibt Richard Erler. Es ist der Anfang vom Ende, das Endgericht, die Reinigung der Erde, die Auslese der Menschheit. Es gäbe keine Hoffnung, dass nach einiger Zeit all diese Erscheinungen abflauen und zu geordneten Zuständen zurückgefunden würde. Ob auch Atombomben fallen, wird nicht erwähnt. Allerdings sei der Plan des Satans, die Erde zu zerstören, was nur unter Einsatz von Nuklearwaffen geschehen könnte. Als Gegenmittel erhielt Richard Erler die Ratschläge, sich mit dem göttlichen Geist zu einen, Entsagung und Selbstverleugnung zu praktizieren, Nächstenliebe zu üben, die Gebote Gottes zu beachten; nur das volle Vertrauen auf den Herrn und Seine Führung würde einen retten. Die wesentlichsten Aussagen wurden in der 133 Seiten starken Broschüre *Wende durch das Atom* von W. Pfaffenzeller zusammengefasst. Einige der Kundgaben Richard Erlers finden sich auch in den Jahrgängen 1925 und 1926 von *Das Wort*.

Wenzel Zid (1879-1947) erhielt von 1925-1945 Kundgaben durch das innere Wort. Sie waren zunächst für kleine Kreise geistig reger, gottergebener Menschen bestimmt oder privater Natur. Auszüge wurden in dem 32 Seiten starken Büchlein *Lebet die Liebe* vom Lorber-Verlag in Kommission veröffentlicht. Wenzel Zid hatte schon als kleines Kind oft eine Stimme vernommen, als ob ihm jemand von außen her etwas zuflüsterte; damals wusste er aber nichts damit anzufangen. Wenn er etwas Unrechtes tat, dann wurde er von dieser Stimme ermahnt und gewarnt, dieses oder jenes nicht mehr zu tun. Zudem quälte ihn das Gewissen und machte ihm schwere Vorwürfe, sodass er öfter bitter weinen musste. Erst als Erwachsener forderte ihn diese Stimme auf, gegen die Trägheit seiner Seele anzukämpfen: Er solle jeden Morgen zeitig aufstehen, sich waschen, ankleiden und sich dann völlig still verhalten, aber die ganze Zeit mit Jesus fest verbunden bleiben. Das tat er dann auch willig und mit Freude, wodurch nach einigen Tagen innere Glaubenskämpfe einsetzten, die einige Wochen andauerten. Er bestand sie durch die Gnade Jesu, worauf ihm dann eines Morgens seine ganzen Verfehlungen von seinem 4. bis zu seinem 21. Lebensjahr gezeigt wurden. Jedes einzelne unrechte Wort war in plastischen, klaren Bildern zu sehen, worüber er sehr erschrak. Aber er bemühte sich weiter, im täglichen Leben den inneren Weisungen zu entsprechen. Eines Morgens, als er sozusagen in Jesus verliebt wurde, hörte er in sich eine andere Stimme – klarer, reiner, kraftvoll und liebevoll –, und die Worte: „Mein lieber Sohn!" drangen ihm durch Mark und Bein. So erhielt er dann Botschaften von Jesus.

Leopold Engel (1858-1931)

Der in Petersburg geborene und in Dresden und Berlin lebende Leopold Engel wurde schon mit elf Jahren durch seinen Vater Karl, einem hochbegabten Violinisten am kaiserlichen Theater in Petersburg und Freimaurer in einer Petersburger Loge, mit den Kundgaben Jakob Lorbers vertraut. Karl Engel und sein Bruder hatten schon als Knaben Konzerte gegeben und galten damals als Wunderkinder. Leopold Engel schien zwar das musikalische Talent seines Vaters nicht geerbt zu haben, wohl aber dessen Künstlernatur, denn er verdiente sich seinen Lebensunterhalt als Schauspieler und machte sich als Schriftsteller einen Namen. Auch die Vorliebe für die Freimaurerei blieb in ihm wach, denn 1888 traf er mit dem Okkultisten und Hochgradfreimaurer Theodor Reuß (1855-1923) in Berlin zusammen, um den Illuminatenorden von

Adam Weishaupt neu zu gründen. 1897 schließlich gründete Leopold Engel in Dresden seinen eigenen Illuminatenorden und übernahm das Amt des „Custos". Ein Jahr darauf beendete er seine Schauspielertätigkeit. 1901 wurde er Mitbegründer und leitendes Mitglied der Freimaurerloge „Ludwig", im Jahr darauf aber aus der Loge ausgeschlossen wegen eines „Aktes der Falschheit und des Treuebruches" bei der Datierung dieser Logengründung. In Freimaurerkreisen war Leopold Engel lebenslang als „Bruder Theophrastus" tätig und einer der aktivsten Freimaurer seiner Zeit. 1906 schrieb er die aufwendig recherchierte „Geschichte des Illuminaten Ordens". Leopold Engels Neugründung des Illuminatenordens schien nicht besonders erfolgreich verlaufen zu sein, denn im oben genannten Buch beschwerte er sich im Nachwort darüber, von Theodor Reuß mit falschen Versprechungen betrogen worden zu sein, was nicht weiter verwunderlich ist, wenn man die alles andere als vertrauenerweckende Lebensgeschichte dieses Mannes betrachtet. Dennoch schuf Engel Lehrplan und Organisation für seinen neuen Illuminatenorden, da sich schon seine Freunde angemeldet und Mitgliedsbeiträge gezahlt hatten. Im Jahr 1923 finden wir Engel als Vorstand der Druckerei des Hans-Siegfried-Ordens in Berlin. Auch dieser war wieder ein recht dubioser und geheimnistuerischer Orden. Offensichtlich handelte es sich dabei um einen Sozialverein, der bis in die 1930er-Jahre bestand. Wahlspruch: „Durch Liebe zum Sieg und Frieden!"

Im Jahr 1891 sah sich Leopold Engel berufen, das unvollendet gebliebene *Große Evangelium Johannes* von Jakob Lorber abzuschließen. Er schrieb an einen Freund: „Die innere Pressung nahm täglich zu, so dass sie unerträglich wurde und ich meinem Freunde (Friedrich Landbeck) das Erlebnis, auch meine Verstandesmeinung, dass da nur Falsches zum Vorschein kommen würde, mitteilte. Mein Freund schüttelte den Kopf und meinte trocken: ‚Ich würde mich an ihrer Stelle ruhig hinsetzen und drauflos schreiben. Wenn es Unsinn ist, was da zum Vorschein kommt, werden wir das schon herausfinden und werfen das Geschriebene in den Papierkorb.' Kurz, er machte mir Mut, und ich folgte seinem Rat. Das Ergebnis kann jeder im Schlussband lesen." Die Art, wie Leopold Engel diesen Abschlussband erhalten haben will, unterschied sich damit wesentlich von Jakob Lorber. Ein unerträglicher Schreibzwang ist schwerlich die Folge göttlicher Inspiration. Auch war sich der Schreiber offensichtlich gar nicht bewusst, von wem dieser Zwang ausging. Okkulte Betätigung wäre als Ursache des Schreibzwanges und damit des Abschlussbandes naheliegender. Der sogenannte Abschlussband Leopold Engels zum *Großen Evangelium Johannes* ist auch nicht der einzige geblieben: Dem Neu-Salems-Verlag wurde auch ein *Speise-Evangelium* genanntes Abschlusswerk vorgelegt, welches er aber abgelehnt hat. Lebenslauf und künstlerische Betätigung Leopold Engels legen eine mediale Begabung nahe – aber für eine prophetische Berufung spricht herzlich wenig. Es blieb jedenfalls im Wesentlichen bei dieser einen angeblichen Jesusoffenbarung, obwohl unter den Kürzeln L.E.M. und L.E.B. noch wenige weitere Kundgaben zu finden sind, die von Jesus sein sollen. Andere Bücher Leopold Engels wurden nur vom Lorberwerk inspiriert, wollen aber nicht mehr von Jesus offenbart worden sein, sondern sind eher als Romane und Novellen zu verstehen: *Mallona – Untergang des Asteroiden-Planeten* (1911), *Im Jenseits* (1921), *Das Tal der Glücklichen* (1926), *Luzifers Bekenntnisse* (1928). Das Buch *Mallona* sei über ein Hellsehmedium empfangen worden und erzählt die Geschichte der Zerstörung des Planeten Mallona. Es findet immer noch Anklang in der UFO-Szene. Bei dem Buch *Im Jenseits* handelt es sich um Kundgaben des verstorbenen Karl Engel, Leopolds Vater. *Das Tal der Glücklichen* ist eine recht utopische Geschichte über einen erleuchteten Menschenstamm in Afrika. Im Epos *Luzifers Bekenntnisse* schließlich berichtet Luzifer höchstpersönlich von seinem Fall, seiner Niederlage und angeblichen Umkehr. Da alle diese Werke Engels spiritistischer oder phantastischer Natur sind, *Luzifers Bekenntnisse* ihm sogar von Luzifer persönlich diktiert sein wollen, führte dies zu erheblichen Zweifeln und Verdächtigungen seiner Person und auch seines Ergänzungsbandes zum *Großen Evangelium Johannes* vonseiten kritischer Lorberfreunde. Ein Vergleich des Abschlussbandes mit dem Lorberwerk findet einerseits viele Übereinstimmungen, andererseits aber auch etliche gravierende Unterschiede.

Trotz seines zuweilen dubiosen Umgangs und seiner Freimaurerwerbeaktivitäten wird Leopold Engel als sehr religiöser und ehrlicher Charakter beschrieben, der unerschütterlich an die Wesenhaftigkeit Gottes glaubte. Er hatte viel Verkehr mit der geistigen Welt, war aber kein unkritischer Schwärmer, sondern prüfte stets das Gegebene. Schließlich wurde ihm auch die geistige Heilkraft – vermutlich durch eher fragwürdige Kräfte – gegeben, worauf er bei einem Professor in Leipzig viele Kranke heilen konnte. Die Krankheiten der Patienten fühlte er an seinem eigenen Körper, wodurch er, ohne zu fragen, den Sitz der Schmerzen und die Ursache der Krankheiten wusste. Im Jahr 1921 begegnete Leopold Engel in Berlin Anita Wolf, bei der er einen prägenden Eindruck hinterließ. Sie veröffentlichte einige Jahrzehnte später ihr eigenes inspiratives Werk, in dem die angebliche Umkehr Satans oder „Sadhanas" einer der Schwerpunkte ist. Nach dem ersten Weltkrieg geriet Leopold Engel mit seiner Familie in Berlin in große materielle Not, worauf ihn Lorberfreunde mit Spenden unterstützten. Die finanziellen Probleme überwand Leopold Engel 1923 vorläufig als Vorstand der Druckerei des Hans Siegfried Ordens, kam dann aber durch Krankheit bald wieder mitsamt seiner Familie in Bedrängnis. Von dem 1924 verstorbenen Kunstmaler Hermann Schmiechen war ihm das Vervielfältigungsrecht seines bekannten Christusbildes und seines großen Ölgemäldes

„Jesus mit den Jüngern auf dem Weg nach Jerusalem" zugesprochen worden, wodurch er sich mithilfe der Lorberfreunde, denen er Reproduktionen dieser Bilder und seine Bücher im Direktvertrieb verkaufte, einen bescheidenen Lebensunterhalt verdienen konnte. Körperlich mitgenommen vom Kampf ums nackte Leben starb er im Jahr 1931 im Alter von 73 Jahren. An sein Innenleben kamen die zahlreichen Schicksalsschläge nicht heran, sein Gottvertrauen war ohne Grenzen. Er hatte ein reich bewegtes Leben voller Erfahrungen. Um ihn trauerten viele Freunde, denen er stets Führer und Berater war.

Das Wort

Kurz vor seinem Dahinscheiden gab Christoph Friedrich Landbeck seinem Verlagsgehilfen Otto Zluhan die Einwilligung zur Herausgabe einer Monatszeitschrift. Diese erschien erstmals 1921 mit dem Titel *Das Wort*. Schriftleiter wurden Walter Patenge und Paul Trötschel, beide Angestellte des Neu-Salems-Verlages. Der ehemalige Theologiestudent Walter Patenge war seit 1919 Verlagsangestellter. Schon in der ersten Ausgabe von *Das Wort* fiel er mit einem beachtenswert gesellschaftskritischen Artikel auf. Er schrieb, die Deutschen seien an ihrer Not selbst schuld. Es sei falsch, die Juden ihrer Rasse wegen des Landes verweisen zu wollen. Dadurch würden nur jüdische Egoisten durch deutsche Egoisten ersetzt. „Die Rasse tut es nicht, sondern die Gesinnung!" Es gäbe auch geistig hochstehende Juden. Über solche Einsichten erregten sich ungenannte Antisemiten, aber Walter Patenge nahm nichts davon zurück. Auch 1924 noch schimpfte er die Antisemiten als von blindem Hass gegen die Juden verblendet und kritisierte die Schriften von Delitzsch, Döllinger, Dinter und Lanz von Liebenfels als tendenziös und hypnotisierend. Die Antisemiten adaptierten die *Bibel* für ihre abstrusen Thesen. Walter Patenge antwortete einem von diesen: „Solange Sie noch mit hasserfüllten Augen die *Bibel* lesen, werden Sie nie zur Wahrheit hindurchdringen, und Ihre Bildung wird eine Scheinbildung bleiben." Auch die in einem Leserbrief aus dem Jahr 1925 geäußerte Vorstellung, die Bewegungen von Hitler und Gandhi befänden sich auf rein christlicher Basis, beantwortete er mit der Bemerkung, dass Hitler Gewalt verwende, um an die Macht zu kommen, Gandhi hingegen nur passiven Widerstand. Hitlers Vorgehensweise ließe sich schwerlich mit Jesu Grundsätzen vereinbaren, die Kampfweise Gandhis sei hingegen ausgesprochen christlich. Bei seinem Kampf gegen die Antisemiten und Nationalsozialisten unterstützte ihn Paul Trötschel. Dieser erkannte einen weiteren Grund der Judenverfolgung, nämlich die Gewinnsucht der Verfolger, mit der er hart ins Gericht ging. Die Schriftleitung begegnete der Kritik, man solle sich aus der Politik heraushalten, mit der von Jesus gelehrten Feindesliebe. „Jesus predigte die Liebe, und zwar zu allen Menschen, und nicht den Hass, wie er von gewissen Gruppen unseres Volkes gegen Andersvölkische gepredigt wird. Wohl geißelte auch Jesus die moralischen Schäden seiner Feinde, aber er liebte sie dennoch und setzte nicht Gewalt wieder Gewalt entgegen! Wo käme denn die Menschheit hin, wenn nicht in jedem Volke sich wenigstens eine kleine Gruppe von Menschen fände, die das Allgemein-Menschliche, das alle Völker Verbindende, d.h. den reinen christlichen Gedanken trotz aller scheinbaren Misserfolge unentwegt hochhielte?! Ist nicht diese kleine Gruppe in jedem Volke das Gewissen des Volkes, und, auf alle Völker bezogen, der 'Sauerteig', der die Menschheit durchdringen soll?" Ansonsten hielt sich die Schriftleitung aus der Politik heraus nach dem Motto der Neuoffenbarung: Man solle weder links noch rechts Parteigänger machen, sondern die kämpfen lassen, die da kämpfen, für alle beten und keine Freude an der Niederlage der einen noch der anderen haben. Inwieweit der jahrelange Kampf gegen die Irrlehren des

Antisemitismus und die gesellschaftskritische Haltung dieser beiden Schriftführer zu deren baldiger Absetzung beitrug, lässt sich nur vermuten. Ganz unbeschattet von den damaligen nationalistischen Vorstellungen waren Walter Patenge und Paul Trötschel allerdings auch nicht. Das deutsche Volk wurde von ihnen zwar nicht als zur politischen, wohl aber zur geistigen Führung der Menschheit auserwählt, betrachtet.

Die erste Ausgabe von *Das Wort* beinhaltet, im Nachhinein betrachtet, zwei kleine Sensationen in Form von Prophezeiungen. Die erste Prophezeiung aus dem Jahr 1907 berichtet vom Untergang Deutschlands: „Ein Reich, wo keine Liebe, Wahrheit, Gerechtigkeit, Freiheit und Selbständigkeit geachtet wird, verdient und muss aufgelöst werden." Sie lässt sich schon auf das frühe 20. Jahrhundert beziehen, prophezeit aber noch deutlicher Aufstieg und Auflösung des Dritten Reiches, sowie Besatzung und Teilung Deutschlands: „So spricht der Herr: Gewogen bist du, Deutschland, und zu leicht erfunden. Gezählt sind deine Tage, die du noch bestehen wirst. Geteilt wird das Reich, und andere Mächte werden über dich herrschen." Es ist ein kurzer Text von einem unbekannten Verfasser, der auch das heutige Deutschland warnt, indem die Mehrheit der Deutschen nicht mehr an Gott glaubt: „Ich (der Herr) werde aber eine große Unruhe über das Volk bringen, und sie werden vor Angst und Furcht sich verzehren, – denn wer Mich nicht auf Erden kennt, den brauche Ich im Himmel auch nicht!" Die zweite Prophezeiung beruft sich nicht auf den Herrn, sondern wurde der in Dresden lebenden Seherin Thalia Helladus gegeben. In diesem Text werden einige Ereignisse des zweiten Weltkrieges richtig vorhergesagt, während andere Aussagen ganz falsch sind, womit die Problematik spiritistischer Vorhersagen ersichtlich wird: „Im Jahre 1921 wird der zweite Weltkrieg ausbrechen, und zwar wird Japan-China gegen Amerika losschlagen. England und Frankreich werden auf Seiten Amerikas stehen, während Deutschland und Russland ungefähr 1923 in den Kampf eingreifen werden. Englands Macht bricht durch erfolgreiche Aufstände seiner Kolonien (Indien, Ägypten) zusammen. Frankreich, von Deutschland angegriffen, verliert Elsass-Lothringen wieder. Sieger bleiben: im Osten Amerika, in Europa Deutschland. Letzteres gewinnt die im ersten Weltkriege verlorenen Gebiete zurück und vereinigt sich mit Deutsch-Österreich. In England, Frankreich, Italien, Japan brechen schwere Revolutionen aus, die den Sturz der Throne zur Folge haben. Polen zerfällt noch während des Krieges." Zudem sah die Seherin einen riesigen, unbekannten Kometen am östlichen Himmel, Naturkatastrophen, ein versinkendes England und das Wiederauftauchen von Atlantis.

Überhaupt finden sich in den ersten Jahrgängen von *Das Wort* allerlei bemerkenswerte und kuriose Beiträge, die mit der Neuoffenbarung wenig bis gar nichts zu tun haben, sie zuweilen sogar kompromittieren. Da durfte beispielsweise der okkultistische Autor Jean Paar (*Weiße und schwarze Magie und Anderes*) zu Wort kommen, der an der Neuoffenbarung Fehler fand, Jakob Lorber „Allzumenschliches" unterstellte, und dann auf Nachfragen und Einwände mit Arroganz reagierte. Er ging schließlich sogar soweit, Jakob Lorber (oder vielmehr der Neuoffenbarung) und überhaupt allen, welche Talismane grundsätzlich ablehnen, ein unchristliches und unbiblisches Verhalten anzukreiden, da Talismane, welche aus Nächstenliebe angefertigt würden, doch gut seien.[43] Dies blieb natürlich nicht unwidersprochen. Bemerkenswert ist auch ein

---

[43] Das Wort 1929-11, Seite 311 und 312. Zum Thema Amulette sagt Jesus in der Neuoffenbarung: „Siehe die Wirkung der Amulette und anderer dergleichen Insignien; was nützen sie ohne Glauben entweder des Spenders oder des Empfängers? – Nichts! – Ich sage aber, so der Glaube lebendig mit der Liebe Hand in Hand gehet, wozu dann die Mittel des toten Aberglaubens? – Ich frage: Kann außer Mir jemand oder etwas helfen?" – Himmelsgaben 3.410305.1

Beitrag aus dem Jahr 1922 von Karl Bresina, der nicht nur gegen dubiose anonyme Medien aufbegehrte, sondern es wagte, im verfemten Kommunismus auch Gutes zu finden und die Kommunisten als Menschen statt als Monster zu betrachten. Er schrieb: „Die Zeit der geistigen Reife verlangt von uns ein Untertauchen in den geistigen idealen Kommunismus und ein offenes, vorurteilsfreies, ungetrübtes Auge für den politischen Kommunismus! Wer diesen gewaltsam unterdrückt, treibt ein Furunkel am Körper unseres Volkes nach innen, vergiftet das Blut und führt unter Umständen den Tod des Volksganzen, sonst aber einen weit schlimmeren und schmerzvolleren Ausbruch an anderer Stelle herbei." Karl Bresina betrachtete sich als politisch neutral, wenn auch mehr links als rechts zugeneigt. Walter Schulz mahnte daraufhin, dass der Kommunismus auf rein atheistischer Grundlage ruhe und in Verhöhnung der religiösen Empfindungen anderer ausarte. „Die blutigen Bilder der bolschewistischen Schreckensherrschaft in Russland sind grauenerregend. Derartige Bestrebungen eines sinnlosen Wütens gegen den Nächsten, einer Zertrümmerung aller Gegenwartswerte, wie sie auch auf die rote Fahne der deutschen Kommunisten geschrieben sind, haben mit der Anbahnung des Gottesreiches auf Erden nichts zu tun. Sie werden vertilgt werden wie die Stoppeln von dem Feuer!"[44] Kurzum, es gab eine freie Diskussion, die dann aber mit der Machtergreifung der Nationalsozialisten 1933 stark eingeschränkt wurde.

Das Wort hatte anfänglich 1500 feste Bezieher. Die Anzahl der Lorberfreunde insgesamt wurde auf bis zu zehnmal höher geschätzt. 1922 betrug die Leserzahl schon 3000, sank dann aber 1923 auf 2000,

---

[44] Das Wort 1922, „Kommunismus und Christentum", Seite 164; die kritische Erwiderung von Walter Schulze findet sich auf Seite 182.

wahrscheinlich wegen dem Währungsverfall. Für das Jahr 1925 wurde eine Auflage von 4000 Stück angegeben.

Spiritismus und Okkultismus

Spiritismus ist die Lehre vom Sein und Wirken unkörperlicher Geistwesen und der praktisch-geistige Verkehr mit solchen. Der Spiritismus wird auch als Religion praktiziert (Spiritualismus) und hat weltweit geschätzt 100 Millionen Anhänger. Okkultismus ist die Wissenschaft der geheimen Seelenkräfte, des Paranormalen. Heute heißt dies Esoterik und Parapsychologie, und der Begriff Okkultismus bezeichnet die esoterischen Strömungen des späten 19. und frühen 20. Jahrhunderts, oder wird in einem abfälligen Sinn verwendet. Der Unterschied zwischen Propheten und Spiritisten besteht darin, dass Propheten unter Schutz und Anleitung Gottes wirken, wobei in diesem Rahmen auch Kontakt mit den Geistern von Verstorbenen aufgenommen werden kann. Spiritisten wirken hingegen aus eigenem Antrieb und nur mit der Zulassung Gottes, nicht aber unter dessen Führung. Spiritisten gehen daher ein Risiko ein, denn die Geister sind mächtiger als der auf sich gestellte Mensch; es kann zu schweren geistigen und körperlichen Schäden kommen. Ein Prophet steht unter dem Schutz Gottes, ein Spiritist kann diesen nur erhoffen. Daher können nur Propheten ein wahrhaftiges Wort Gottes vermitteln, Spiritisten hingegen immer nur Menschenwort. Spiritistische Offenbarungen, die von höheren Geistern oder sogar von Gott Selbst gegeben sein wollen, schieben aus diesem Grund die Verantwortung gewöhnlich auf den Leser, der selbst beurteilen soll, ob das Gesagte wahr und gut sei, oder nicht. Ein Prophet hingegen übernimmt die Verantwortung und macht deutlich klar, dies sei nicht von ihm, sondern von Gott. Er ist wie ein Beamter: Was er sagt, ist nicht sein Erlass, sondern jener der Regierung. Er handelt im Auftrag und nicht auf eigene Rechnung, sein Wort ist verbindlich. Ein Spiritist hingegen ist wie einer, der eine Akteneinsicht im Finanzamt vornimmt und dann vermittelt, was wohl an Steuern zu zahlen ist. Dabei kann er recht haben, aber auch völlig falsch liegen. Sowie er zu behaupten wagt, seine Aussage sei gleich der Steuervorschreibung durch das Finanzamt, blüht ihm eine harte Bestrafung.

Das Verhältnis der Lorberfreunde zu einem wissenschaftlich orientierten Spiritismus und Okkultismus war in den Anfangszeiten ein dem Zeitgeist entsprechend offenes und interessiertes. Etliche Menschen fanden durch Spiritismus und Okkultismus zum Glauben an Gott und zur Religion. Dasselbe ist heute bei Menschen zu beobachten, die sich für Esoterik und das Übernatürliche interessieren. Auch die Staatskirchen waren sich dieses Umstandes bewusst. Die katholische Kirche vermied lange Zeit eine Stellungnahme gegen Okkultismus und Spiritismus. Eine einheitliche Stellungnahme der verschiedenen protestantischen Kirchen bestand nicht. Die Lorberfreunde wollten die am Spiritismus Interessierten nicht vor den Kopf stoßen, waren sich dabei aber bewusst, dass das Hauptziel nicht die Zwiesprache mit Geistern, sondern die Zwiesprache mit dem himmlischen Vater im Herzen sei.

Schon Jakob Lorber empfing einige wenige Kundgaben von Verstorbenen aus seinem Bekanntenkreis, die Grüße und Botschaften vermittelten. Der Unterschied zu den göttlichen Kundgaben blieb aber stets klar und eindeutig. Insofern Geister von Verstorbenen aus sich sprachen, vermittelten sie lediglich Menschenwort, nicht Gotteswort. Spiritismus und Okkultismus sind in der Neuoffenbarung kaum ein Thema; größere Bewegungen kamen in Europa erst in den Jahrzehnten nach Jakob Lorber auf. In *Das Große Evangelium Johannes* (1.226.8-9) findet sich einerseits eine deutliche Ablehnung, andererseits wird für die Menschen in der Endzeit aber auch ein vielfacher Umgang mit reinen Himmelsgeistern vorhergesagt (7.54.7).

Durch Gottfried Mayerhofer gibt es ein Vaterwort vom 13. Jänner 1871, das prägend für die Lorberfreunde war. Darin wird differenziert auf die Fragen eingegangen, ob Spiritismus nützlich und erlaubt sei. Nützlich sei er den Ungläubigen, indem sie gezwungen würden, an eine andere Welt zu glauben, welche ihnen zuvor als Lüge und Phantasie erschien. Schädlich sei er, weil sich meist nur schwache und kurzsichtige Geister melden würden, die von einem Medium wie Mücken vom Licht angezogen würden. So komme es dann zu poetischen, bigotten und pedantischen Religionsformeln, Lügen und Betrügerei, indem sich die Geister, um ihren Ansichten Gewicht zu verleihen, als Prominente, Fromme, Heilige, Engel und sogar als Jesus und Gott ausgäben. Sie würden ihre Lehren so stellen, wie es den Menschen passt: Es würde keine Selbstverleugnung verlangt, keine Aufopferung für den Nächsten, sondern höchstens zeremonielles Gebet zum Herrn, wie die Geister es zu Lebzeiten selbst betrieben hätten. Und das seien noch die besseren. Geister schlechterer Natur würden ihre Zuhörer auf ein höllisches Feld zu ziehen versuchen. Erlaubt sei solche Geistergemeinschaft, wenn es gute Geister wären, welche die Menschen auf den Weg zu Gott brächten, verboten hingegen, weil die Kinder Gottes diesen Mittelweg nicht nötig hätten, indem sie sich nur an Gott wenden und nur Ihm vertrauen können und sollen. Zudem sei es sogar eine Sünde, mit den Geistern zu verkehren, weil dadurch der Fortschritt derselben beeinträchtigt werde. Der Spiritismus sei eine Zulassung und Vorbereitungsschule des Herrn für die Menschen und die Geister, und manchmal sende Er sogar einen besseren Geist, um die Verirrten auf einen brauchbaren Weg zurückzubringen. Am Ende gelte aber nur das Evangelium des Herrn.[45]

---

[45] Gottfried Mayerhofer: „Der Spiritismus"; veröffentlicht in Das Wort 1922-6, Seite 73

Christoph Friedrich Landbeck, der selbst einen spiritistischen Hintergrund hatte, veröffentlichte auch spiritistische Botschaften. Er versuchte gezielt, spiritistisch Interessierte auf das Lorberwerk aufmerksam zu machen, weil er sie für besonders empfänglich hielt. Etliche frühe Lorberfreunde hatten Erfahrungen mit Spiritismus und Okkultismus, allen voran Leopold Engel. Walter Lutz, ein führender Lorberfreund in den 1920er und 1930er Jahren, der selbst als Medium wirkte, sah darin eine wichtige Hauptrolle bei der Hinführung der Menschheit zum Glauben an das Jenseits und an Gott. Die reale Erfahrung sah dann aber doch eher so aus, dass die spiritistischen Medien zu keinem Fortschritt verhelfen konnten. Jegliche Aufmerksamkeit wurde auf das sprechende Medium gerichtet, und der Mensch gewann an innerer Schulung und Herzensbildung nichts. Schlimmstenfalls wurden die Medien sogar zu Totengräbern von Seele und Leib. Leichtgläubige Naturen ließen sich von den Geistern zum größten Unsinn verführen und richteten ihre Existenz zugrunde. So wurden zunehmend kritische und warnende Stimmen laut. Immer mehr Lorberfreunde wollten mit Spiritismus und Okkultismus nichts zu tun haben. Erstens verbreiteten Medien neben haarsträubendem Unfug auch kuriose Botschaften von dem Apostel Paulus, Martin Luther, Emanuel Swedenborg, Oetinger, Jung-Stilling, Michael Hahn, Friedrich Schiller, Gottfried Mayerhofer und Jakob Lorber. Die kritische Frage um die Echtheit dieser Medien führte immer wieder zu Spaltung und Streit. Zudem feindeten einige Medien jene Personen an, die sie nicht annehmen wollten. Zweitens ging mit dem Spiritismus ein Reinkarnationswahn einher – die Sucht, hinter jeder Person ein reinkarniertes Wesen zu entdecken, meistens außerordentliche und weltbekannte Persönlichkeiten der Vergangenheit. Drittens kam es zu unfreundlicher Ablehnung und Kritik vonseiten spiritistischer und okkultistischer Kreise, die mit dem Lorberwerk Schwierigkeiten hatten und es als unglaubhaft ablehnten. Viertens mochten die Lorberfreunde mit den peinlichen öffentlichen Darstellungen der Okkultisten nichts zu tun haben. Schließlich noch gab es jene Lorberfreunde, die auch Emanuel Swedenborg angenommen hatten; dieser hatte Spiritismus und Okkultismus abgelehnt. Kurioserweise wird er wegen seines Verkehrs mit Geistern und Engeln in manchen Nachschlagewerken selbst als ein Spiritist bezeichnet, obwohl er wiederholt glaubwürdig betonte, dies habe alles unter Schutz und Anleitung von Christus stattgefunden.

1922 fanden die Lorberfreunde bei einer Zusammenkunft in Bietigheim mit etwa 200 Teilnehmern hauptsächlich aus Deutschland zu der mehrheitlichen Feststellung, dass Spiritismus wohl für Materialisten und Ungläubige eine Vorbereitung wäre, um sich von der Existenz höherer geistiger Mächte zu überzeugen, die aber in den Hintergrund treten müsse, wenn der Neuling Verständnis für die Neuoffenbarung gewonnen hätte. Man solle nicht mehr auf eine Stufe zurückfallen, die man überwunden hat. Spiritismus und Okkultismus wurden in der Folge unter den Lorberfreunden weitgehend zurückgedrängt. Schon im Jahr 1925 wurde die offizielle Teilnahme an einem okkultistischen Kongress abgelehnt. Die Schriftleitung von *Das Wort*, dem damaligen Organ der Lorberfreunde, wollte mit Methoden wie Tischrücken (trotz *Himmelsgaben* 3.540224) nichts zu tun haben. Sie nahm auch Inserate zu Horoskoperstellung und Astrologie nicht an. Die Lorberfreunde bewahrten zwar ihre Offenheit gegenüber neuen Kundgaben und neuen Propheten, wurden aber wesentlich vorsichtiger und zurückhaltender als in der Anfangszeit. Damals wie heute wollen sie mit der Geschäftemacherei in Sachen Esoterik nichts zu tun haben. Sie sehen sich auch nicht als Meister, Weisheitslehrer oder Heilsbringer, sondern vielmehr als Freunde, Helfer und Boten des Herrn Jesus Christus.

Der Bergungsort

Aufgrund des Wunsches nach gleichgesinnter Gemeinschaft und Schutz vor den Angriffen der Welt wurde in der von Krisen geschüttelten Zeit nach dem ersten Weltkrieg der Ruf nach einem Bergungsort für die Anhänger der Neuoffenbarung vor allem in Bern besonders laut. Befeuert wurde dieser Wunsch von einer Prophezeiung aus dem Buch *Himmelsband* (1922), worin noch unentdeckt gebliebene, geistig machtvolle Afrikaner auf Anweisung des Herrn und kraft ihres wundermächtigen Willens nach Atlantis ziehen würden. Von diesem Bergungsort aus würde sich dann das Reich Gottes über die ganze Erde ausbreiten, so wie einst von Jerusalem aus. Diese recht kuriose Neuauflage des Exodus ins gelobte Land wurde mit Aussagen der Neuoffenbarung und dem Buch *Das Tal der Glücklichen* von Leopold Engel zu untermauern versucht. Tatsächlich aber findet sich in den Schriften Jakob Lorbers nichts von einem solchen Auszug oder Bergungsort. Und Leopold Engel schrieb: „Mir ist eine Bestätigung, dass dieser Auszug gewollt ist, bisher nicht zugegangen und halte ich ihn für eine Illusion; denn der Herr kann Seine Anhänger überall schützen, dazu bedarf es keines Bergungsortes." Selbst die Schreiberin des Buches *Himmelsband* distanzierte sich von den Bergungsortgläubigen. Die Zusammenkünfte der Bewegung in Bern bestanden fast nur im Anhören medialer Kundgaben, die leichtgläubig und kritiklos angenommen wurden. Man lebte in der Erwartung der Entrückung und des Auszugs zum Bergungsort, wofür Zeit und Mittel investiert wurden. Der Sache der Neuoffenbarung wurde dadurch geschadet.

Die Neu-Salems-Gesellschaft

Die Allgemeinheit der Lorberfreunde will keine Kirche oder Sekte auf Grundlage der Neuoffenbarung. Auch Orden, Logen, Bünde und Vereine wurden abgelehnt, weil die Entstehung von Papst, Kardinälen, Bischöfen und Konzilien – eine Wiederholung der Geschichte der römisch-katholischen Kirche – befürchtet wurde. Die Lorberfreunde wollen als einfache Menschen und einfache Brüder an die Menschen herantreten, ohne die Uniform einer Sekte oder Kirche. „Eine Herde und ein Hirte!" ist im Wesentlichen das Motto. Dabei ging es dann aber doch nicht völlig ohne Organisation und Ritual.

Im Jahr 1924 wurde die Neu-Salems-Gesellschaft als Verein gegründet. Dieser umstrittene Schritt wurde mit der zunehmenden Ausdehnung des Neu-Salems-Verlages begründet. Gründungsmitglieder waren Emma Schmitt, Walter Lutz, Otto Zluhan, Walter Patenge, Paul Trötschel, Fritz Enke und Georg Treiber. Als Vorstand wurden Otto Zluhan (1. Vorsitz, Geschäftsleitung) und Walter Patenge (2. Vorsitz, Schriftleitung) gewählt. Paul Trötschel wurde mit Walter Patenge Schriftleiter, die Betriebsleitung oblag Fritz Enke, die Lagerhaltung erledigte Georg Treiber, juristischer Beirat wurde Walter Lutz. Weitere Mitglieder konnten je nach Ermessen und Bedarf durch Berufung bestellt werden. Das gesamte Verlagsvermögen wurde der Gesellschaft übertragen, und alle Verlagsmitarbeiter wurden zu Angestellten derselben. Die Neu-Salems-Gesellschaft war somit ein kleiner Verein von Angestellten des Neu-Salems-Verlages und dem Verlag nahestehenden Personen, der für sich in Anspruch nahm, für die Allgemeinheit der Lorberfreunde zu sprechen, was aber durchaus nicht wirklich der Fall war. Bei kritischer Betrachtung scheint die Motivation für die Gründung der Neu-Salems-Gesellschaft eher darin bestanden zu haben, die unklaren

Besitzverhältnisse des Verlages zu lösen, denn als Haupterbin wurde zwar Emma Schmitt angegeben – sie war die Pflegetochter Friedrich Landbecks und seit 1897 Mitarbeiterin im Verlag – wobei aber Otto Zluhan und Walter Patenge die Führung, Vertretung und Verwaltung übertragen worden war.

Die Neu-Salems-Gesellschaft, die sich selbst als Hauptleitung bezeichnete, war unter den mehr kritischen Lorberfreunden umstritten, weil befürchtet wurde, dass man durch Gründung einer Organisation von den sich in fortwährenden Streitereien befindlichen Kirchen und Sekten als Konkurrent angesehen und bekämpft werden würde. Dadurch müssten dann die Lorberfreunde ihre wertvolle Energie in Kämpfen vergeuden, anstatt sie in den Gottesdienst und Werke der Nächstenliebe zu investieren. Tatsächlich war die Neu-Salems-Gesellschaft bis zum Verbot durch die Nationalsozialisten im Jahr 1937 auf bestem Weg zu einer religiösen Organisation zu werden. Sie beschäftigte neben den Verlagsangestellten auch einige Vortragsredner, die als Prediger oder Missionare durch die Länder reisten. Es gab Glaubensheilungen, Wohltätigkeitsprogramme und eine theologische Systematisierung des Lorberwerks, formuliert hauptsächlich von „Kirchenlehrer" Walter Lutz. „Kirchenzeitung" wurde Das Wort, der verstorbene Friedrich Landbeck „Kirchenvater", obwohl gerade er zeit seines Lebens eine kirchliche Organisation der Lorberfreunde verhindert hatte. Auch erste Versammlungshäuser wurden gebaut, die Vorstufe von Kirchen. Dies geschah, um von Saalbestellung und Saalmiete befreit und nicht mehr der unheiligen Atmosphäre von Gasthäusern und Tanzlokalen ausgesetzt zu sein. In diesen Versammlungshäusern wurden erste Gottesdienste und Gebetskreise abgehalten. Von „Neu-Salems-Gemeinden" an mehreren Orten war schon bald die Rede. Vorschläge wurden laut, die Lorberfreunde sollten zehn Prozent ihres Einkommens nach

Bietigheim schicken, also einen „Kirchenbeitrag" zahlen. Dazu muss erwähnt werden, dass die Inflationswirren der 1920er-Jahre dem Verlag schwer zu schaffen machten. Der Neu-Salems-Verlag wurde, gleich einer Kirche, mit einer Mutter verglichen, die eine stattliche Kinderschar großgezogen und bestens versorgt habe. Leider aber seien manche Kinder der Mutter gegenüber nicht pflichtbewusst genug, würden zu wenig spenden, zu wenig Gutes tun. Zudem wurden die Manuskripte weggesperrt, die bis heute nur einem auserwählten Kreis zugänglich sind – es entstand also auch eine gewisse Trennung zwischen Schriftbesitzern und Laien.

So blieb dann der befürchtete verstärke Widerstand der Konkurrenz tatsächlich nicht aus. Von evangelischer und römisch-katholischer Seite erfuhr die sich formierende Lorber-Bewegung nun offen die gröbsten Anfeindungen. Da die Gesellschaft noch neu und darum schwer angreifbar war, ging es anfangs vor allem gegen die Werke der Neuoffenbarung. Der Universitätsprofessor Dr. Dörfler hielt in Graz eine Kampfrede gegen die Lorberwerke und verkündete: „Wir Katholiken müssen diese Werke bekämpfen!" Ein Oberst der Heilsarmee aus Amerika stellte sich in Graz ein, der in einer Propagandarede erklärte, die Werke Jakob Lorbers seien satanisch und müssten von allen Konfessionen bekämpft werden. Das Lied der Verteufelung erklang auch aus der evangelischen Kirche. Der Pastor Ernst Modersohn bezeichnete die Lorberschriften als spiritistische Werke, die vom Satan verfasst seien, der sich schlau als Engel des Lichtes ausgebe.[46] Mit der *Bibel* sei die Offenbarung Gottes abgeschlossen, folglich müsse alles, was sich als Gotteswort ausgibt, vom Teufel sein. Modersohn wurde so zu einem ersten Hauptgegner der Lorberfreunde, die er als Irregeführte und als eine Art von Spiritisten

---

[46] Ernst Modersohn, „Im Banne des Teufels"

betrachtete. In der Folge entbrannte unter den Fanatikern aller Konfessionen ein geradezu mittelalterlicher Vernichtungskrieg gegen die Neuoffenbarung. Voll des unheiligen Geistes verbrannten sie jedes Werk, das ihnen in die Hände fiel, auch wenn ihnen das Buch gar nicht gehörte. Geistliche, Atheisten und Kommunisten störten und boykottierten öffentliche Versammlungen der Lorberfreunde, Zeitungen verweigerten aus Angst vor Beschwerden der Berufspriester die Annahme von Inseraten. Sogar in der evangelischen Stadtkirche von Bietigheim durfte ein evangelischer Pfarrer die Lorberwerke verteufeln, obwohl die dortigen Lorberfreunde als Mitglieder der evangelischen Kirche zu der Kirchenleitung bis dahin ein gutes Verhältnis gehabt hatten. Die beiden Stadtpfarrer erklärten diese Zulassung so, dass sie zwar jederzeit alle Hochachtung vor dem praktischen Christentum der Bietigheimer Lorberfreunde hatten, ihren Schriften und Lehren aber nicht zustimmen könnten. Darauf erwiderten die Lorberfreunde: „Wenn nun aber nach dem Zeugnisse der beiden Herren Geistlichen auf dem Baume der Neu-Salems-Schriften und Lehren in Bietigheim die Frucht eines achtungswerten, praktischen Christentums gewachsen ist, wie sollte denn der Baum faul sein? Kann man auch von Dornen und Disteln Feigen ernten?" So entschloss man sich schon zwei Jahre nach der Gründung der Neu-Salems-Gesellschaft, eine Abwehrstelle in Bietigheim einzurichten. Die Lorberfreunde sollten gegen Angriffe nicht selbst vorgehen, sondern sie in Bietigheim melden, worauf der Verlag den betreffenden Personen oder Gemeinschaften Aufklärungsmaterial zusandte.

Zu den besseren Gegnern gehörte der Züricher Pfarrer Alfred Blum-Ernst, der in seinem Buch *Die Übermacht des Unterbewussten* schrieb, dass er die Neuoffenbarung als unterbewusste Phantasien und bewusste Schwindeleien betrachte. Der Hochschulprofessor und päpstliche Hausprälat Max Heimbucher veröffentlichte im Jahr 1928 die

Broschüre *Der falsche Mystiker Jakob Lorber und die Neu-Salemsschriften*, welche die erste kritische Betrachtung von Jakob Lorber und der Neuoffenbarung war, die als sachlich zu bezeichnen ist. Im Gegensatz zu seinen protestantischen Kollegen hatte sich der katholische Hochschulprofessor gründlich mit der Neuoffenbarung befasst. Nach einer Übersicht zu Jakob Lorber und der Neu-Salems-Bewegung setzte sich der Autor mit der Frage auseinander, was von Privatoffenbarungen zu halten und wie das Lorberwerk zu bewerten sei. Heimbucher kritisierte vor allem die Glaubenslehre der Neuoffenbarung, die mit der römisch-katholischen nicht übereinstimme. Er versuchte den Nachweis für die Wahrheit der kirchlichen Auffassung und die Unrichtigkeit jener der Neuoffenbarung zu erbringen (wobei ihm dies nicht wirklich gelang). Seine Broschüre wurde auch von den Lorberfreunden angenommen und konnte über den Neu-Salems-Verlag bezogen werden. Walter Lutz widmete Max Heimbuchers Kritik einen ausführlichen Artikel.[47] Im Jahr 1932 gab schließlich auch ein protestantischer Theologe, der Universitätsprofessor Alexander Csikesz in Ungarn, eine als sachlich zu beurteilende Broschüre über die Neu-Salems-Bewegung heraus, deren wesentliche Punkte die Lorberfreunde ins Deutsche übersetzten und in *Das Wort* veröffentlichten.[48] Auch darauf antwortete der Schriftführer Walter Lutz mit einem freundlichen Artikel.

Die Anfeindungen der Berufspriesterschaft bewirkten zuweilen auch ein vermehrtes Interesse an der Neuoffenbarung. Als beispielsweise ein Pastor in Plessa eifrigst vor dem Vortrag „Die wahre Kirche" von Georg Schön warnte, machte er viele Abendmahlsbesucher

---

[47] Das Wort 1928, „Spricht Gott auch heute noch?", Teil 1 ab Seite 215 und Teil 2 ab Seite 240

[48] Das Wort 1931-1, „Eine Hochschulstimme über Jakob Lorber", ab Seite 13

neugierig, die dann unmittelbar von der Kirche zum Vortrag gingen, der dadurch sehr gut besucht wurde. Die Lorberfreunde nahmen die groben Anfeindungen und Verleumdungen mehrheitlich relativ gelassen hin, schossen zuweilen aber auch scharf zurück, wenn anfängliche Versuche gescheitert waren, einen Kritiker freundlich zu mehr Sachlichkeit und Reflexion zu ermahnen. Wiederholt wurden Stimmen laut, dass sich die Christen nicht untereinander streiten sollten. Das Unheil unter den Menschen gehe letztlich doch darauf zurück, weil all die Menschen, die sich Christen nennen, nicht wie ein Mann zusammenstehen, nicht Christus herrschen lassen, nicht die Bruderliebe voranstellen, nicht Täter des Wortes sind, nicht die Geduld haben, die Jesus lehrt in der Neuoffenbarung.

Die Neu-Salems-Gesellschaft führte den spiritualistischen Ansatz von Christoph Friedrich Landbeck auf eine mehr organisierte Weise weiter und war damit nur bedingt eine Gesellschaft von genuinen Lorberfreunden. Daher sprachen deren Mitglieder und Anhänger auch weniger von „Neuoffenbarung" oder „Lorberwerk", sondern vielmehr vom „Neuen Licht" und von der „Neu-Salems-Lehre", die nicht völlig auf der Grundlage von *Bibel* und Lorberwerk ruhte. Was genau dieses „Neue Licht" sein sollte, ist kaum festzumachen. Im Wesentlichen ging es dabei darum, neben der *Bibel* auch noch andere Wortoffenbarungen anzunehmen, wobei das Lorberwerk eine prominente, aber keine exklusive Stellung einnahm. Die Kriterien, nach denen neben dem Lorberwerk weitere Wortoffenbarungen angenommen wurden, sind nicht klar definiert und müssen mit „was nach dem subjektiven Urteil der Verleger echt und vertrauenswürdig ist" zusammengefasst werden. Da sowohl die *Bibel*, als auch das Lorberwerk Zeugen einer fortwährenden Offenbarung Gottes an die Menschheit sind, kann man die Neu-Salems-

Bewegung als ein Aufbegehren gegen das Glaubensdogma, mit der Zusammenstellung der *Bibel* sei die Offenbarung Gottes abgeschlossen, sehen.

Sich selbst betrachtete die Neu-Salems-Bewegung als zum „Weltbund der Liebesreligionen" gehörig. Zu diesem Weltbund würden auch die Quäker, die Bahai, die bhakti-Bewegungen des Hinduismus und andere gehören. Das Verhalten gegenüber Religionsgemeinschaften aller Art gestaltete sich tolerant, wenn auch nicht unkritisch; interessante Ereignisse wurden vorurteilsfrei mitgeteilt und beurteilt, beispielsweise das Geschehen um Therese Neumann[49]. Hand in Hand mit der Missionsarbeit ging eine Reihe von privat organisierten Wohltätigkeitsprogrammen. Arbeitslosen, Obdachlosen, Selbstmordgefährdeten, Gefängnisinsassen und Kranken wurde Hilfe zuteil. Vegetarismus und Tierschutz waren ebenfalls ein Thema, insbesondere die Vivisektion wurde scharf kritisiert. Die Neu-Salems-Bewegung widersetzte sich auch Zwangsimpfungen und der Verteufelung von Juden. Was Missionsarbeit betraf, übte die Neu-Salems-Gesellschaft einigen Druck aus, ging dabei aber ziemlich plump vor. Es sei Pflicht der Brüder und Schwestern, die Lichtarbeit der Liebe auszustreuen, zunächst im häuslichen Lebenskreis und im Beruf, dann auch im Freundes- und Bekanntenkreis. Dazu solle man die Einführungsschriften und Bücher vom Verlag bestellen und weitergeben, sowie Abos von *Das Wort* und den Neu-Salems-Kalender verschenken.

Die freiheitlich organisierten Lorber-Freundeskreise bestanden nie länger als je ein paar Jahrzehnte. Einigen Lorberfreunden war dieser Umstand sehr bewusst, und sie standen daher den Missionsbemühungen der Neu-Salems-Gesellschaft ablehnend gegenüber. Der Herr führe

---

[49] Therese Neumann (1898-1962) war eine in Konnersreuth (Bayern) lebende katholische Mystikerin. Sie wurde bekannt durch ihre Stigmata und weil sie jahrelang keine Nahrung zu sich nahm.

die Seinen Selbst zur Neuoffenbarung, und nur Er könne wissen, wann ein Mensch für das freie, selbstbestimmte Leben in Seinem Willen reif sei.

Die Tatgemeinschaft

Bei der von der Neu-Salems-Gesellschaft unter Führung von Otto Zluhan ausgerufenen „Tatgemeinschaft der Freunde des Neuen Lichts" ging es um die Sammlung aller geistigen und materiellen Kräfte zur Förderung und Ausbreitung der Neuoffenbarung. Treibende Kräfte waren Otto Zluhan und Walter Lutz, die Zentrale befand sich beim Verlag in Bietigheim. Im Fokus der Bemühungen standen die Missionsarbeit, vor allem in den Lorber-Freundeskreisen, der Aufruf zu einem werktätigen Leben nach den Lehren der Neuoffenbarung, die Gewinnung der Jugend, der Druck von Schriften, die Ausbildung von Vortragsrednern, die Einrichtung von Altersheimen und Heilanstalten, sowie die Herstellung von Sonnenheilmitteln. Dafür galt es, den Neu-Salems-Verlag zu fördern, weswegen die Mitglieder eine jährliche Spende zu leisten hatten, wofür sie *Das Wort* kostenlos erhielten. Es konnten auch ganze Freundeskreise beitreten. Der Mitgliedsbeitrag wurde erlassen, wenn jemand finanziell dazu nicht in der Lage war. Als Mitglieder sollten nur tatkräftige Leute aufgenommen werden, und nicht jene, die sich damit begnügten, „in erbaulicher Stunde seichte Kundgaben aus Medienmunde anzuhören". Die Tatgemeinschaft verstand sich als eine Reaktion oder ein Gegenmittel zu den Vatermedien, die sich in Lorber-Freundeskreisen verehren und bewundern ließen. „Unter 1000 Vatermedien sind nur wenige echte; die anderen sind nur religiöse Phrasendrescher!" schrieb Paul Trötschel in einem Artikel, in dem er die Gründung der Tatgemeinschaft verteidigte. Man wolle die Menschen nicht zu einem

Vatermedium heranzüchten, sondern zu einfacher, stiller Herzens- und Liebestätigkeit anspornen.

Die Ansichten der Lorberfreunde zu dieser freien Vereinigung waren gegensätzlich. Unter den Gegnern befanden sich Walter Patenge und Max Seltman; ihrer Ansicht nach sollten Organisationen als überflüssiges Menschenwerk abgebaut und aufgelöst werden, wo die Kraft des Geistes wirke. Die Ausbreitung der Neuoffenbarung müsse Gottes Werk sein, oder das Werk des lebendigen Geistes, ebenso sei die Ausbildung und Aussendung von Vortragsrednern die Sache des Herrn, nicht die der Neu-Salems-Bewegung. Das Aufbringen der Geldmittel für den Verlag müsse durch Vertrauen und Gebet erfolgen. Man brauche keine äußerliche Tatgemeinschaft, sondern eine innere. Organisation heiße sich dem Teufel verschreiben und nicht dem Vater. Alles müsse freiwillig sein. Zu den Befürwortern der Tatgemeinschaft gehörten Georg Schön und Walter Lutz, die den Einwänden entgegenhielten, dass jedes Ding in der Welt seine bestimmte Form habe, die Welt selbst eine vollendete Form und Gott die höchste Form und vollkommenste Ordnung sei. Formlosigkeit sei Chaos. Die Form oder Organisation sei nur dann starr und tot, wenn das Leben, die Liebe, aus ihr entweiche. Werde die Form mit lebendiger Liebestat erfüllt, dann sei sie auch gut. Wohl müsse die Ausbreitung der Neuoffenbarung das Werk Gottes sein, aber die Lorberfreunde müssten die Werkzeuge sein für den Geist Gottes, denn durch das Geschenk des freien Willens habe Gott die Vollendung Seines Reiches in deren Hände gelegt. In Form der Tatgemeinschaft würden sie mehr leisten als bisher. Die Abstimmung bei der Jahresversammlung der Lorberfreunde im Jahr 1924 ergab 44 Stimmen für die Tatgemeinschaft, 33 Stimmen dagegen. 35 Lorberfreunde trugen sich sofort in die Liste der Tatgemeinschaft ein. Es war dies die erste Jahresversammlung, die zu Pfingsten abgehalten worden war, und nicht mehr zu Christi Himmelfahrt, dem Begräbnistag von Friedrich Landbeck.

Bei kritischer Betrachtung präsentiert sich die Tatgemeinschaft als eine Erweiterung der Neu-Salems-Gesellschaft. Offenbar wollte man jenen Lorberfreunden, die ordentliche Mitglieder der Neu-Salems-Gesellschaft sein wollten, aber nicht gewählt wurden, da sie dem Verlag nicht nahe genug standen, auch eine Organisation geben und sie so zu größerer Spendenfreudigkeit ermuntern. Die Motivation, dem Neu-Salems-Verlag Finanzmittel zu verschaffen und die Führungsposition der hauptsächlich aus Verlagsmitarbeitern bestehenden Neu-Salems-Gesellschaft zu befestigen, ist sehr offensichtlich. Die Konstruktion der Tatgemeinschaft ist recht kurios. Sie verstand sich einerseits als Geistesgemeinschaft frei von allen Äußerlichkeiten, führte andererseits aber doch eine Mitgliederliste und verlangte materielle Zuwendung in Form von Mitgliedsbeiträgen und Tatkräftigkeit (Spenden, Mission, Wohltätigkeit und Mitarbeit). Die Gründer wollten eine Organisation, waren sich aber der Widerstände vieler Lorberfreunde bewusst. So gründete sie eine Vereinigung, die eine geistige zu sein vorgab, obwohl sie dies nicht wirklich war. Die Diskussionen über Ausrichtung, Organisation und Wesen der Tatgemeinschaft zogen sich jahrelang hin, ebenso die Vorwürfe, Tatgemeinschaft und Lorberfreunde seien im Vergleich zu Sekten (!), die ihre Mitglieder mit Schriften und Traktaten auf die Straße brachten und Erholungsheime, Schulen und Wohltätigkeitsanstalten schufen, zu wenig eifrig. Aber weswegen sollte die Tatgemeinschaft mit Sekten konkurrieren, wenn sie doch angeblich keine Sekte sein wollte?

Eine erste Wirkung der Tatgemeinschaft war die Gründung des Jakob Lorber-Verlag noch im selben Jahr. Dieser Verlag bestand neben dem Neu-Salems-Verlag, obwohl beide dasselbe Unternehmen waren. Er wurde ins Leben gerufen, um Werbebroschüren zu drucken, da sich

Außenstehende (Antisemiten) am Namen „Neu-Salem" stießen, und um die Bücher über den regulären Buchhandel verkaufen zu können, was aufgrund der Handelsspanne höhere Preise nötig machte. Dem Neu-Salems-Verlag blieb damit nur noch der Direktvertrieb zu niedrigeren Preisen. Am 31. Dezember 1924 zählte die Tatgemeinschaft 389 Mitglieder. Die Spendengelder wurden für den Bau neuer Druckereiräume und den Druck der Werbebroschüren *Die Gottesbotschaft Jakob Lorbers* und *Das Wesen Gottes* von Walter Lutz verwendet. Im Jahr 1933 klang die Definition der Tatgemeinschaft zeitgemäß militaristisch: Es handle sich um eine Zusammenfassung „der freiwilligen aktiven Kämpfer für die Ausbreitung der Neuoffenbarung". Erwünscht waren nur aktive Mitglieder, die im Notfall auch mit ihrer ganzen Person und allen Kräften dafür einstehen. Wer sich anmeldete, der bezahlte einen Jahresbeitrag und erhielt Werbehefte gratis. Die „Stoßtruppe" gebe freiwillig zusätzlich ein oder mehrere Prozent von ihrem Monatseinkommen ab. Von arbeitslosen Mitgliedern wurde erwartet, jedes Jahr mindestens einen neuen Freund für die Neuoffenbarung zu gewinnen. Georg Schön und Willy Knoefeldt boten kostenlos spezielle Schulungen für Mitglieder der Tatgemeinschaft an.

Ideal oder Geschäft: Ein Bruderkrieg

Die vor allem von Walter Lutz betriebene straffere Organisation der Neu-Salems-Gesellschaft, um Bekanntmachung und Druck der Schriften, sowie Wohltätigkeitsprogramme voran zu bringen, führte 1926/27 zu einem Streit zwischen Walter Lutz, dem damals neu ernannten Schriftleiter von *Das Wort*, und Walter Patenge, dem vormaligen Schriftleiter. Hinter Lutz stand dessen Freund Otto Zluhan, der so seinen Konkurrenten Walter Patenge aus dem Verlag zu drängen versuchte. Beide hatte Friedrich Landbeck als seine Verlagsnachfolger erkoren, doch

Zluhan war kaufmännisch orientiert, Patenge hingegen idealistisch. Ein Kampf um die Verlagsausrichtung war praktisch unausweichlich. Otto Zluhan zog bei dem Konflikt zumeist hinter den Kulissen die Fäden. Er und seine Freunde Fritz Enke, Walter Lutz und Emma Schmitt stellten die Sache so dar, als wolle die Gruppe um Patenge widerrechtlich in die Leitung von Verlag und Bewegung eingreifen und den Verlag gewaltsam auflösen. Tatsächlich aber war es Otto Zluhan, der alles bestimmen und besitzen wollte und dem bei seinem Eroberungszug der Miterbe Walter Patenge in die Quere kam.

Die Gruppe um Patenge sorgte sich um die Reinerhaltung der Lehre, denn was Lutz betrieb und lehrte, stand durchaus nicht in Übereinstimmung mit der Neuoffenbarung. Vertreter von sechs Lorberkreisen trafen sich zu Beratungen in Zwickau, worauf dann folgende Wünsche nach Bietigheim übermittelt wurden: 1. Rücktritt von Walter Lutz als Schriftführer von *Das Wort*, 2. Zurückziehung seiner Einführungsschriften aus dem Neu-Salems-Verlag und 3. Abschaffung der Bezahlung der Wanderredner. Am 12.12.1926 wurde eine große Versammlung in Oberhohndorf einberufen, wobei die Gruppen um Lutz und Patenge eingeladen waren. Dort wurde die Frage gestellt, ob der auswirkende Geist von Walter Lutz jener Jesu Christi sei. Diese Frage wurde einstimmig (bei einer Stimmenthaltung) verneint. Daraufhin wurde ein Brüderrat gewählt, der im Sinne der Beschlüsse der Versammlung wirken sollte. Da aber Walter Lutz, anstatt sich den Vorwürfen zu stellen, den Brüderrat nicht akzeptierte und den Hinauswurf der Gruppe um Walter Patenge aus der Neu-Salems-Gesellschaft betrieb, wobei er die Unterstützung Otto Zluhans, der bezahlten Wanderredner Georg Schön und Willy Knoefeldt und der von diesen bedienten Kreise erhielt, insgesamt eine Mehrheit in der Neu-Salems-Gesellschaft, verschärften sich die Gegensätze in kurzer Zeit zu einem offenen Streit. Die Gruppe Patenge wurde 1927 aus dem

Angestelltenverhältnis des Verlages entlassen und ging vor das Arbeitsgericht, wo es zu einer schiedsgerichtlichen Verhandlung kam. Die Behörde sollte folgenden Tatbestand prüfen: Die Neu-Salems-Gesellschaft beruhe laut Satzung auf einer *ideellen* Grundlage, der Verlagsbetrieb stehe aber nun auf *geschäftlicher* Grundlage. Dies dürften die Richter aber nicht weiter berücksichtigt haben, denn im Schiedsspruch[50] ist davon keine Rede; dort geht es nur um eine arbeitsrechtlich korrekte Abwicklung. Die Gruppe Lutz, die sich aus Mitgliedern der Tatgemeinschaft zusammensetzte und sich ihrer Stimmenmehrheit in der von Otto Zluhan geführten Neu-Salems-Gesellschaft bewusst war, forderte entschieden die Trennung von der Gruppe Patenge. Das Schiedsgericht entschied sich dann am 22. Oktober 1927 in Heilbronn auch tatsächlich für die Entlassung der Schriftleiter Walter Patenge und Paul Trötschel und des Lagerhalters Georg Treiber aus dem Angestelltenverhältnis des Verlags und für die Beendigung ihrer Mitgliedschaft bei der Neu-Salems-Gesellschaft mit der zusätzlichen Auflage, keinerlei Wettbewerb gegen den Verlag und die Neu-Salems-Gesellschaft zu betreiben. Dafür wurde ihnen eine finanzielle Entschädigung zugesprochen. Walter Patenge und Paul Trötschel verließen Bietigheim und übersiedelten nach Jena in Thüringen. Dieses dramatische Urteil besiegelte schon in den 1920er Jahren, was in der Folge geschah, nämlich die vollständige Verirrung der Neu-Salems-Gesellschaft. Mit dem sozial- und gesellschaftskritischen Walter Patenge wäre diese überaus peinliche Episode kaum möglich gewesen.

---

[50] Das Wort 1927, Seite 257

Wunderheiler

Wenn die Lorberfreunde öffentlich Aufsehen erregten und sich zeitweilig ein größeres allgemeines Interesse an der Neuoffenbarung bekundete, dann ging es meistens um das Wirken von Geistheilern, deren es unter den Lorberfreunden etliche gab, obwohl die Wunderheilung nie ein tragender Pfeiler der Lorber-Bewegung war. Die meisten mit Heilkraft begnadeten Lorberfreunde wirkten ohne Aufsehen zu erregen, wie es die Neuoffenbarung empfiehlt. So blieben sie relativ unbehelligt und konnten über längere Zeit Erkrankten helfen, wenn auch nur im vertrauten Freundes- und Bekanntenkreis. In einigen Fällen wurde die Sache aber öffentlich bekannt. Wenn es in der Folge zur Heilung von Hunderten teils unheilbar Kranker kam und ganze Ortschaften von Heilssuchenden überschwemmt wurden, dann trat zuverlässig die lokale Priester- und Ärzteschaft auf den Plan und beendete die Sache gewaltsam. Dies war bei dem in Brasilien wirkenden Johannes Pfützenreiter der Fall. Im Abschnitt „Die internationale Lorber-Bewegung" wird darüber berichtet. Die Lorberfreunde beobachteten bekannt gewordene Geistheiler, verhielten sich bei aller Begeisterung dann aber doch eher zurückhaltend.

In Österreich erregte der aus Graz stammende und in dem Örtchen Allhau an der steirisch-burgenländischen Grenze lebende Elektroinstallateur Otto Wraubek großes Aufsehen. Er vermochte durch Handauflegung zu heilen, weswegen ihn bald derart viele Kranke aufsuchten, dass die Zufahrtsstraße für den Autoverkehr gesperrt werden musste und ein Transportunternehmen einen eigenen Wunderdoktor-Fahrplan erstellte mit Sonderfahrten vom Burgenland nach Allhau. Da die Gasthäuser mit Fremden überfüllt waren, wurden von den Einheimischen weitere Unterbringungsmöglichkeiten gebaut. Die lokale Drogerie erfreute sich guter Geschäfte, weil Otto Wraubek seinen Patienten auch Kräuter und Tees verschrieb. Er kannte die Schriften Jakob Lorbers seit 1927, lebte nach ihnen und war von tiefer christlichen Gläubigkeit erfüllt, obwohl er keiner Religionsgemeinschaft angehörte. Für seine Behandlungen nahm er kein Geld, führte selbst ein vorbildlich gesundes Leben und ernährte sich vegetarisch und von Rohkost. Seine Heilkraft betrachtete er als ein Mittel zu einem höheren Ziel: die in Materialismus, Verkommenheit und Selbstsucht versunkene Welt noch in letzter Stunde im Zeichen eines edlen Tatchristentums zu einem höheren Sein emporzuführen. Durch die Heilerfolge erhoffte er sich das Vertrauen seiner Mitmenschen, die dann auch seinen Worten glauben würden. Er tat also wie einst Jesus. Es gelang ihm, sogar Menschen zu heilen, die weder an Gott noch an seine Heilerfolge glaubten. Allerdings vermochte er nicht jeden von seinen Leiden zu befreien, weil diese für manche Menschen das einzige Mittel sind, sie zur Besinnung zu bringen oder einer höheren Erkenntnis zuzuführen. Die Grazer Montags-Zeitung schrieb am 9. März 1931: „Ohne Unterbrechung hält der Krankenzug zum Wunderdoktor Otto Wraubek in Allhau an. Es klingt ganz unglaublich, welche Heilerfolge diesem Mann zugeschrieben werden. Die Ordinationstage in den letzten Wochen stellten alles bisher Dagewesene in den Schatten. Oberflächlich geschätzt, waren bisher wohl gegen zehntausend Heilungssuchende bei ihm." Otto Wraubek leistete fast Übermenschliches. Er kam nächtelang nicht zum Schlafen, weil er seine Patienten sehr gründlich untersuchte und behandelte; mit manchem gab er sich bis zu einer Stunde ab. Zudem besuchte er auch noch Kranke, die nicht zu ihm kommen konnten. Dann waren Vertreter der Presse zu betreuen, von denen einige arge Zweifler waren, die einen Schwindel aufdecken wollten. Aber sie wurden selbst Zeugen von aufsehenerregenden Heilungen und der geradezu hellseherischen Gabe des Wunderdoktors, allein durch das Betrachten eines kranken

Körpers mehr über dessen Zustand sagen zu können, als sich der Leidende selbst träumen lies. Dazu kam noch eine Flut von Briefen, die er unmöglich alle beantworten konnte. Die lokale Bevölkerung betrachtete Otto Wraubek fast wie einen Himmelsboten. Aber natürlich gab es auch Leute, die Fehler suchten und behaupteten, der Wunderdoktor sei mit dem Teufel im Bunde.

Die Zeit des Dritten Reiches

Schon im Jahr 1931 bemerkte die Neu-Salems-Gesellschaft eine zunehmende geistige Verfinsterung der Welt, nachdem die Neu-Salems-Gemeinde in Brasilien polizeiliche Verfolgung erfahren hatte, veranlasst von katholischen Geistlichen im Verbund mit Ärzten und evangelischen Pastoren. Der Neu-Salems-Verlag schrieb dazu: „Auch in deutschen Landen wird der Horizont täglich düsterer. Und wer weiß, ob nicht auch hier die Neu-Salems-Gemeinden bald derartige Stürme auszuhalten haben." Sensitive Lorberfreunde berichteten von düsteren Ahnungen, bedrohlichen Alpträumen und unheimlichen Omen – ein vernichtender Krieg bahnte sich an. In *Das Wort* kam es zu einer heißen Diskussion über den Kriegsdienst, wo in leidenschaftlichen Appellen gegen Krieg und Militarismus aufbegehrt wurde. Der Vortragsredner und Geistheiler Georg Schön sah 1932 einen Kampf gegen die Mächte des Bösen kommen und rief zum Gebet auf, da die Hölle ihre Heere zur Vernichtung alles Göttlich-Guten loslasse und Kriegslüsternheit unter einzelnen Völkern herrsche. Wie wir heute wissen, sollten sich diese Ahnungen und Visionen auf grausamste Weise bestätigen. Dennoch waren die Jahre von 1925 bis 1935 trotz vieler Probleme für die Neu-Salems-Gesellschaft eine erfolgreiche Zeit. Etliche neue Bücher wurden publiziert, die Anzahl der Anhänger nahm zu, die Auflage von *Das Wort* erreichte bis zu achttausend Stück.

Mit der Machtergreifung der Nationalsozialisten im Jahr 1933 begann eine besonders schwierige Zeit für Verlag und Neu-Salems-Gesellschaft. Bisher hatte sich die Gesellschaft im Großen und Ganzen aus der Politik herausgehalten, da die Parteien ausnahmslos materialistisch und zum Teil atheistisch eingestellt waren. Doch der Druck, sich politisch zu positionieren, wurde immer größer. Erstmals kam es wegen Presseverordnungen zu Zensur in *Das Wort*. Als schließlich das Verbot der Gesellschaft drohte, traten Otto Zluhan, Fritz Enke und Walter Lutz die Flucht nach vorne an, indem sie ihre bisherige unpolitische Haltung aufgaben und in *Das Wort* den Diktator Adolf Hitler als einen wie von Gott berufenen Friedensmenschen für seine Nächstenliebe priesen, da er sich für Gemeinnutz statt Eigennutz (diese Parole wurde als Vorstufe zu „liebe deinen Nächsten wie dich selbst" gesehen) einsetze und von den gleichen Grundgedanken wie Jakob Lorber getragen sei. Alle Neu-Salems-Freunde in Deutschland hätten ausnahmslos den Eindruck, Hitler sei ein Werkzeug der Vorsehung. Die Neu-Salems-Gesellschaft versuchte, „Neu-Salem" so auszulegen, dass sich Antisemiten möglicherweise nicht daran stießen. Jakob Lorber wurde zum Germanen und „reindeutschen Seher" erklärt. In weiteren Artikeln erhoffte man sich die in *Bibel* und Neuoffenbarung angekündigte neue Welt, das tausendjährige Reich. Da einige Geistliche der Staatskirchen die Gelegenheit nutzten, alle außerkirchlichen Gemeinschaften und Glaubensbewegungen mit Polizeigewalt zu verbieten und in der Kirche aufgehen zu lassen, wurden von anderer Seite führende Nationalsozialisten zitiert, die sich im Sinne der Gewissens- und Glaubensfreiheit geäußert hatten. Trotzdem wurden Lorberfreunde von der Polizei über die Neu-Salems-Bewegung vernommen. Ein polizeiliches Verbot konnte aber verhindert werden.

Auch andere Mitglieder der Neu-Salems-Gesellschaft fanden Lob und Zustimmung für den uniformierten Diktator und sein Programm.

Dabei hätte gerade ihnen ersichtlich sein müssen, wohin die Reise ging, auch wenn es noch nicht zu Pogromen gekommen war und Hilfsprogramme des NS-Regimes blendeten. Natürlich sprach die Neu-Salems-Gesellschaft ganz und gar nicht für alle Anhänger der Neuoffenbarung. Die meisten Lorberfreunde lebten selbständig und unabhängig und hatten mit der Neu-Salems-Gesellschaft wenig bis gar nichts zu tun, sei es mangels Interesse, oder weil sie diese als Sekte betrachteten. Nachdem sich die Leitung in Bietigheim zum Nationalsozialismus bekannt hatte, fand keine freie Diskussion in *Das Wort* mehr statt. Die nachdenklichen und kritischen Stimmen verstummten. Immerhin drohte Verfolgung und Inhaftierung. Stattdessen wurden mehrere Artikel veröffentlicht, die nichts weiter als Kotaus vor dem NS-Regime waren. Die Neu-Salems-Gesellschaft bemühte sich in ihren letzten Jahren bis zu ihrer Auflösung, in den Augen der Machthaber als „deutsch" und „arisch" und überhaupt unverdächtig zu erscheinen.

Dieser peinliche Fall der schändlichen Anbiederung an die Nationalsozialisten wurde nie aufgearbeitet. Die Betreffenden, von denen inzwischen keiner mehr lebt, taten nach dem Krieg so, als ob all dies nie geschehen sei. Wohl kämpfte die Neu-Salems-Gesellschaft auf eine dramatische Weise um ihr Überleben, denn nicht nur Antisemiten und Nationalsozialisten, sondern auch eifernde Geistliche der Kirchen und Sekten bedrohten sie. Dennoch tat sie dies auf eine Weise, welche die Neuoffenbarung kompromittierte, indem sie diese auf unkorrekte Weise anwendete, nach dem Motto „der Teufel zitiert die Bibel". Da war ihr das Hemd näher als der Rock. Zudem erlag die Neu-Salems-Gesellschaft, wie so viele Deutsche, dem hypnotischen Charisma des Narzissten Hitler, der nur eine Show veranstaltete. Wie sehr sie sich täuschen ließ von diesem psychopathischen Diktator, der Liebe und Mitgefühl nur vortäuschte, zeigt eine ihrer Anmerkungen, nach der die Gewalt gegen

Juden von niedrig stehenden Volksgenossen verübt werde und sicher nicht im Sinne und Willen Hitlers sei, da dieser doch gegen Gewalttat und Blutvergießen eintreten würde. Trotz allem ließ sich die Führung von Verlag und Gesellschaft nicht auf die allgemeine Judenhetze ein. Sie bekundete lediglich ein Verständnis für Hitler, wenn dieser gegen ein Judentum vorging, in dem „auf wirtschaftlichem Gebiet der Geist rücksichtsloser materieller Erwerbssucht und auf den Gebieten der Kunst, Literatur und Volksmoral der Geist sittlicher Verderbnis in besonderem Maße vertreten" war. Eine polemische und einseitige Auslegung der Neuoffenbarung hätte durchaus einigen Stoff wider die Juden ergeben. Eine solche verbat sich aber aus mehreren Umständen: Erstens treten viele Helden und Vorbilder der Neuoffenbarung, darunter Jesus, als Juden auf; die Neuoffenbarung ist alles andere als antisemitisch, auch wenn sie die Juden zuweilen kritisiert. Die revisionistischen und pseudowissenschaftlichen Theorien der Antisemiten über Jesus und die Juden stehen im krassen Gegensatz zu *Bibel* und Neuoffenbarung. Zweitens werden für Jakob Lorber jüdische Wurzeln im genealogischen Sinn angenommen. Drittens gab es einige Lorberfreunde jüdischer Herkunft, beispielsweise den Verein „Veritas" in Graz; der war von dem sephardischen Juden Josef Levy und anderen Lorberfreunden gegründet worden und bemühte sich um die Verbreitung geistiger Welt- und Lebensanschauung. Zudem gab der in Stuttgart lebende Lorberfreund K. F. Berner aufklärende Broschüren über den Judenhass und die Verfälschung der Menschheitsgeschichte heraus[51], die ganz im Sinne der Neu-Salems-Gesellschaft waren. So fiel es feindlich gesinnten und sich mit den Nationalsozialisten gut stellen wollenden Geistlichen der Kirchen leicht, die

---

[51] K. Fr. Berner, „Die Revision des größten Justizmordes der Menschheitsgeschiche" und „Der Judenhass, eine Gefahr der Weltordnung"

Neu-Salems-Gesellschaft bei den Machthabern anzuschwärzen, indem sie zu den Juden halte, um deren Verbot zu erwirken.

Am 10. Mai 1937 wurde die Neu-Salems-Gesellschaft von der Geheimen Staatspolizei (Gestapo) verboten. In der Begründung der NS-Machthaber hieß es, die Bezeichnung „Neu-Salem" würde mit unseriösen Aktivitäten in Verbindung gebracht. Ironischerweise wurde Adolf Hitler ausgerechnet in der Maiausgabe in einem besonders schwachsinnigen Artikel als „der positivste Christ" bezeichnet. Die letzte Ausgabe von *Das Wort* wurde im Juni ausgeliefert. Otto Zluhan zog zu Lorberfreunden nach Zürich und führte dort den Verlag interimistisch weiter. Dadurch konnte er das durch die Nationalsozialisten drohende Verlagsverbot noch bis 1941 abwenden und die Lorberwerke, die etwa zehn Jahre lang in Deutschland nicht mehr verbreitet werden durften, zumindest ins Ausland liefern. 1940 erschien eine 32-seitige *Festschrift zum 100. Jahrestage der Gottesbotschaft durch Jakob Lorber* mit Beiträgen zur Geschichte der Neuoffenbarung von Walter Lutz und Otto Zluhan. Die Anhängerschaft in der Schweiz wird für 1940 mit „über tausend" angegeben. Der Glaube half mehreren Lorberfreunden durch Kriegshölle und Konzentrationslager. Einige berichteten von einer wunderbaren Führung durch den Herrn, wodurch sie die Schriften Jakob Lorbers erst recht zu schätzen lernten. Manche vermochten auch andere Leidensgenossen zu trösten. Josef Firlus, der ein Konzentrationslager überlebt hatte, schrieb: „Es war in der Zeit des nationalen Zusammenbruchs, als ich mit vielen Leidensgenossen im KZ lag. Alle Morgen fast trug man aus unserer Mitte 1-5 Tote heraus, die man in der Nacht in wildem Hass zusammengeschlagen hatte. Da erfasste Angst und Verzweiflung selbst die stärksten Männerherzen, so dass viele dieser lähmenden Qual durch Freitod ein Ende machen wollten. Auch mein Herz wurde von Angst und Schrecken bedroht. Aber da stand in mir das Leben auf, das ewige Leben, das mir einst durch die Neuoffenbarung geschenkt wurde. Allabendlich saßen die Angsterfüllten und Verzweifelten auf dem steinigen Fußboden um mich herum, und ich sprach warme Worte von Gott und dem ewigen Leben und erfüllte ihre Herzen mit Mut und Vertrauen und gab ihnen auch Hoffnung auf ein besseres irdisches Leben. So wurden vielen Frauen ihre Männer, den Kindern ihre Väter erhalten. Das KZ hatte für mich so doch einen gesegneten Sinn gehabt. In diesen Wochen und Monaten fühlten wir wahrhaftig bis ins Innerste hinein, *was* das Leben ist in allen seinen Höhen und Tiefen."

Auch während dieser besonders schweren Jahre fanden Menschen zur Neuoffenbarung und zum Glauben. Der Pilot Josef Huber, der sich als Berichterstatter für Zeitungen im In- und Ausland im Dritten Reich verdächtig gemacht hatte und von 1943 bis zum Ende des Weltkrieges im Konzentrationslager Dachau interniert war, wo er besonders Grauenvolles erlebte, lernte ausgerechnet dort durch eine merkwürdige, wunderbare Führung verschiedene mystische Literatur und das Lorberwerk kennen. Er wurde zu einem glühenden Anhänger der Neuoffenbarung. Wenige Jahre nach seiner Befreiung aus dem KZ starb er an den Folgen seiner Haft. Über seine Frau Maria ist bekannt, dass sie als Leiterin einer Milchgenossenschaft in Dachau trotz Gefahr der Inhaftierung illegal Lebensmittel in das KZ schmuggelte und dadurch hungernden Häftlingen helfen konnte. Friedrich Schiffer, der im ersten Weltkrieg im Feld gestanden und infolgedessen zum Kriegsgegner, Sozialdemokraten und Gewerkschaftler geworden war, wurde zu Zwangsarbeit im Bergbau verurteilt, kam durch den Beistand eines nationalsozialistischen Freundes aus der Grube heraus und wurde in einem Betrieb in Eßlingen eingestellt. Dort lernte er die Lorberfreunde und Georg Riehle kennen, worauf er erkannte, dass das Heil nur bei Jesus Christus zu suchen und zu finden ist. Auf wunderbare Weise überlebte er die Zeit des zweiten Weltkrieges und wurde 1945 von den Amerikanern zum Landrat bestellt, der die Polizei seines Heimatortes zu übernehmen hatte. Nun waren die Verhältnisse umgekehrt und die führenden Nationalsozialisten wurden eingesperrt. Friedrich Schiffer kämpfte gegen Ungerechtigkeiten und verhinderte eine Ausweisung von 62 Familien aus dem Saarland, da Kinder und Frauen nichts dafürkonnten, dass ihr Vater und Gatte Nationalsozialist war. Dies sah er als seinen Dank an den himmlischen Vater an, der ihm hier Gelegenheit gab, das Böse, das man ihm angetan hatte, in Gutes, in Segen zu wandeln.

Am 6. Juni 1941 wurden Verlag, Druckerei und Buchbinderei in Bietigheim endgültig geschlossen und alle Geschäftsräume versiegelt. Am 23. Juni fand eine Hausdurchsuchung statt, und Otto Zluhan wurde in das Konzentrationslager Welzheim gebracht. Diese Art der Verhaftung von Leitern geistig ausgerichteter Verbände ging von Heinrich Himmler aus, dem Reichsführer der SS und Chef der Deutschen Polizei. Es war eine Reaktion auf die Flucht von Rudolf Heß nach England. Das Vermögen der Neu-Salems-Gesellschaft wurde beschlagnahmt und eine größere Menge von Büchern, Akten und Adressen zur Vernichtung abtransportiert. Die Manuskripte der Neuoffenbarung entgingen durch ein Versehen der Vernichtung. Sie wurden für alte Buchungsbelege gehalten und ignoriert. Friedrich Zluhan, der Sohn von Otto Zluhan, berichtete von mehreren Hausdurchsuchungen der Gestapo mit dem Ziel, die Originaltexte Jakob Lorbers beschlagnahmen zu können, da sie das Dritte Reich für staatsgefährdend hielt. Sie seien im Lorber-Verlag in Bietigheim gut versteckt und von Gott geschützt worden. Druckerei und Buchbinderei wurden versiegelt, wobei sich diese Maßnahme als Glück im Unglück erwies, da mit Hinweis auf die sieben Siegel der Gestapo eine Demontage aller Maschinen und Anlagen zu Kriegszwecken verhindert werden konnte. Viele Lorberfreunde hatten durch das Verbot

Repressalien durch die Gestapo, wie Verhöre und Beschlagnahme ihrer Lorberbücher, zu erleiden. Die deutschen Städte wurden nun „ausradiert", wie der Führer es den englischen Städten angedroht hatte, doch der Verlag überstand die Bombenangriffe 1944/45 unversehrt. Wieder kam ein Schreiben vom Wirtschaftsministerium: Alle Maschinen und Vorräte sind abzuliefern! Aber der Verlag schwieg. Wer konnte nachweisen, dass in dem beginnenden Chaos der Brief angekommen war? Nun erfolgte ein Bombenangriff auf das Viadukt in Bietigheim. Die ganze Stadt wurde erschüttert, die Fenster eingedrückt und die bis dahin immer noch versiegelte Tür des Verlags durch höhere Gewalt aufgerissen. Dies geschah im letzten Kriegsjahr und wurde von den Lorberfreunden als Zeichen gedeutet, dass nach all der Finsternis der hochmutsvollen Naziherrlichkeit die Lichtquelle von oben wieder zu rieseln beginne. In einem Rückblick aus dem Jahr 1948 wird gesagt, es grenze ans Unglaubliche und Wunderbare, dass der Verlag und vor allem die Handschriften Jakob Lorbers und seiner Freunde, welche die ganze Zeit in einem Panzerschrank lagerten, die Kriegsjahre unbeschadet überstanden haben.

Otto Zluhan (1890-1983)

Otto Zluhan war ein geschäftstüchtiger Pragmatiker mit kaufmännischer Ausbildung, der weniger in geistlicher, als vielmehr in verlegerischer und organisatorischer Hinsicht auf sich aufmerksam machte. Er und sein Sohn Friedrich druckten und verkauften mit Abstand die meisten Bücher der Neuoffenbarung und waren bei der Organisation der Lorberfreunde langjährig in führender Position tätig. Sie führten das Erbe des Verlegers Friedrich Landbeck auf mehr betriebswirtschaftlich orientierter Grundlage weiter. Auch in Zeiten der Gefahr bekannte sich Otto Zluhan mutig zur Neuoffenbarung, in der er die Wiederkunft des Herrn in Seinem Wort erkannte. Sein Wahlspruch war: „Schaffet, dass ihr selig werdet!" (Phil. 2.12) Daraus erklärt sich auch sein besonderes Freundschaftsverhältnis zu Walter Lutz, der ähnlich schwäbisch motiviert war.

Der 18-jährige Otto Zluhan wurde im Jahr 1908 von Friedrich Landbeck als Verlagsgehilfe eingestellt und wohnte mit seinen Eltern im Haus Landbecks. Seine erste größere Arbeit bestand in der Anfertigung der Register zu den 10 Bänden der 3. Auflage des *Großen Evangeliums Johannes*. Schon in jungen Jahren bemühte er sich um die Erweiterung des Verlages. Er plante eine Druckerei und Buchbinderei, die er dann später auch verwirklichte. 1916 wurde er in den Krieg einberufen, und als er 1918 wieder zurückkehrte, versuchte er Friedrich Landbeck zur Gründung einer Monatszeitschrift zu bewegen. Dieser gab aber erst 1920 seine Zustimmung, worauf dann *Das Wort* erschien. Friedrich Landbeck, der im Jahr 1921 verstarb, vermachte Verlag und Druckerei seinen Angestellten; Führung und Verwaltung des Verlages wurden Otto Zluhan und Walter Patenge übergeben. Zu dieser Zeit herrschte eine astronomische Inflation, und Otto Zluhan konnte nur mit größter Mühe die Millionen, Milliarden und Billionen für die Löhne der Angestellten auftreiben und den Verlag retten. Bei der Gründung der Neu-Salems-Gesellschaft (1924) wurde derselben das gesamte Verlagsvermögen übertragen und Otto Zluhan als erster Vorsitzender gewählt. Nachdem wenig später Walter Patenge, der zweite Vorsitzende der Neu-Salems-Gesellschaft, durch einen im Wesentlichen von Walter Lutz angezettelten Richtungsstreit aus der Gesellschaft ausgeschlossen worden war, verblieb Otto Zluhan als einziger offizieller Nachfolger Friedrich Landbecks. So waren in weniger als fünf Jahren nach Friedrich Landbecks Verscheiden alle anderen Erben ausgebootet, und Otto Zluhan kontrollierte nun Vermögen und Ausrichtung von Gesellschaft und Verlag.

Der Verlag druckte neben den Lorberschriften auch weitere Lehr- und Erbauungsbücher, die Bücher von Walter Lutz und Kundgaben von

Vatermedien. Bis zum Jahr 1933 steigerte sich der Buchversand bis zum Zwanzigfachen seit dem Jahr des Eintritts von Otto Zluhan. Als nach der Machtergreifung der Nationalsozialisten das Verbot der Neu-Salems-Gesellschaft drohte, verfasste Otto Zluhan Artikel in *Das Wort*, in denen er Adolf Hitler und Programme der Nationalsozialisten goutierte. Nach dem Verbot von Verlag und Gesellschaft wurde Otto Zluhan 1941 ins Stuttgarter Gefängnis abtransportiert und von dort weiter ins Konzentrationslager in Welzheim. Dieses Lager wurde von einem ehemaligen Häftling als eine einzige Folterkammer beschrieben. Otto Zluhan und anderen Verhafteten wurden aber nicht die Haare geschoren, wie das sonst üblich war, auch wurden die Gefangenen nicht zur Arbeit eingesetzt. Zwei Monate später wurde Otto Zluhan entlassen aufgrund der Intervention von Freunden, die ihre eigene Verhaftung riskierten. Seine Gefangennahme und die Auflösung des Verlags erlebte er als den schwersten Schlag seines Lebens und als eine große Glaubensprobe. Er schrieb dazu in einem Rückblick, auch er habe erfahren müssen, dass Verleger des Lorberwerks zu sein eine hohe und undankbare Aufgabe zugleich sei. Hoch, weil es eine Gnade bedeute, einem Schrifttum den Weg in die Öffentlichkeit bahnen helfen zu dürfen, dessen Urheber in Wirklichkeit der Herr sei. Undankbar, weil das Neuoffenbarungswerk, als neues Gottes-, Welt- und Menschenbild verkündet, zunächst dem Missverständnis anheimfallen habe müssen, da es dem Verständnis seiner Zeit weit vorausgeeilt sei.

Nach dem Krieg gründete Otto Zluhan den Lorber-Verlag neu, ebenso die Monatszeitschrift *Das Wort*. Die Neu-Salems-Gesellschaft wurde von ihm unter dem Namen „Lorber-Gesellschaft" sozusagen neu aufgelegt. Von 1955 bis 1980 war er Präsident dieser Gesellschaft und widmete sich nun mehr der ideellen Ausbreitung der Neuoffenbarung, während sein Sohn Friedrich (geb. 1922) die Verlagsgeschäfte übernahm. Der jüngere Sohn, der ebenfalls Otto (geb. 1923) hieß, stand dem technischen Betrieb als Buchdruckermeister vor. Auch seine Tochter Elisabeth (geb. 1920) war lange im Verlag tätig und von Jugend an im Glauben mit der Neuoffenbarung verbunden. Verheiratet war Otto Zluhan mit Hedwig, geb. Enke. Die stille und bescheidene Frau war schon unter Friedrich Landbeck Mitarbeiterin des Verlags. Hedwig Zluhan starb 85-jährig im Jahr 1980. Ihr Gatte folgte ihr drei Jahre später in die jenseitige Welt. Bis ins hohe Alter waren ihm seine geistige und körperliche Vitalität erhalten geblieben.

Walter Lutz (1879-1965)

Der in Stuttgart lebende Dr. Walter Lutz widmete sich jahrelang seiner Anwaltspraxis und betätigte sich nebenbei als Dramatiker. Verheiratet war er mit der Dichterin Maria Lutz-Weitmann. Er war eine maßgebliche Person im Bietigheimer Unternehmen und der Neu-Salems-Gesellschaft, führte Diskussionen mit Gegnern der Neuoffenbarung und veröffentlichte als Forscher etliche Schriften, die den Zugang zum Lorberwerk erleichtern sollten, wobei er die Bedeutung Jakob Lorbers unterstrich. Auch der beliebte und erfolgreiche in Bietigheim gedruckte Neu-Salems-Kalender war seine Idee. Geprägt hat Lutz die Lorber-Bewegung vor allem durch seine Bücher und Artikel. Sein erstes veröffentlichtes Handbuch mit dem Titel *Das Reich des Ewigen. Führer durch die Werke Jakob Lorbers* erschien 1924. Ab 1926 wurde er Schriftführer der Monatszeitschrift *Das Wort* der Neu-Salems-Gesellschaft. 1930 und 1932 veröffentlichte er sein Buch *Die Grundfragen des Lebens in der Schau des Offenbarungswerkes Jakob Lorbers* in zwei Bänden. Dieses Buch enthält eine umfassende Übersicht des Lorberwerks und galt als Standardwerk der Lorber-Literatur. *Das Neusalemslicht. Die Religion des kommenden Zeitalters* und *Der Wunderbau der Schöpfung nach den*

Eröffnungen des deutschen Sehers Jakob Lorber erschienen 1935. Bekannt ist auch sein in drei Bände aufgeteiltes Lehr- und Nachschlagewerk *Neu-Offenbarung*.

Walter Lutz kam aus einem freigeistigen, früh dem Kirchenglauben entfremdeten Haus. Sein Vater war ein wohlhabender Fabrikant, der nicht an Gott glaubte, weil er zu viel Ungerechtigkeit, Not und unverschuldetes Elend in der Welt sah. Daher trat er aus der Landeskirche aus und ließ seine Kinder nicht mehr taufen. Dies bewirkte in den 1880er-Jahren einiges Aufsehen. Dennoch blieb sein Sohn Walter in seinem Innersten ein frommes Kind. Ein der pietistischen Richtung angehöriger Elementarlehrer der Volksschule brachte ihm heimlich die biblischen Geschichten bei, weil er am Religionsunterricht nicht teilnehmen durfte. Er besuchte Walter auch viel während einer langwierigen Krankheit und betete heimlich mit ihm. So kam Walter trotzdem zu christlichen Glaubensgrundlagen und wandte sich in allen Nöten der Kindheit an den lieben Gott. Dies änderte sich in seinem 13. Lebensjahr, als er in das angesehene Dillmannsche Realgymnasium kam, wo der Religionsunterricht in den höheren Klassen vollkommen hinter die Realfächer zurücktrat. Unter dem Einfluss der „aufgeklärten" Lehrer wurden alle Schüler zu ausgemachten Materialisten, erklärten sich die Welt mit den Naturkräften und Naturgesetzen und wurden völlig gleichgültig gegen alles Religiöse. Walter Lutz studierte an den Hochschulen von Tübingen, München und Berlin Rechtswissenschaft, Naturwissenschaft und Geschichte. Im Genusswillen der Jugend stimmte er begierig mit ein in die geistlose Betonung des Diesseits durch die materialistische Naturwissenschaft. Aber eines Tages kam auch bei ihm die Ernüchterung. Der wissenschaftliche Materialismus, der damals von Haeckel, Büchner und Molleschott popularisiert wurde, befriedigte den jungen Gelehrten nicht mehr; er empfand die Gemütsleere dieser Lebensanschauung. Auch sein Verstand drängte aufgrund der Beobachtung der Naturwelt zur Einsicht, dass die Wunderwerke der Pflanzen- und Tierwelt und des menschlichen Leibes und Lebens nicht durch blinde Kräfte und allein nur nach blinden Naturgesetzen entstehen und bestehen können. Es musste eine geistige Vernunftmacht, ein Schöpfer und Meister da sein, der das alles ersann, ausführte und erhielt. Ob sich dieser Allgeist als eine Macht der Liebe um das einzelne Geschöpf, insbesondere um das einzelne Menschenschicksal kümmere, wurde Walter Lutz eine große Frage, für die er im Buch der Natur keine Lösung fand. Das gründliche Studium des ernsten wissenschaftlichen Okkultismus bewies ihm die Existenz von Geist und Seele. Er erlebte an sich selbst und an vielen Mitmenschen das Fortleben nach dem Tod, das Jenseits und das Walten unsichtbarer geistiger Mächte. Eines Tages erhielt er von einer Lehrerin seiner Jugendjahre den ersten Band des *Großen Evangeliums Johannes* ohne viele Worte zum Lesen und Prüfen. Dieses Buch mutete ihn seltsam an, doch er bemerkte bei seiner Lektüre, dass da eine große, tiefe Weisheit vorlag, welche dieser einfache Mann aus der Steiermark nicht aus sich selbst geschöpft haben konnte. Besonders sprach ihn die lebendige Wärme dieser Eröffnungen an. So wurde er, beinahe 50-jährig, mit dem Schriftwerk Jakob Lorbers bekannt und kam zu Aufschlüssen über Gott und Gottes Wesen, den Menschen und die Schöpfung. Dies überzeugte den unermüdlich Suchenden. Er fand darin jene einheitliche Welterklärung, die dazu bestimmt war, die trostlose materialistische Weltanschauung zu überwinden. In seltenen Fällen betätigte sich Walter Lutz als Medium und erhielt einen Lebensroman mit dem Titel *Siegende Liebe* diktiert. Dazu schrieb er: „Diese Erzählung habe ich ohne jede Vorarbeit nach der Stimme des Geistes niedergeschrieben. Ich habe nichts gesucht, selber geplant und ausgedacht, sondern alles wurde mir in einem unwiderstehlichen, lebendigen Flusse innerer Worte in kürzester Zeitfrist gegeben. In meinem

Herzen danke ich für dieses Geschenk dem Geber aller guter Gaben."[52]
Dieser Roman, in dem es über die Führungen einer Seele im Jenseits und
das Ineinandergreifen zweier Welten geht, wurde 1931 in der Zeitschrift
Das Wort als „eine ausgezeichnete Einführungs- und Werbeschrift, ein
Lehrbuch der göttlichen Neuoffenbarung" angepriesen.

Walter Lutz legte die Neuoffenbarung auf eine Weise aus, die in der
Folge besonders die verlagsnahen Lorberfreunde prägte. Das äußerliche
Handeln nach dem Gebot der Gottes- und Nächstenliebe wurde von ihm
übermäßig stark betont. Die Kritik an den Lorberfreunden, ihre Lehre
bestünde darin, sich den Himmel durch äußerlich gute Taten verdienen
zu müssen, geht wesentlich auf die starke Betonung des Tätig-Seins
durch Walter Lutz zurück, nicht auf die Lehre der Neuoffenbarung. Die
in der Neuoffenbarung geschilderten Helden sind solche vor allem und
zuerst aus ihrer Liebe zum Herrn; entsprechende Taten gelten nur als
Zeugen der Lebendigkeit dieser Liebe. Walter Lutz betrachtete die aus
dem Methodismus hervorgegangene, autoritär und patriarchalisch geführte Heilsarmee als Vorbild für eine organisierte, tatkräftige Lorber-
Bewegung. Vor allem deren Organisation und Sammelwesen imponier-
ten ihm. Dadurch verkannte er aber die Natur der eher freiheitlich und
mystisch veranlagten Lorberfreunde, von denen sich dann auch bald
schon einige heftig über penetrante Aufrufe zum Spendensammeln und
Wohltätig-Sein in den Lorberkreisen beschwerten, worauf sich Walter
Lutz wieder ein Stück weit von seinen Vorstellungen distanzierte, mit
dem Vorwand, man habe ihn falsch verstanden. So manche Idee des Nationalsozialismus fand bei ihm Anklang; er zog beispielsweise die auto-
ritäre und nationalistische Herrschaft der parlamentarisch-

---

[52] Wilhelm Otto Roesermueller: Begegnungen mit Jenseitsforschern und
Gespräche mit Geistern. 1958

demokratischen vor und glaubte bei den „Deutschen Christen" – einer rassistischen, antisemitischen und am Führerprinzip orientierten Strömung im deutschen Protestantismus – ein Tatchristentum infolge einer tieferen Ergründung des biblischen Evangeliums zu finden. Er schrieb im Jahr 1932, dem Jahr vor der Machtergreifung der Nationalsozialisten, dass die demokratische Staatsform in der Geschichte der Völker infolge der vielseitigen Interessensgegensätze meist bald zur Erschütterung und Zersplitterung des Staatswesens durch andauernde innere Kämpfe führe. Dann erschalle der Ruf nach einem rettenden „starken Mann", worauf die Diktatur folge.

Den ehemaligen Mönch Jörg Lanz von Liebenfels[53], der noch vor wenigen Jahren von Walter Patenge als tendenziös und hypnotisierend verworfen worden war, betrachtete Walter Lutz als „Mitstreiter des Lichts", weil durch diesen die Neuoffenbarung bekannt gemacht würde. Die Rassentheorien des Autors jedoch verwarf er, wenn auch weniger entschlossen als Walter Patenge. Auch die Lehren über die Germanen des Guido von List[54] fanden seine Zustimmung. So waren über den Buchversand des Neu-Salems-Verlages schließlich einige Hefte des Lanz von Liebenfels und Bücher des Guido von List erhältlich. Letztendlich bekannte sich Walter Lutz zu Adolf Hitler, obwohl er durchaus kein Anhänger des Antisemitismus und Rassismus war. Er machte sich nicht für Krieg und Gewalt stark und lehnte das Suchen nach Sündenböcken ab. Von Hitler und den Nationalsozialisten erhoffte er sich ein besseres Staatswesen,

---

[53] Jörg Lanz von Liebenfels, eigentlich Adolf Joseph Lanz (1874-1954), war ein österreichischer Theoretiker, Okkultist und Ariosoph. Für seine politischen und rassistischen Theorien missbrauchte er u.a. auch die Werke Jakob Lorbers.
[54] Guido von List, eigentlich Guido Karl Anton List (1848-1919), war ein österreichischer Okkultist und Schriftsteller. Er erläuterte ein germanisches Neuheidentum (Wotan-Kult) und gilt als Gründer der Ariosophie, einer esoterischen Ideologie auf rassistischer Grundlage.

wobei er deren anfängliche Bestrebungen für das Nahen des in der *Bibel* und der Neuoffenbarung angekündigten Reich Gottes auf Erden hielt. Selbst noch im Jahr 1936, kurz bevor die Neu-Salems-Gesellschaft verboten wurde, und die Kriegsvorbereitungen unübersehbar waren, schrieb er von einem „machtvollen Friedensstreben unseres Führers" und dass es trotz Aufrüstens nicht zu einem großen Krieg komme. Warum bei ihm trotz seiner Intelligenz und Hochschulbildung die okkultistische und rassistische Ariosophie (Lehren über die Arier) Anklang fand, dürfte an seiner mangelnden Distanz zum Okkultismus liegen, vielleicht auch an jenem ekelhaften Hochmut, demzufolge sich die Deutschen als ein Herrenvolk von Ariern betrachteten. Elitäres Denken und Aussortieren waren Walter Lutz, als treibender Kraft der Tatgemeinschaft nicht fremd. Mehrere seiner Ideen verbiegen die Lehren von *Bibel* und Neuoffenbarung. Manches befindet sich im Widerspruch, darunter seine Vorstellungen über Fehler und Irrtümer in *Bibel* und Neuoffenbarung, die den Vorstellungen des Spiritismus entsprechen, von denen er sich nie völlig löste. Er betrachtete Okkultismus und Spiritismus als wichtige Brücke zum Christentum. Lehren und Wirken von Walter Lutz, vereint mit seinem Freund und Gesinnungsgenossen Otto Zluhan, führten schon in den 1920er-Jahren zu einer dramatischen Auseinandersetzung unter den Lorberfreunden und schließlich zu einer beträchtlichen Verirrung der Neu-Salems-Gesellschaft.

Auch nach dem zweiten Weltkrieg verfasste Walter Lutz Artikel für das neu von Otto Zluhan gegründete Monatsmagazin *Das Wort*, wurde aber nicht mehr dessen Schriftführer. Stattdessen arbeitete er an einer Konkordanz der Lorberwerke. Walter Lutz starb im Alter von 86 Jahren. Bei seiner Beerdigung nannte ihn Otto Zluhan einen guten Freund und Helfer für die Neuoffenbarung; er habe es als seine Lebensaufgabe angesehen, für das Lorberwerk zu wirken. Auch heute noch vertreibt der Lorber-Verlag einige seiner Schriften.

Walter Lutz war ein intelligenter und tüchtiger Mann, begabt mit Gelehrsamkeit und Wortmacht, die ihm vielseitige Bewunderung bescherte. Doch gerade sein großer Intellekt führte ihn in die Irre, denn die Neuoffenbarung will mit dem Herzen angenommen sein. Insoweit noch der berechnende Verstand Herr im Hause ist und nicht das mit geistiger Liebe erfüllte Gemüt, kann sich einem die Neuoffenbarung nicht wirklich erschließen, weswegen er beispielsweise seine Heinzelmännchen-Mentalität nicht losgeworden ist, obwohl die Neuoffenbarung auch dafür Heilmittel anbietet. Über die Schriften von Walter Lutz fanden viele Menschen zur Neuoffenbarung und zum Herrn, dennoch war er kein wirklicher Lehrer der Neuoffenbarung. Er gleicht eher jenen Missionaren, die eine verbogene Version des Evangeliums verbreiten und kirchliche Machtausweitung im Sinn haben, wobei sie das Wohl ihrer Anhänger nur vortäuschen. Die Sache würde besser aussehen, wenn er nach dem Krieg zu seinen Fehlern gestanden wäre und sie selbstkritisch korrigiert hätte, was aber, so wie bei den anderen ehemaligen Mitgliedern der Neu-Salems-Gesellschaft, öffentlich nicht der Fall war. Heute sollten die Lorberfreunde ein kritisches Verhältnis zu Walter Lutz und seinen Lehren pflegen, ansonsten die Gefahr besteht, seine doch gravierenden Fehler fortzusetzen oder zu wiederholen. Was er in seiner intellektuellen Eitelkeit über Neuoffenbarung und *Bibel* schrieb, dass diese aus Gutem und Schlechtem bestünden, hat er in Wirklichkeit über sich geschrieben.

Georg Schön und Willy Knoefeldt

Als die Lorber-Bewegung in den 1920er-Jahren vermehrt Zulauf erhielt, stellte der Neu-Salems-Verlag sozial engagierte Lorberfreunde an, die als Vortragsreisende und Glaubensheiler die unabhängigen Freundeskreise seelsorgerisch betreuten und die Verbindung zum Verlag sicherstellten. Sie wirkten auch gegenüber der Allgemeinheit als Missionare und Apostel für die Neuoffenbarung in Wort und Tat. Die bekanntesten und einflussreichsten waren Georg Schön und Willy Knoefeldt. Durch ihre Anhängerschaft hatten beide wesentlichen Einfluss auf Weg und Gestaltung der Neu-Salems-Gesellschaft. Beide unterstützten die Tatgemeinschaft und befanden sich beim Richtungsstreit der Gesellschaft aufseiten der siegreichen Gruppe um Walter Lutz. Man kann sie als die Berufspriesterschaft der Neu-Salems-Gesellschaft betrachten. Sie waren Praktiker, Prediger und Sozialarbeiter mit hohem Intellekt und mystischen Berufungserlebnissen.

Georg Schön lebte in Stuttgart-Zuffenhausen und betätigte sich als Geistheiler, der mit Glaubensheilung, Gebet, Handauflegung, Homöopathie und Siderischem Pendeln erfolgreich war. Als Kenner der Neuoffenbarung und aufgrund seiner reichen Erfahrung als Vortragsredner und Heiler, genoss er das Vertrauen vieler Lorberfreunde. Er war von freundlichem Wesen, betrachtete die Neuoffenbarung als göttlich-unfehlbar, vermochte auch in Diskussionen die Oberhand zu bewahren und konnte jede Frage ausgiebig beantworten. Durch geistige Visionen, die er 1919 hatte, sah er sich auf seine Lebensaufgabe als Wanderprediger und Seelsorger vorbereitet. Im anfänglichen Helltraum sah er den himmlischen Vater, Jesus, von dem er als Sein Kind angenommen wurde, was ihn innerlich zutiefst berührte. Fortan wollte er sein weiteres Leben nur noch dem Herrn weihen. Es folgten weitere vorbereitende Geistesvisionen. So schloss er sich dann ihm Rahmen seiner Jesusnachfolge den Methodisten an, wo er aber nicht alles fand, was er suchte. Als er aufgrund des Buchstabenglaubens der Methodistengemeinde hinsichtlich der Wiederkunft des Herrn bekümmert wurde, erhielt er ein neues

Gesicht, das ihm zeigte, woran der Herr bei Seiner Wiederkunft in Wahrheit erkannt würde. In der Neuoffenbarung fand er bestätigt, was er schon längst ahnte: Gott ist anders, als größtenteils gepredigt ward – kein historischer oder geschichtlicher Gott, sondern ein lebendiger. Nun fand er auch in der *Bibel* den Gott der Liebe, den seine Seele suchte. In der Behandlung von hilfesuchenden Kranken sah er, wie sich die Kraft Gottes täglich und stündlich offenbart. Die Heilkraft führte er auf die in seinem Herzen brennende Gottesliebe zurück. Er vermochte auch Menschen zu helfen, die vom Christentum nichts wissen wollten, aber doch tugendhaft veranlagt waren.

Im Jahr 1925 stellte der Neu-Salems-Verlag Georg Schön als reisenden Vortragsredner an, wobei dieser natürlich auch seine Heilkünste zur Verfügung stellte. Die Unkosten trug nicht der Verlag allein; Bekanntmachung der Vorträge in den Zeitungen, Transportkosten, Unterkunft und Verpflegung bezahlten die Freundeskreise, die den „Werberedner" anforderten. Die Saalmiete versuchte man durch einen Spendenaufruf am Vortragsende einzubringen. In nur drei Jahren wirkte Georg Schön in 310 öffentlichen und 360 nichtöffentlichen Versammlungen. Um die Unkosten zu bestreiten, nahm er 1929 nebenbei wieder den Betrieb einer Heilpraxis auf, diesmal aber in Ehrenfriedersdorf statt in Zuffenhausen. Dort boten er und Hilma Schön Unterkunft in einem Erholungsheim inklusive Seelsorge an. Georg Schön heilte auch Menschen, die von den Ärzten aufgegeben worden waren, und vermochte sogar Besessenen zu helfen, worüber er in *Das Wort* 1930-5, ab Seite 140 berichtet. Er folgte der Linie der Neu-Salems-Gesellschaft, als diese sich nach der Machtergreifung der Nationalsozialisten 1933 lobend über Adolf Hitler und dessen sozialdarwinistisches Programm äußerte, um dem drohenden Verbot entgegenzuwirken. Den zweiten Weltkrieg überlebte er, versäumte es aber, so wie die anderen ehemaligen Mitglieder der Neu-Salems-

Gesellschaft, seine Verirrung aufzuarbeiten und sich davon öffentlich zu distanzieren. So liegt nun heute ein bedauerlicher Schatten auf diesem so engagierten Lorberfreund.

Willy Knoefeldt fand um das Jahr 1920 zu den Lorberschriften. Er berichtete, dass ihm der himmlische Vater mehrmals in seinem Leben erschienen sei, wobei diese Erscheinungen umwälzende Ereignisse mit sich brachten.[55] Durch sie habe er erst recht verstanden, was Jakob Lorber mit seinen Offenbarungen gegeben habe. Während seiner üblichen Verinnerlichung erhielt er eines Morgens durch die innere Stimme die Aufforderung, seinen bisherigen Beruf aufzugeben und in die Welt hinauszugehen, um das Evangelium zu verkünden. So zog er dann nach einer Zeit des Zauderns und weiterer Aufforderungen durch die Stimme im Herzen (die Liebe Gottes) als 30-jähriger junger Mann los, ohne zu wissen, wie und wo er anfangen solle, das Gotteswort zu verkünden. Einsam, aber doch nicht allein, stand er mit seinem himmlischen Vater in der fremden Welt. Bei seiner Wanderung traf er ganz erschöpft bei den Lorberfreunden in Chemnitz ein, wo er freundlich aufgenommen wurde. Er zweifelte daran, ob seine Berufung echt sei und nicht womöglich eine Selbsttäuschung. Nun fühlte er sich wirklich verlassen. Tags darauf, es war der 22. Juli 1924, hatte er eine Vision von Jesus, dem himmlischen Vater, der ihn tröstete und ermunterte und ihm wunderbare Einblicke in Seinen Schöpfungsplan gewährte. Als er weiterzog, traf er auf eine ihm unbekannte Lorberfreundin, die ihn groß anschaute und sich gleich nach dem Woher und Wohin erkundigte. Sie berichtete ihm von einem Traum, den sie in der Nacht zuvor hatte. Darin sah sie einen lichten Engel, der einen Jüngling an der Hand führte. Dieser Engel hatte zu ihr gesagt: „Siehe, diesen hat euch Gott gesandt, auf dass er euch das

---

[55] Das Wort, 1933-6, „Erweckung", ab Seite 183

Evangelium verkünde!" Sie identifizierte Willy Knoefeldt mit diesem Jüngling aus ihrem Traum. Er solle mit ihr nach Zwickau gehen, wo es eine große Gemeinde gab, die ihr Bruder leitete. Dort solle er des Vaters Liebe verkünden. So geschah es, und so kam es, dass Willy Knoefeldt von Zwickaus aus dem Ruf des Herrn folgte und zum Verkünder und Missionar des Evangeliums im Sinne der Neuoffenbarung wurde.

Als eine der treibenden Kräfte der Tatgemeinschaft versuchte Willy Knoefeldt die Lorberfreunde zu mehr Tatkraft und Spendenfreudigkeit zu bewegen. Dabei ging er mit gutem Beispiel voran. In seiner Eigenschaft als Vortragsredner und Seelsorger bereiste er auch Österreich und gründete 1931 mit anderen in der Sozialarbeit erfahrenen Lorberfreunden ein Obdachlosenheim in Zwickau, das nach vielen Mühen zu Ostern im Jahr darauf eröffnet werden konnte. Die Räumlichkeiten wurden von der Stadt Zwickau zur Verfügung gestellt. Den Bedürftigen wurde nicht nur Unterkunft, sondern auch kostengünstige Verpflegung und persönliche seelsorgerische Betreuung geboten. Dadurch fanden schon bald manche vom Leben schwer geprüfte Menschen wieder zum Glauben an Gott und den Mitmenschen. Das Zwickauer Tagblatt bezeichnete das Heim als „eine mustergültige Einrichtung und ein Werk echter christlicher Nächstenliebe". Willy Knoefeldt und seine Frau Irmgard verwalteten das Obdachlosenheim ohne jegliches Gehalt, lediglich nur für den notwendigsten Lebensunterhalt. Die Not war in dieser Zeit sehr groß, und das Heim hatte viel Zulauf, obwohl es in der Stadt noch weitere Hilfseinrichtungen gab. Willy Knoefeldt ersuchte die Lorberfreunde wiederholt um Geld- und Sachspenden, auch rührige Helfer waren gesucht. Er schrieb im Jahr 1933: „Wir ringen unser Heim als Lebensaufgabe zähe durch, und mancher Außenstehende, besonders bei den Behörden, mit denen ich dann und wann zu tun habe, ist sprachlos, wie wir's schaffen, und ich wag es mir gar nicht einmal zu sagen, wie wenig

Hilfsmittel wir haben. Dennoch wollen wir unverzagt bleiben in Glauben, Liebe und Hoffnung." Dabei betete Willy Knoefeldt stets zu Jesus, der dann die Herzen berührte, worauf geholfen wurde. Am 1. Juni 1934 schloss die Stadtverwaltung das städtische Obdachlosenheim an das Neu-Salems-Heim an. Willy Knoefeldt übernahm dort die Neugestaltung und Leitung, wofür er kein Gehalt bezog, da er sein Wirken als ein Opfer für den Herrn ansah. Die Küche des Neu-Salems-Heims übernahm nun auch die Versorgung des städtischen Obdachlosenheims. Durch weitere Unterstützung der Stadt wurde die finanzielle Not zwar nicht überwunden, war aber nicht mehr so groß.

Georg Riehle (1872-1962)

Der in Dresden geborene Stellmacher Georg Riehle wuchs in einem protestantischen Elternhaus in bescheidenen Verhältnissen auf. Als das vierte von siebzehn Kindern hatte er schon früh der überlasteten Mutter bei der Betreuung der jüngeren Geschwister zu helfen, wodurch er die Demut schon in seiner Jugend lernte. Im Bücherkasten seiner Großmutter fand der Zwölfjährige das Buch *Jugendgeschichte Jesu* von Jakob Lorber. Es fesselte ihn so, dass er es immer wieder las; es erfüllte sein Herz mit inniger Liebe zu diesem Knaben Jesus. Er trat eine Stellmacherlehre bei seinem Vater an und wurde nach einigen Jahren der Wanderschaft, die sein Handwerk mit sich brachte, eines Tages schwer krank. Tagelang litt er unerträgliche Schmerzen. Arzt und Eltern hatten ihn schon aufgegeben, das Augenlicht war ihm erloschen, vor Schwäche wurde er bewusstlos. In diesem Zustand erlebte er die Ewigkeit; alle Eindrücke seines seitherigen Lebens standen vor ihm. Er sah, dass er bloß ein Alltagschrist gewesen war, und bat Gott innigst, ihm nur noch drei Tage lang sein Erdenleben zu schenken. Da geschah ein Wunder: Er erwachte und war gesund. Die schwere Krankheit und deren plötzliche Heilung erlebte er als eine tiefe innere Glaubenserfahrung. Er gelobte in heiligem Ernst, das ihm zum zweiten Mal geschenkte Leben Jesus zu weihen.

Im Jahr 1891 fand der 19-jährige Georg Riehle an einem Sonntagabend den Lehrling des elterlichen Betriebes innerlich erschüttert vor. Dieser berichtete, er habe einen Brief an seine Schwester schreiben wollen und es sei ihm beim Beginn des Schreibens gegen seinen Willen die Hand geführt worden, worauf er die folgenden Jesusworte habe schreiben müssen: „Ich bin das Licht der Welt und habe bei Meiner Geburt ein Licht entzündet; da nun dieses Licht abermals erloschen ist, so werde Ich ein neues Licht entzünden, das nie wieder verlöschen wird, sondern leuchten bis in alle Ewigkeit, Amen." Aufgezeichnet war dies in einer schön ausgeschriebenen Männerhandschrift. Es folgten ähnliche Vorgänge, die Georg Riehle dazu veranlassten, selbst den himmlischen Vater zu bitten, ob nicht auch er diese Gabe erhalten könnte. Auf dieses Gebet erhielt er durch die Hand des Lehrlings die Antwort: „Bete wie Hanna und schaffe wie Ruth!" Diese beiden Durchgaben bezeichnete Georg Riehle im Jahr 1921 neben seiner Läuterung durch schwere Krankheit als Grundstein für seine geistige Entfaltung.[56]

Im Jahr 1892 fand Georg Riehle Verbindung zu einer schlichten Familie von Lorberfreunden, die sich etwa zehn Jahre lang um ihn kümmerte. Er fand durch die Werke Jakob Lorbers sein Gottes-, Welt- und Menschenbild maßgeblich vertieft und erweitert. Jedoch blieb das Entscheidende an seiner geistig-religiösen Entwicklung, dass aller Zuwachs geistigen Lichts von außen ihn nur immer stärker in die eigene Verinnerlichung, in die Treue zu seinem Jesusvorbild und in den unermüdlichen Dienst am Nächsten geführt hat. 1901 widmete er sich mehr dem Alleinsein, um sich unbeeinflusst, gedrängt von einem inneren Zug, ganz nach

---

[56] Das Wort 1921-4, Seite 12, „Der Dresdener Geschwisterkreis"

dem Willen des göttlichen Vaters zu entfalten. Bald schon hörte er in einer Stunde des Alleinseins eine Stimme in sich: „Ich, der Herr alles Lebens, bin bei dir!" Dies wiederholte sich mehrmals. Darauf wurde er vom himmlischen Vater Selbst in allen Fragen unterrichtet und so drei Jahre lang für seine Mission erzogen. In dieser Zeit erhielt Riehle viele Vaterworte in sich offenbart, die nur seiner eigenen geistigen Erziehung galten. Nun lernte er zwei Gesinnungsgenossen kennen, Otto Hillig und Alfred Orgs, die seine Freunde wurden. Er bildete mit ihnen einen Dreibund – ohne jeden Gedanken, dass sich daraus ein großer Kreis entwickeln könne. Bei Georg Riehle stellte sich die Gabe des geistigen Sprechens ein, und so übernahm er im Jahr 1903 die Betreuung eines Freundeskreises, dessen Anhängerzahl stetig wuchs. Es war den Dreien, die doch unter sich allein bleiben wollten, anfangs gar nicht recht, dass sich ihnen bald schon weitere Leute anschlossen. Otto Hillig erhielt die Gabe, in Gedichten das geoffenbarte Geistige zusammenzufassen, um es so zu erhalten. Gleichzeitig wurden weitere Sprechmedien erweckt, die auch ihren Teil beitrugen. Kurze Zeit darauf offenbarte sich durch Georg Riehle der Sänger Kenan, über den *Die Haushaltung Gottes* berichtet, und forderte Otto Hillig auf, ein Lied zu schreiben. Er gab ihm das Stichwort oder Motiv und sagte weiter, sie sollten dieses Lied ihrem Freund Max Roth geben; dieser würde dann am Klavier die Töne dazu erhalten. So geschah es auch. Das erste Lied hieß: „Ich ruf' zu Dir." Über dieses Lied sprach später durch Georg Riehle der ebenfalls in der *Die Haushaltung Gottes* (und in der *Bibel*) erwähnte Hohepriester Henoch. Er zergliederte dessen Inhalt eine Stunde lang und am Ende seiner Rede sagte er: „Ihr werdet Ewigkeiten im Jenseits weilen und doch den ganzen tiefen Sinn dieses Liedes noch nicht ergründet haben!" So entstanden 21 Lieder, jedes durch einen Engel über Georg Riehle (durch ihn redend) bei Otto Hillig im Auftrag des Herrn bestellt und schließlich von Max Roth, mit geistiger Hilfe, vertont. Als diese Lieder mit Noten gedruckt wurden, kam wieder ein Engel durch Georg Riehle und sprach: „Solange die Erde Menschen trägt, die Gott suchen, werden diese Lieder nie untergehen!" Und zu Otto Hillig gewendet: „Du sollst nun schreiben ohne Auftrag eines Engels und sollst den Auftraggeber nur in deiner Liebe finden. Die geistige Hilfe steht dir zur Seite!" So entstanden dann viele weitere Lieder und Gedichte. 1914 wurden die Versammlungen des Dresdner Freundeskreises in einem Saal abgehalten vor mehreren hundert Zuhörern. Max Roth hatte einen Chor gebildet, der diese Versammlungen mit den Liedern verschönte. Dann kam der erste Weltkrieg mit seinen Verheerungen. Georg Riehle wurde einberufen und arbeitete als Sanitäter auf einem Lazarettzug, wodurch er die Gelegenheit bekam, den Neu-Salems-Verlag in Bietigheim zu besuchen. 1917 wurde er zum Frontdienst in Russland abkommandiert. Ein Jahr später kam er infolge einer Malaria-Infektion mit einer Rekonvaleszenten-Truppe nach Berlin-Stahnsdorf. Während Georg Riehles Abwesenheit führten Otto Hillig, Max Roth und einige andere den Freundeskreis weiter. Ab 1915 machte der Krieg die öffentlichen Versammlungen unmöglich, worauf sich der Sängerchor vorübergehend auflöste.

Nach dem Krieg übernahm der nach Dresden zurückgekehrte Georg Riehle wieder die Leitung des Freundeskreises. Er veranstaltete nun öffentliche Versammlungen im Sitzungssaal des Rathauses Dresden-Löbtau. Bis zu 500 Menschen fanden sich regelmäßig ein, um ihn sprechen zu hören. Begleitet wurden die Versammlungen von einem etwa 40 Köpfe umfassenden Chor, gebildet und geleitet von dem begabten Musiker Max Roth. Auch an anderen Orten zog Georg Riehle interessierte Menschen von nah und fern an wie ein Magnet. Zu einem Treffen in Lauter in Sachsen im Jahr 1922 erschienen 700-800 Teilnehmer und füllten den Saal bis auf den letzten Platz. Georg Riehle verstand sich, wenn er bei den Veranstaltungen auftrat, weniger als Redner, sondern vor allem als Mittler, durch den Christus, Engel und andere höhere Wesen zu der Versammlung sprachen, darunter auch Jakob Lorber und der verstorbene Verleger Friedrich Landbeck. Nur die ersten Botschaften aus dem Jahre 1902 hat er selbst schriftlich festgehalten; über die Nachschriften seiner mündlich vorgetragenen Botschaften, die z. T. auf Tonbandmitschnitten beruhen, war er nicht besonders glücklich. Der Inhalt seiner Botschaften besteht vorwiegend aus Ermutigung und Trost, eine übernatürliche Seelsorge. Den Zuhörern war, als würde Jesus Selbst mit ihnen sprechen. Auch von übernatürlichen Ereignissen wurde berichtet.

Riehle begab sich nie ins Mediale, von dem er sich ausdrücklich distanzierte: „Im Medialen kann den Gotteskindern noch eine Falle gestellt werden." Er stehe nicht unter dem Einfluss von einem fremden Leben – was er mitteile, sei sein eigenes Leben. „Die Worte, die ich spreche, sind von mir, sind meine Worte. Aber im Geist bin ich in Ihm." So sprach sich das innere Wort des Herrn in der Ich-Form aus. Georg Riehle war stets demütig und bescheiden; immer und jedem zu dienen bereit. In keiner Weise machte die Größe des anvertrauten Wortes die Person des Verkünders irgendwie stolz und wichtig. Er beeindruckte durch die Unmittelbarkeit und Wärme seiner Liebe zu jedem Menschen, die Kraft und Schärfe seines geistigen Urteils und die Fülle seiner inneren Erkenntnis. Seine selbstlose seelsorgerische Arbeit wurde sogar in den Zeitungen hoch anerkannt. „So mögen die Versammlungen der ersten Christen verlaufen sein", berichtete am 8. Juni 1937 die Elbe-Zeitung. „Gläubige scharten sich um einen Menschen, der nichts anderes will, als in jedem Herzen die 2000 Jahre alte Lehre tief verankern: Liebe Gott über alles und deinen Nächsten wie dich selbst." Georg Riehle wurde als jemand beschrieben, der immer wieder aus vollem Herzen zu seinem Gottvater kommt, Ihn gleichsam innerlich liebend umarmt. Bei Martin Luther konnte man von einer Verwegenheit des Glaubens sprechen, bei Georg Riehle war es die unbefangen kindliche Verwegenheit der Liebe. Mit Georg Riehle ging es immer wieder auf geistige Höhen, und einen so brüderlich gütigen Führer mochten alle gern. Dabei hatte er auch Krisen zu bewältigen. Manchmal lag er niedergeschlagen und ohne Kraft da, Trost allein empfangend durch den Blick aufs Kreuz. Doch wenn er gerufen wurde, dann brannte es in seinem Herzen, dann ergriff ihn der Geist.

In der Zeit des Nationalsozialismus wurde im Sommer 1937 im Zusammenhang mit einem Verbot der Verbreitung von Schriften Jakob Lorbers auch ein Versammlungsverbot gegen Georg Riehle verhängt. Weil er immer wieder diesem Verbot zuwider zu seinen Freunden sprach, musste er sich öfter vor Partei- und Polizeidienststellen verantworten. Einmal wurde er zu einem mehrstündigen Verhör zur Gestapo nach Dresden befohlen. Vom Geist geleitet, vermochte er durch seine innere Ruhe und Festigkeit seine peinlichen Frager zufriedenzustellen. Er wurde nicht in Haft genommen, sondern nur verwarnt. Bei dem großen Luftangriff auf Dresden wurden das Haus und die Stellmacherwerkstätte zerstört, die Georg Riehle nach dem Tod des Vaters mit einem Bruder weitergeführt hatte. Otto Hillig war schon 1928 verschieden, Max Roth folgte ihm 1946. Georg Riehle wollte sich nun ganz in sein Innenleben zurückziehen, was sich aber nicht verwirklichen ließ, da man ihn auch weiterhin hören wollte, und er bereit war, noch lange der Erde Kleid zu tragen, und wäre es auch nur, um einem einzigen Menschen zu dienen. So setzten selbst die umwälzenden Veränderungen nach dem zweiten Weltkrieg und das fortgeschrittene Alter seinem Wirken kein Ende. Große Versammlungen konnten in seiner Heimat, der Ostzone, und später in der DDR, zwar nicht mehr stattfinden, aber im vertrauten Kreis wurde das innere Leben weiter gepflegt. Der über 80-jährige Georg Riehle reiste nach West- und Süddeutschland, wo er auf Versammlungen mit Hunderten von Zuhörern trotz seinem oft überforderten Körper mit dem Feuer eines Jünglings und einer überragenden Souveränität seines Geistes sprach und Zeugnis ablegte. Den Lorberfreunden war klar, dass sie ihn bald nicht mehr auf der Erde wiedersehen würden. In der Erfüllung der Hingabe an seinen Nächsten war ihm kein persönliches Opfer an Zeit, an Kraft und an materiellen Mitteln zu groß und zu schwer. Ihn konnte kein bitteres Leid seines Lebens in seiner Haltung wanken machen; nicht die Not zweier Weltkriege, nicht der Druck weltlicher Instanzen, kein grobes Missverstehen, keine persönliche Enttäuschung vonseiten jener, denen er seine volle Liebe zugewendet hatte. Auch die schwere Prüfung durch eine lebensgefährliche Alterskrankheit, die ihn auf ein schmerz- und leidvolles Krankenlager warf und ihn in größte körperliche Schwäche und zunehmende Pflegebedürftigkeit führte, verdunkelte in ihm nicht das Licht des Geistes, hat ihn nicht verbittert, sondern in die letzte Klarheit geführt. „Ich will, ich muss meinen Heiland Jesus noch verherrlichen", rief er im Zustand äußerster Schwäche ihn besuchenden Lorberfreunden zu. Er starb 1962 in Dresden. Zurück blieben Nachschriften von zahlreichen inneren Worten und geistigen Feuerreden, die anfangs gegen seinen Willen entstanden sind, weil er wollte, dass man nicht den Wortlaut festhalte, sondern mit dem Herzen den Geist. Im Druck vorliegende Schriften sind u. a. *Erlebtes Christentum*, *Fünfzig Jahre Bahnbrecher der Göttlichen Liebe* und *Bethanienstunden* – alles Dokumente der Erbauung. Darüber hinaus blieb der zündende Funke, den er in die Herzen all jener geworfen hat, die ihn erlebt haben. Sein Vermächtnis war sein Aufruf zur Nachfolge, es ging ihm bis zuletzt darum, den Mitmenschen zu dem gleichen Gotterleben hinzuführen, das ihm selbst zuteil geworden war. Man kann Georg Riehle nicht einfach als Glied der religiösen Bewegung zuordnen, die sich im Umkreis der Schriften Jakob Lorbers gebildet hat. Um ihn war eine eigenständige religiöse Bewegung entstanden, die einen starken ökumenischen Zug hatte.

„Es gibt kein größeres Geschenk für mich, als den Gottesfunken leuchten zu lassen in den Reihen der Freunde, die IHN erkannt... Hab Dank, heiliger Vater: meine Lebenskraft ist zu wenig, um sie einzusetzen für die Heiligung der Kinder." – Georg Riehle

„Ich hatte einmal ein Gesicht und da sah ich die Völker dieser Erde miteinander und gegeneinander ringen. Um die Erde war ein Gürtel von Engeln gebildet. Und ich sprach zu einem von diesen Engeln: 'Ihr Engel und Diener meines ewigen Vaters, wie könnt ihr denn zusehen, dass diese Erde so ein Kampfplatz wird, da ein Hauch aus eurem Munde stärker ist denn alle Kräfte?' Da trat der Engel zu mir heran und verneigte sich. Ich sprach zu ihm: 'Warum verneigst du dich denn vor mir?' Er antwortete: 'Ich verneige mich vor dem Gottesfunken, den eure Brust einschließt. Wir warten auf den Gottmenschen im Menschen!' – Sie warten auf Marias Sohn, auf die Gott-geeinte Seele. Amen." – Georg Riehle

Max Seltmann (1882-1972)

Max Seltmann hatte eine Mutter, welche die Gaben des Hellsehens und Heilens besaß. Über sie erhielt er starke Eindrücke und Beweise für die Existenz einer jenseitigen Welt, dennoch verlor er sich in die größte Gottferne, spielte leidenschaftlich Karten, rauchte und fluchte. Bis dann der 24. Juni 1913 kam, der Begräbnistag seiner Mutter. Als er in die Kapelle eintrat, wo die Mutter aufgebahrt war, sah er im Sarg nicht die tote Mutter, sondern da lag er selbst, leblos ausgestreckt. Ein bleiernes Gefühl der Angst überfiel ihn, und er hörte eine Stimme wie Donnerworte in seiner Seele: „Und wenn DU nun gestorben wärest, was dann?" Schließlich verblasste das grauenvolle Bild, und er sah das liebe, tote Angesicht seiner Mutter, jedoch die entsetzliche Stimme rief ihn weiterhin. Als der Sarg in die Erde gesenkt wurde, hörte er die Stimme mit der gleichen Eindringlichkeit sagen: „Und wenn DU nun gestorben wärest, was dann?" Tagelang, nächtelang verfolgte ihn diese Stimme, sie wurde ihm zum Gericht, zur Hölle, brachte ihn zur Verzweiflung. Er konnte weder essen, noch etwas Zusammenhängendes denken. Wenn er sich hinlegte, sah er den Sarg vor sich, in dem er lag. So ging das sechs Monate lang. Als er sein Leben beenden wollte, da sah er seine Mutter, die ihm zurief, es nicht zu tun. Nun ging er in seinem großen Elend in die Kirche, besuchte Gemeinschaften und Sekten, offenbarte sein Leid dem Pfarrer, den Predigern und manchen Freunden. Ihm wurde gesagt, er müsse beten. Das tat er, doch alles war umsonst, die Stimme blieb. Er wurde schließlich von einem väterlichen Freund in jenen spiritistischen Kreis eingeladen, in dem seine Mutter zu Lebzeiten gedient hatte. Durch das Medium dort wurde er von einem Geistwesen in allem Ernst angesprochen, mit einer Schärfe, die ihm die Sprache nahm. Er erlebte eine Beichte, durch einen Geistesboten gesprochen. All seine Sünden wurden aufgedeckt, kein gutes Haar blieb an ihm. Danach legte ihm das Medium die Hände auf. Max Seltmann erschauderte, dann wurde es wärmer um ihn. Nach einer Rede an ein anderes Wesen stank das Zimmer wie Teer und Schwefel, und Max Seltmann fühlte sich ganz leicht und wie neugeboren, worauf die Stimme nie wiederkam. Nun erkannte er, wie schlecht und verkehrt er bisher gehandelt hatte. Er gelobte sich Gott an und spielte, rauchte und fluchte von da an nicht mehr. Nun ging er immer zu den Spiritisten, doch das befriedigte ihn bald nicht mehr. Dann besuchte er in Dresden einen guten Freund seiner Mutter. Dies war Georg Riehle. Bei ihm erlebte er zum ersten Mal eine wahre brüderliche Liebe. Georg Riehle sprach nichts zu ihm von Schuld, nichts von Sünde, sondern legte ihm die Aufgabe ans Herz, sich alle Menschen durch tätige Liebe zum Freund zu machen. Dann schenkte ihm dieser überaus gütige

Mann zehn Bände des *Großen Evangelium Johannes*. Nun erwachte in Max Seltmann ein anderes Leben. Für ihn gab es nur noch die Arbeit und das Lesen in diesen Werken. Da kam eine Ruhe über ihn, und er erlebte einen Gott, der unendliche Liebe ist. Die im 2. und 3. Band an Philopold gerichteten Worte empfand er wie zu ihm gesprochen, sie ließen ihn ein zweites Mal eine innere Neugeburt erleben. Seit dieser Zeit bedeuteten ihm die Worte von Medien nichts mehr. Er sah die Widersprüche, die in den meisten dieser Worte liegen und ging nach Dresden zu Otto Hillig (Georg Riehle war zu dieser Zeit als Sanitäter eingezogen), der ihm gleichsam zur Geistesmutter wurde. Es gab keine Frage, die Otto Hillig nicht mit Max Seltmann besprochen, es gab nichts, was er ihm nicht klar gemacht hätte. So wurde Max Seltmann ein Kämpfer für die durch Jakob Lorber geoffenbarten Wahrheiten. Er hatte Gott in Kirchen und Gemeinschaften gesucht und fand Ihn dann in seinem Herzen.

Nach dem Heimgang Otto Hilligs kamen auf einmal innere Eindrücke und Erlebnisse auf Max Seltmann zu, die wie in einem Film immer wieder an ihm vorüberzogen. Schließlich begann er sie niederzuschreiben. So entstanden dann die *Köstlichen Szenen*, einfach gehaltene Erzählungen über das Erdenleben Jesu und dessen Zeitgenossen. Über die Art und Weise, wie seine Schriften zustande kamen, schrieb er: „Durch Widerwärtigkeiten, Kämpfe und Enttäuschungen veranlasst, zog ich mich zurück und ging meiner eigenen Wege, ohne die Geschwisterpflicht zu verletzen, und suchte in Stille und Einsamkeit Kraft und Zuflucht im Beten und in innerlicher Gottverbundenheit. Ich wurde reich entschädigt durch die Gnade Jesu, weil ich Blicke tun durfte in eine mir ganz neue Welt. In jener Zeit beschäftigte ich mich viel mit dem Menschen Jesus und versetzte mich im Geiste in die Familie Josephs und das Heim Jesu. Und da erlebte ich Dinge, die noch nicht bekannt sind. Noch schrieb ich nichts. Aber immer lebhafter und genauer wurden die Vorgänge in mir und wiederholten sich, so ich mich mit dem Leben Jesu beschäftigte, bis ich eines Tages dachte: Dies könne ich niederschreiben." So fing er an, die Szene *Ein Tag im Hause Josephs* aus seinem Erinnern oder Miterleben zu schreiben. Und so ging es dann weiter mit anderen Niederschriften. Max Seltmann legte Wert darauf, nicht als Vatermedium wahrgenommen zu werden, dem durch eine innere Stimme des Herzens diktiert wurde. Er sah sich vielmehr als von oben inspirierter Schriftsteller, der Vorgänge oder Erlebnisse seiner eigenen inneren Welt festhielt. Es war ihm, als ob er diese Dinge, die ihn sehr glücklich machten und ihm einen tiefen Frieden gaben, vor Jahren, Wochen oder Tagen erlebt hätte und er sich sehr lebendig daran erinnere. In größeren Visionen erlebte er derart herrliche Dinge, dass er oft nicht wusste, ob er gestorben war oder nicht. Er wollte seine Niederschriften nicht mit denen Jakob Lorbers gleichstellen, verlangte auch niemals, dass sie andere als wahr annehmen sollten. Er hütete sich vor Schwärmereien, wobei ihm die Neuoffenbarung durch Jakob Lorber zu einem rechten Ratgeber wurde. Max Seltmann waren Widersprüche in seinen Schriften zum Lorberwerk bewusst, weswegen er sich anfangs gegen die Veröffentlichung wehrte. Schließlich ließ er sich dann aber überzeugen, dass es doch der Wille des himmlischen Vaters sei. Das brachte ihm dann einerseits Vorwürfe ein, ein Falschprophet zu sein, andererseits konnte er sich aber auch daran erfreuen, wenn er die Freude anderer an seinen Schriften sah. Im Wesentlichen wurden seine Schriften von den Lorberfreunden wohlwollend aufgenommen. Sie werden allerdings nicht als Beweis zitiert, wie Stellen aus der Neuoffenbarung und der *Bibel*.

Schon in den 1920er-Jahren hatte Max Seltmann Jenseitserlebnisse, die ihm zuerst als bloße Phantasien erschienen. Mit der Zeit wurde er durch besondere Merkmale davon überzeugt, dass es sich um Wirklichkeiten handelte, meistens mehr traurige als erfreuliche. Bis zur Hälfte seiner Jenseitsbegegnungen waren es Verstorbene, die überhaupt nicht wussten, dass sie gestorben waren, daher jede Hilfe ablehnten. Er fragte sich oft um den Sinn dieser Jenseitserlebnisse, die er nie gesucht hatte. Eines Tages wurde ihm klar, dass ihm Gott durch sie eine Aufgabe gesetzt hatte, die er jahrelang nicht erfüllen konnte, da er noch keine tiefere Erkenntnis besaß. Schließlich leuchtete ihm ein, er müsse diesen armen Seelen, die sich an ihn drängten, die Augen über ihre unglückliche Situation öffnen und sie zu Jesus führen. Das tat er dann auch in mehreren Fällen.[57] Nach dem zweiten Weltkrieg verließ Max Seltmann seine Heimat in der Ostzone und fand in Bietigheim im Lorber-Verlag eine neue Heimat und ein neues Betätigungsfeld. Er wird als ein ganz einfacher, Warmherzigkeit ausstrahlender und in sozialer Hinsicht nur wenig gebildeter Mann beschrieben. In seinem Leben hatte er viele Schwierigkeiten und Anfechtungen zu überwinden, die er als Schulungen der Liebe Gottes betrachtete. So wurde er ein Zeuge der Vaterliebe. Jesus war ihm der Weg, der Weggenosse und das Ziel.

Nachkriegszeit und Revival

Zwei Jahre nach Kriegsende erhielt Otto Zluhan mithilfe des amerikanischen Staatsbürgers Otto Hummel, einem treuen Freund und Berater des Lorber-Verlages, die Erlaubnis der amerikanischen Militärregierung zur Wiederaufnahme seiner verlegerischen Tätigkeit. 1948 erschien wieder *Das Wort*, 1949 wurde die Lorber-Gesellschaft e.V. als Nachfolgerin der Neu-Salems-Gesellschaft gegründet, und bald schon fanden wieder jährliche Tagungen statt. Die Lorber-Gesellschaft bestand nur aus wenigen Verlagsmitarbeitern und dem Verlag nahestehenden

---

[57] Das Wort 1958-8 und 10, „Blicke in das Leben nach dem Tode", ab Seite 305

Personen. Eine Mitgliedschaft per Anmeldung gab es nicht, die Allgemeinheit erfuhr kaum etwas über die internen Vorgänge in diesem Verein. Die Tatgemeinschaft erlebte ebenso ein Revival. Sie schickte Lebensmittel in die Ostzone, spendete Bücher, erwarb die Andritz-Quelle bei Graz in der Steiermark und baute dort ein Erholungsheim. Verwaltet und geführt wurde diese Tatgemeinschaft von der Lorber-Gesellschaft; der freiwillige Mitgliedsbeitrag betrug 1% vom Einkommen. Während der Tatgemeinschaft jeder als Mitglied beitreten konnte, war dies bei der Lorber-Gesellschaft nur mittels Berufung durch den Vorstand des Vereins möglich. Ihre Hauptaufgabe sah die Lorber-Gesellschaft darin, „die urheberrechtliche Verantwortung für die originalgetreue Ausgabe der Lorberschriften" zu tragen, oder, anders ausgedrückt, das Verlagsrecht der Lorberwerke zu beanspruchen und durchzusetzen.[58] Und wieder erschallte der Ruf, weg von der Freizügigkeit, hin zu mehr Organisation, um besser Wohltätigkeitswerke verrichten zu können.

Viel hatte sich um Verlag und angeschlossene Gesellschaften also nicht geändert. Allerdings waren die Nationalsozialisten, die so großes Elend über Deutschland und die Welt gebracht hatten, dem Verlag nun keine Hoffnung auf eine bessere Zeit mehr, sondern „Sendboten des Teufels". Eine kritische Aufarbeitung der eigenen Vergangenheit fand dennoch nicht statt, zumindest nicht öffentlich. Die Schriftleitung von *Das Wort* behauptete in der Ausgabe 1950-8 sogar, die Zeitschrift hätte sich nie um Politik gekümmert, da dies nicht zu ihrem Aufgabenkreis gehöre. Offensichtlich kannte der für den Inhalt verantwortliche Josef Mahlberg die von Otto Zluhan und Walter Lutz beharrlich verdrängte und verschwiegene Vergangenheit nicht. Nur eine allgemeine

---

[58] Die Satzungen von der Lorber-Gesellschaft e.V. und der Lorber-Tatgemeinschaft wurden veröffentlicht in Das Wort, 1955-8 bis 10, ab Seite 306

Selbstkritik wurde geübt: „Auch wir Christen können uns nicht von der Schuld lossprechen, dass wir zur rechten Zeit nicht genug opfernde Liebe bewiesen und nicht genug mutigen persönlichen Einsatz geübt haben, um zu verhüten, dass die zerstörenden Mächte den Sieg davontragen. Sie hätten so unheilvoll nicht wirken können, wenn die Bekenner gehandelt hätten nach dem Worte: ‚Nicht wer sagt: Herr, Herr, sondern wer den Willen meines Vaters tut.'", schrieb Otto Zluhan in *Das Wort* 1952-9.

Durch das Verbot der Lorberwerke und den Krieg hatte die Lorber-Bewegung einen schweren Rückschlag erlitten. 1937 zählte man noch bis an die 100 Orte, wo sich regelmäßig Lorberkreise trafen, nach dem Krieg nur noch 20 bis 30. Die Tätigkeit des Verlags wurde durch den Verlust des Adressmaterials sehr erschwert. Die Zeitschrift *Das Wort* hatte an Lebendigkeit und Elan verloren. Ursprünglich war es in erster Linie ein Informations- und Austauschorgan, nun verlagerte sich der Fokus immer stärker auf geisteswissenschaftliche Vorträge. Bei der Veröffentlichung von neuen Kundgaben von Propheten oder Vatermedien wurde die Redaktion besonders zurückhaltend und formulierte weitere Erfordernisse: 1. Die Botschaften sollten von wirklicher Tragweite sein und sich an alle geistig Strebenden richten, nicht nur an einen Kreis um den Empfänger. 2. Maßstab für die Wahrheit des Vermittelten war die Übereinstimmung mit *Bibel* und Neuoffenbarung. 3. Die Schriftleitung übernahm die Verantwortung nur für das jeweils von ihr Veröffentlichte und nicht für das Gesamtwerk des Empfängers.

Die Teilung von Deutschland brachte weitere Probleme für die Lorber-Bewegung; ab 1961 gab es kaum mehr Kontakte zu den ostdeutschen Gesinnungsgenossen, die bis zur Wiedervereinigung nicht mehr frei für die Verbreitung der Lorberschriften arbeiten durften. In der DDR war die Meinungs- und Glaubensfreiheit extrem eingeschränkt. Man konnte niemandem trauen, jeder hätte ein Stasi-Mitarbeiter sein können. Selbst die Weitergabe der Neuoffenbarung an die eigenen Kinder und Enkel wurde zum Nachteil; wer sich im Schul- und Berufsleben zu einer Religion bekannte, wurde benachteiligt. So wurden die noch bestehenden alten Freundeskreise durch Todesfälle und fehlenden Nachwuchs immer kleiner, und die Verbindung unter ihnen brach ab.

Da viele Lorberfreunde im Krieg ihre Bücher verloren hatten und diese nachbestellten, freute sich der Lorber-Verlag in den 1950er-Jahren über einen guten Buchverkauf, der bis Ende der 60er-Jahre allerdings stagnierte. Von landeskirchlicher Seite gab es keine so groben Anfeindungen mehr wie noch vor dem Krieg. Die kirchlichen Kreise bemühten sich nun um eine größere Aufgeschlossenheit. Der evangelische Pfarrer Kurt Hutten veröffentlichte in seinem erfreulich selbstkritischen Buch *Seher, Grübler, Enthusiasten* einen im Großen und Ganzen positiven Bericht über die Lorberfreunde. Dieses Buch wurde von der Lorber-Gesellschaft jedem Lorberfreund empfohlen und war über die Versandbuchhandlung des Verlages erhältlich. Viele Leser von *Das Wort* kauften es dort dann auch. Der Schriftleiter Josef Mahlberg widmete dem Bericht von Kurt Hutten einen ausführlichen Kommentar. Noch detaillierter war die Ergänzung von Eugen Fabricius.[59] In Bietigheim pflegte man weiterhin gute Beziehungen zur evangelischen Kirche. So konnten dann auch wieder Tagungen der Lorberfreunde in deren Räumlichkeiten abgehalten werden. Im römisch-katholischen Klerus wurden prominente Stimmen laut, welche sich für neue Propheten stark machten und die Selbsteinkapselung der Kirche kritisierten. Polemische Attacken auf die Neuoffenbarung rissen aber dennoch nicht ab.

---

[59] Das Wort 1950-10, „Seher, Grübler, Enthusiasten", Seite 264; Das Wort 1951-01, „Sind Lorbers Schriften eine Neuoffenbarung Jesu?", Seite 16

Zum ersten Mal wurde durch einen Vortrag im Deutschen Rundfunk eine breitere Öffentlichkeit auf Jakob Lorber und die Neuoffenbarung aufmerksam gemacht. Der Süddeutsche Rundfunk, Radio Stuttgart, gewährte der Lorber-Gesellschaft in Anbetracht ihres überkonfessionellen Charakters halbjährlich Sendezeit zu einem Kurzvortrag über ein Thema aus den Schriften Jakob Lorbers. Auch der Grazer Rundfunk brachte 1964 zum 100. Todestag eine Sendung über Jakob Lorber nach einem Manuskript von Viktor Mohr.

Im Jahr 1955 erwarb die Lorber-Gesellschaft die Andritz-Quelle im Norden von Graz, 1958 zusätzlich ein neben der Quelle liegendes Haus, eine Wiese und ein Waldstück. Verwendet wurde das Anwesen als Erholungsheim. Die Quelle wird nach der Neuoffenbarung von einem Engel beschützt und hat Heilkraft; würde man sie zu einem Badeort verwandeln, dann könnten dort viele kranke Menschen geheilt werden. Dies würde dann auf übernatürliche Weise geschehen, denn das Wasser ist kein Mineralwasser, wie bei anderen Heilquellen, sondern lediglich sehr reines Wasser, das jahrelang nicht verdirbt, wenn es in Flaschen aufbewahrt wird.

Die Verlegerfamilie Zluhan übernahm 1950 die Produktion des Turm-Verlages und vertrieb nun neben den Lorberschriften, anderen Wortoffenbarungen und den Büchern der Lorberfreunde zunehmend auch esoterische Literatur. Um 1950 versuchte Bertha Dudde den Lorber-Verlag zur Herausgabe ihrer Schriften zu gewinnen. Es kam zwar nicht zur Zusammenarbeit, doch bis in die 1980er Jahre verteilte der Lorber-Verlag auf Anfrage auch die Dudde-Schriften, die ihm kostenlos zur Verfügung standen. Engagierte Lorberfreunde erhoben wesentliche Einwände gegen Bertha Dudde und verwarfen ihre Schriften als

Irrtum.[60] 1960 übernahm der Lorber-Verlag die Auslieferung des Züricher Swedenborg-Verlages für das Gebiet der BR Deutschland. 1970 wurde der Rohm-Verlag übernommen.

Im Jahr 1969 tauchte der von Harald Stössl geführt „Lichtkreis Christi" auf. Harald Stössl war eine Zeitlang Mitarbeiter des Lorber-Verlages gewesen, machte sich dann aber selbständig. Grundlage für den sich als überkonfessionelle Offenbarungsgemeinschaft verstehenden Freundeskreis wurde die *Neue Bibel*, die von Gott geoffenbart worden sein soll. 1970 erregte der Lichtkreis Christi in München öffentliches Aufsehen, als er mit auffälligen Plakaten den Weltuntergang ankündigte und die zeitlichen Angaben und Aussagen mit Zitaten aus dem Lorberwerk begründete. Danach deckten sich mehrere Anhänger Harald Stössls mit den nötigsten Lebensmitteln ein. Die Lorber-Gesellschaft distanzierte sich von einem solchen Vorgehen.

Die gekürzten Lorberwerke

Walter Lutz arbeitete schon in den 1920er-Jahren an einer gekürzten Fassung des *Großen Evangeliums Johannes*. In seinem Nachlass wurde das Manuskript der ersten drei Bände gefunden, welches der Lorber-Verlag übernahm. Die ungeheuerliche Bestrebung, die Lorberwerke zu kürzen – in den Augen der meisten Lorberfreunde gerade so, als wolle jemand die *Bibel* kürzen – lag auch ganz im Sinne von Otto und Friedrich Zluhan. Ihrer Ansicht nach leide das Lorberwerk „vielfach an dessen unserer modernen Zeit nicht mehr angemessenen Breite und Ausführlichkeit der Darstellung und seinem barocken Stil, wie er im vorigen Jahrhundert gang und gäbe war". Und weiter: „Läge dieses wunderbare

---

[60] Robert Berghausen, „Wort Gottes aus Leverkusen", EZW-Texte Nr. 169/2003, Seite 69

Erkenntnisgut in knapper, gut übersehbarer Form und Darstellung vor, so würde es sicher von sehr vielen Zeitgenossen mit Freude angenommen werden." Natürlich aber würde der Lorber-Verlag weiterhin die Herausgabe der unveränderten und ungekürzten Originalwerke als seine Hauptaufgabe ansehen.[61] So wurden dann *Robert Blum* (Neuer Titel: *Von der Hölle bis zum Himmel*, 1963), *Die Erde* (Neuer Titel: *Erde und Mond*), *Der Saturn* und *Bischof Martin* gekürzt und revidiert. An das Versprechen der Herausgabe der ungekürzten Ausgaben als Hauptaufgabe hat sich der Verlag nie gehalten, übrigens auch schon unter Friedrich Landbeck nicht: Die gekürzten Ausgaben ersetzten die ungekürzten, die fortan nicht mehr erhältlich waren. Sogar Übersetzungen wurden auf Grundlage der Revisionen in Auftrag gegeben. Das Vorgehen und Verhalten des Lorber-Verlages zeigt deutlich die zunehmende Entfremdung von den Lorberfreunden und den ersten Verlegern Carl-Friedrich Zimpel und Johannes Busch, die noch großen Wert auf Originaltreue legten und die Manuskripte nicht als Privateigentum missbrauchten, sondern als Eigentum der Menschheit achteten. Erst 1997 erschien ein unveränderter Nachdruck der zweibändigen Erstausgabe von *Robert Blum* in Frakturschrift, allerdings zu einem sehr hohen Preis.

Insbesondere Viktor Mohr, Angestellter des Lorber-Verlages und Schriftführer von *Das Wort*, setzte sich für eine Revision aller Lorberwerke durch „nur von Gott Berufene" ein – die er dann selbst vornahm. Er sah sich als jemand, der eine hohe Aufgabe verrichtet, der vor der Unantastbarkeit des göttlichen Wortes und Sinns demütig niederkniet und dabei dennoch dessen irdische Formen wandelt, damit es ungehindert in die Herzen einer sich stets wandelnden Menschheit einzudringen

---

[61] Das Wort, 1957-9 und 10, „Gesichtspunkte zur Verbreitung des Lorberwerks", ab Seite 303

vermag. Wie, wann und wo er und andere dazu von Gott berufen worden seien, hat er nie erwähnt. Dass das revidierte göttliche Wort ungehindert in die Herzen eingedrungen sei, kann auch nicht behauptet werden, denn die umfangreiche und anmaßende Art und Weise der Eingriffe in die Lorberwerke wurde von etlichen Lorberfreunden nicht gutgeheißen und heftig kritisiert. Als Antwort lobte Friedrich Zluhan die Qualifikation seines Mitarbeiters Viktor Mohr förmlich in den Himmel und mahnte geradezu ironisch zu Liebe und Weisheit und einem segensreichen Miteinander trotz unterschiedlicher Auffassung. Viktor Mohr verglich sich mit Martin Luther, der durch seine Übersetzungen die *Bibel* jedem zugänglich machen wollte. (Dass Martin Luther die *Bibel* gar nicht revidiert hat, übersah er großzügig.) Er habe in den gekürzten Revisionen der Lorberwerke wohl den Buchstaben verändert, aber den geistigen Inhalt belassen. Mangels Stoffs aus der Neuoffenbarung, die solche Revisionen ausdrücklich verbietet, missinterpretierte er Bibelzitate, wie es schon Walter Lutz zu tun pflegte. Dazu behauptete er, der Verlag habe mit seinen Revisionen dem jahrzehntelangen Wunsch vieler erfahrener Freunde der Neuoffenbarung und auch den Erwägungen bewährter und verantwortungsvoller Mitarbeiter, denen die Reinhaltung des ererbten Geistesgutes vom menschlichem Beiwerk zumindest ebenso am Herzen läge, Rechnung getragen. Konkrete Namen nannte er nicht. Er dachte wohl vor allem an sein Vorbild Walter Lutz, sowie seine Arbeitgeber Otto und Friedrich Zluhan. Mit dem „menschlichen Beiwerk", welches ausgemerzt werden sollte, war wohl das seiner Ansicht nach von Jakob Lorber in die Neuoffenbarung eingebrachte Schlechte (siehe dazu im Anhang „Die Beschädigung der Lorberschriften") gemeint, wobei er die Sache dann aber doch wieder so darstellte, als habe der Verlag nur Grammatik und Rechtschreibfehler korrigiert, was durchaus nicht der Fall war. Kurzum: Er versuchte die überaus berechtigte Kritik der Lorberfreunde durch polemische Tricks und theologische Spitzfindigkeiten ad absurdum zu führen.

Im Jahr 1979 schließlich wurde zum Verlagsjubiläum ein 8-bändiges Werk mit dem Titel *Leben und Lehre Jesu* herausgegeben, finanziert durch Spendengelder. Dabei handelt es sich um eine unter „vollem Gehalt der geistigen Substanz" gekürzte Fassung von der *Jugend Jesu*, der *Drei Tage im Tempel* und des *Großen Evangeliums Johannes*. So wollte man neue Leserkreise erreichen und sich Lizenz und Übersetzungsrechte sichern. Doch wer mochte schon gekürzte Bücher, aus denen man nicht zitieren konnte? Also spendete der Verlag *Leben und Lehre Jesu* großzügig Bibliotheken in Deutschland, Österreich und der Schweiz, wobei er behauptete, dies im Rahmen der Verbreitung und Bekanntmachung der Neuoffenbarung zu tun. Das Werk sei als Einführung in die Originalwerke geeignet. Doch diese Bücher verstaubten in den Regalen und Archiven; mir ist kein einziger Fall bekannt geworden, wo jemand über *Leben und Lehre Jesu* zur Neuoffenbarung gefunden hätte.

Neue Impulse

In den 1960er und den 1970er-Jahren erschienen mehrere, mit Abstrichen auch heute noch bemerkenswerte naturwissenschaftlich orientierte Artikel und Bücher von Lorberfreunden. Die hauptsächlichen Autoren waren Dr. Wilhelm Martin (*Das Wesen des Lichts* und *Sonne, Weltall, Materie*), Viktor Mohr (*Naturgeheimnisse*) und Kurt Eggenstein. Schon lange galten die beachtlichen Vorgriffe der Neuoffenbarung auf spätere Erkenntnisse der Naturwissenschaften als ein Beleg für deren Echtheit, obwohl die Neuoffenbarung nicht an diesen Dingen gemessen sein will, sondern vielmehr an der vermittelten Gottesweisheit, dem Respekt vor der Freiheit des Menschen, der Ablehnung vonseiten der Welt und an den guten Früchten, wenn gewissenhaft nach ihren

Anweisungen gehandelt wird. In diesen beiden Jahrzehnten setzten die Lorberfreunde verstärkt auf die naturwissenschaftliche Karte, um Jakob Lorber und die Neuoffenbarung bekannt zu machen, wobei sie damit durchaus erfolgreich waren. Die Bücher *Der unbekannte Prophet Jakob Lorber* (1973) und *Der Prophet Jakob Lorber verkündet bevorstehende Katastrophen und das wahre Christentum* (1975) von Kurt Eggenstein (Pseudonym von Wilhelm Kirchgässer, 1904-2007) bewirkten in den 1970er-Jahren ein verstärktes Interesse an der Neuoffenbarung. Letzteres Werk wurde zum meistgefragten Buch des Lorber-Verlages, denn der Autor verstand es, die vielen naturkundlichen Aspekte und Aussagen in den Schriften Jakob Lorbers mit naturwissenschaftlichen Erkenntnissen zu verbinden und dem Leser auf spannende Weise den Heilsweg Gottes erkennbar zu machen. Zudem wird in dem Buch das damals besonders heiß diskutierte Thema Kernenergie auf richtungsweisende Art behandelt. Es war das richtige Buch am richtigen Ort zur richtigen Zeit. Der Umsatz des Lorber-Verlages vervielfachte sich, denn der Verkauf der Lorberwerke stieg erheblich. Der Versuch, das kleinere Buch *Der unbekannte Prophet Jakob Lorber* an Zeitschriften und Magazine zu versenden, damit diese einen Artikel über Jakob Lorber brachten, scheiterte jedoch: Das Büchlein fand kein Echo und wurde größtenteils zurückgeschickt. Die Zeitschrift *Stern* gab am 18. Februar 1982 einen Grund an: „Kein Beruf ist so säkularisiert, so religionsfremd wie der Journalismus. Das hat historische Gründe. Unser Beruf ist aus der Aufklärung hervorgegangen. Nirgendwo ist Frömmigkeit so wenig gefragt wie bei uns." Weitere Einführungsbücher von Edith Mikeleitis und Irmgard Kuhlmann folgten, wobei diese beiden Autorinnen aber weniger naturwissenschaftliche Themen behandelten, sondern Glaubensfragen, Theologie und Spiritualität der Neuoffenbarung. In den folgenden Jahrzehnten verlegte sich die Lorber-Gesellschaft immer stärker auf christliche und spirituelle Themen.

Wenn die Lorberfreunde durch das Setzen auf die naturwissenschaftliche Karte eine freundliche Aufnahme der Neuoffenbarung im universitären Bereich erhofften, dann wurde diese Hoffnung grausam enttäuscht. Den Auftakt machte Antoinette Stettler-Schär im Jahr 1966 mit der medizinischen Dissertation *Jakob Lorber: Zur Psychopathologie eines Sektenführers*. Sie diagnostizierte Jakob Lorber anhand der Neuoffenbarung (!) paranoide Schizophrenie. Dieses Zeugnis finsterer Zeiten der Psychiatrie als unwissenschaftlich zu bezeichnen, ist noch freundlich untertrieben. Von den Lorberfreunden wurde die Abhandlung, wohl aufgrund ihrer Absurdität, schlicht ignoriert, obwohl sie einen guten Grund geliefert hätte, sich den damaligen Bewegungen der Antipsychiatrie anzuschließen. Den nächsten Tiefschlag landete Reinhard Rinnerthaler, Autor und Verlagsleiter vom römisch-katholischen „Verlag St. Peter" in Salzburg, der 1982 seinen Dr. phil. mit der publizistischen Dissertation *Zur Kommunikationsstruktur religiöser Sondergemeinschaften am Beispiel der Jakob-Lorber-Bewegung* erlangte. Die als sehr mangelhaft zu bezeichnende Arbeit ist weitgehend auf Provokation angelegt, ein Schlag unter die Gürtellinie. Bedingt wertvoll ist lediglich der kritische Blick hinter die Kulissen des damaligen Lorber-Verlages und der deutschen und österreichischen Lorber-Gesellschaften. Allerdings war den Lorberfreunden schon damals klar, dass der Lorber-Verlag nicht jene Ikone bambihafter Unschuld ist, als die er sich gerne darstellt. Wegen ihrer herabwürdigenden Art als unzumutbar befunden, wurde diese Dissertation jahrelang ignoriert. Erst 1988 publizierte *Das Wort* eine recht unmotivierte Stellungnahme von Rainer Uhlmann. Immerhin aber schien man nun auch in theologischen Seminaren auf Jakob Lorber aufmerksam zu werden. Im Jahr 1992 erschien die evangelischtheologische Dissertation *Jesus Christus im Werk Jakob Lorbers. Untersuchungen zum Jesusbild und zur Christologie einer Neuoffenbarung* von Andreas Fincke und im Jahr 2003 die katholisch-theologische Dissertation *Wi(e)der die Wahrheit. Neuoffenbarungsbewegungen am Beispiel der Lorber-Bewegung* von Andrea Daxner. Dass Doktoranden, in deren Kirchen die Empfängnisbereitschaft für das Spirituelle weitgehend abgebaut und verloren gegangen ist, zu keinen besonders günstigen Schlussfolgerungen hinsichtlich der Neuoffenbarung kommen, dürfte nicht unerwartet sein.

Die Lorber-Gesellschaft war Pionier in Sachen Umweltschutz und Tierschutz. Sie sprach sich entschieden gegen die Nutzung der Atomkraft aus und sagte schon im Jahr 1970 zu erwartende Atomunfälle, Verstrahlung und das bis heute immer noch ungelöste Problem der Atommüllbeseitigung voraus. 1986 wurde das absehbares Ende der Atomkraftwerke wegen zu hoher Entsorgungskosten prophezeit. Kritisiert wurden auch Rassismus, die Schulmedizin (Impfungen, Organtransplantationen und Krebsbehandlungen), Fleischkonsum, Nahrungsmittelverschwendung und Pseudo-Entwicklungshilfe (wenn lediglich Material und Geld gespendet wird, aber die Ursachen der Not, wie mangelnde Bildung, Korruption, schlechte Religionen und Traditionen nicht bekämpft werden). Als das Thema Abtreibung aufkam, wurde von Dr. Hans Krexa in auch heute noch beachtenswerten Beiträgen das Für und Wider in *Das Wort* erwogen.[62] Die Lorberfreunde fanden dann aber rasch zu einer ablehnenden Haltung, deutlich beeinflusst durch die Kirchenmitglieder unter ihnen. Auch der Lorberfreund und Arzt Dr. Rainer Uhlmann sprach sich später ausführlich und überzeugend gegen die Abtreibung

---

[62] Das Wort 1972-3 und 4, „Zur Abtreibungsproblematik", ab Seite 115; Das Wort 1972-5, „Aussprache über Abtreibungsprobleme", ab Seite 161

aus. Was Empfängnisverhütung und abweichendes Sexualverhalten betraf, pflegten die Lorberfreunde Zurückhaltung; die Sache blieb dem Gewissen überlassen. Man sah sich nicht dafür zuständig oder berufen, über Dinge zu befinden, die außer Schlafen noch im Bett geschehen können. Lediglich die Haltung der Neuoffenbarung wurde hin und wieder ausführlich diskutiert. Diese rät einerseits nämlich zu höchster Sexualmoral und Geschlechtsverkehr nur zum Zeugen von Kindern. Andererseits bleibt dies, wie in der *Bibel*, ein Ideal, und in der Praxis werden auch Menschen, die durchaus kein so entsagtes Leben führten, aufgrund ihrer Gottesliebe als Menschen nach dem Herzen Gottes beschrieben. Um die Jahrtausendwende wurde der Relativismus beklagt, eine Form der Gleichgültigkeit und Gleichmacherei, die fälschlich Toleranz genannt werde und gefährlicher sei als Atheismus und Kommunismus.

Was die Bekanntmachung der Neuoffenbarung betraf, verhielten sich Lorber-Verlag und Lorber-Gesellschaft ähnlich wie schon der Neu-Salems-Verlag und die Neu-Salems-Gesellschaft. Allerdings wurden keine Wanderredner mehr angestellt und überhaupt zurückhaltender verfahren. Nach wie vor sahen sich vor allem jene Lorberfreunde, die sich um Bekanntmachung bemühten, von einer feindseligen Umwelt umgeben. Wohltätigkeitsprogramme, wie die Versorgung von Obdachlosen und Waisen, blieben im Wesentlichen Privatsache der Lorberfreunde, die dabei in der Regel mit schon existierenden Organisationen zusammenarbeiteten. Nach der Auflösung der Sowjetunion konzentrierte sich das soziale Engagement auf die notleidenden Ostblockländer. Ansonsten zielten soziale Bemühungen stärker auf eine geistige Ausbildung als auf materielle Versorgung, beispielsweise wurden Gefängnisbibliotheken mit Werken der Neuoffenbarung bestückt, die besonders bei jüngeren Inhaftierten Anklang fanden. Artikel in christlichen, geisteswissenschaftlichen und esoterischen Zeitschriften wurden veröffentlicht und Kleinanzeigen aufgegeben, letzteres vor allem von Helmut Betsch. Bei den großen Zeitschriften hatten die Lorberfreunde kein Glück. Meist wurden Jakob Lorber und die Neuoffenbarung ignoriert. Dr. Helmut Swoboda schrieb in *Bild der Wissenschaft* 6/1979: „Lorber ist einer Verschwörung offiziellen Schweigens zum Opfer gefallen." Lediglich *Der Spiegel*, berüchtigt für seine kritische Haltung in Religionsfragen, berichtete über Jakob Lorber und die Neuoffenbarung, allerdings auf eine überaus abfällige Weise. Auch neue technische Möglichkeiten blieben nicht unberücksichtigt. 1977 wurde ein Tonbanddienst von dem Erzieher und Lehrer Peter Keune gegründet. Er war Mitglied der Berliner Swedenborg-Kirche und hielt auch in Lorberkreisen Vorträge. Dieser ehrenamtlich geführte Tonbanddienst, der von der deutschen Lorber-Gesellschaft unterstützt wurde, versorgte Interessierte mit Mitschnitten von themenbezogenen Vorträgen aller Art. Die Lorber-Gesellschaft drehte eine Jakob-Lorber-Dokumentation für das Fernsehen, die auch auf Videokassette erhältlich war. Die Dokumentation wurde später digitalisiert und ist heute in deutscher und englischer Fassung auf DVD erhältlich und kann auch über das Internet angesehen werden. Ab 1990 konnte man über den neu gegründeten Disk-plus-Buch-Verlag von Gerd Gutemann die Neuoffenbarung gedruckt und auf Disketten und CD-ROM beziehen. Der Lorber-Verlag bot ab dem Jahr 2000 eine CD-ROM mit den Werken der Neuoffenbarung an.

Die Lorber-Bewegung hatte aufgrund des verstärkten spirituellen Interesses seit den späten 1960ern wieder Zulauf erhalten. Anfang der 1990er-Jahre zählte man etwa dreißig Lorberkreise in Deutschland, Österreich und der Schweiz. Die Gelegenheit, die Neuoffenbarung nach Auflösung der DDR in den neuen Bundesländern bekannt zu machen, wurde von den Lorberfreunden mehr oder weniger versäumt. Zwar bestand das große Suchen der Ostdeutschen vor allem im Erwerb von Konsum- und Luxusgütern, aber es gab auch eine geistige Leere, die nach Sättigung verlangte, welche die Amtskirchen nicht geben konnten. So fanden dann alle möglichen Sekten viel Zulauf. Die ostdeutschen Lorberfreunde mussten erst einmal selbst in Erfahrung bringen, dass der Neu-Salems-Verlag, dessen Bücher hauptsächlich noch in den ostdeutschen Ländern verbreitet waren, nicht mehr existierte und der Lorber-Verlag der Nachfolger war, sich aber passiv verhielt. Selbst wenn sich ein verlorenes Schäfchen zum Lorber-Verlag durchkämpfte, fand es dort keinen Hinweis, dass es eine Lorber-Gesellschaft gab, obwohl die Familie Zluhan zu deren Mitbegründern gehörte. Wenn ein ostdeutscher Lorberfreund zur Lorber-Gesellschaft fand, dann aus Eigeninitiative und nicht umgekehrt. Allein im Regierungsbezirk Chemnitz lebten vor dem Krieg mehrere Tausend Lorberfreunde, die sich in etlichen Freundeskreisen getroffen und organisiert hatten. Nach 60 Jahren war das meiste davon verloren, aber vereinzelt lebende Lorberfreunde gab es noch. Die Lorber-Gesellschaft begründete ihre Zurückhaltung damit, dass sie mit ihren wenigen aktiven und ehrenamtlichen Mitgliedern nur auf die Neuoffenbarung hinweisen könne. Sie konnte und wollte nicht Broschüren verteilen und Prediger aussenden, wie es die Sekten taten. Hier stellt sich die kritische Frage, ob die Zurückhaltung der Lorberfreunde im missionarischen Bereich tatsächlich nur der Berücksichtigung des freien Willens geschuldet ist und nicht doch eher einer bequemen Passivität, die der Nächstenliebe genauso entgegensteht wie das Aufzwingen.

Friedrich Zluhan (1922-2007)

Friedrich Zluhan, einer der Söhne von Otto Zluhan, arbeitete im Verlagsunternehmen seines Vaters und übernahm dieses im Jahr 1970. Wie schon Friedrich Landbeck und Otto Zluhan, berief auch Friedrich Zluhan nach dem Verscheiden seines Vaters 1983 einen Beirat für die Verwaltung und Führung des Verlages. Das waren Vigo Thiessen, Prof. Franz Deml, Dr. med. Rainer Uhlmann, Herta Sponder und Lore Busch. Wilfried Schlätz wurde zum ständigen Mitarbeiter. Der Lorber-Verlag setzte unter der Führung von Friedrich Zluhan den Weg fort, den schon Otto Zluhan eingeschlagen hatte, wobei der betriebswirtschaftliche Aspekt noch stärker betont wurde und der Verlag sich immer weiter den Lorberfreunden entfremdete. Unter Friedrich Zluhan wurde der Lorber-Verlag zu einem von mehreren Verlagen in der „Verlagsgemeinschaft Friedrich Zluhan". In derselben nahm esoterische Literatur einen zunehmend breiteren Raum ein und bot so kirchlichen Gegnern zusätzlich Anlass zu kritischer Ablehnung der Lorberwerke.

Als der Verlagsleiter über 70 war, fielen die jährlichen Tagungen in Bietigheim aufgrund der zu vielen Arbeit mehrmals aus und wurden schließlich ganz eingestellt.

Viktor Mohr (1896-1969)

Viktor Mohr, ein Österreicher, von Beruf Donau-Schiffskapitän, war als Mitarbeiter des Lorber-Verlages in den 1950er und 1960er-Jahren engagierter Schriftleiter von *Das Wort*. Er stand schon in der Zeit vor dem zweiten Weltkrieg in einem Naheverhältnis zum Neu-Salems-Verlag. Nach dem Krieg wirkte und waltete er weiter im Geiste von Walter Lutz, den er als seinen Lehrmeister betrachtete und dem er intellektuell durchaus ebenbürtig war. Sein Leben lang hatte er sich mit dem Studium von geistigen Lehren beschäftigt. Wenn es um die Lorber-Gesellschaft und die Neuoffenbarung ging, war Viktor Mohr einer der ersten Ansprechpartner.

Schwerpunkte seiner Beschäftigung mit der Neuoffenbarung bildeten neben dem Verfassen von Beiträgen für *Das Wort* der Abgleich von naturkundlichen Angaben der Lorberwerke mit naturwissenschaftlichen Erkenntnissen, wobei er sich hin und wieder irrte, manchmal aber auch geradezu prophetisch richtig lag, sowie die heftig umstrittene Revision der Bücher Jakob Lorbers. Auch als Schriftsteller betätigte er sich. Unter dem Pseudonym M. Kahir verfasste er Bücher, die dann der Lorber-Verlag/Turm-Verlag herausgab. Sein Buch *Nahe zweitausend Jahre* handelt von der Geschichte der Prophetie; das Buch *Vom verlorenen Wort* beinhaltet eine Etymologie der Sprachen. Viktor Mohrs Anliegen als Gelehrter lag in der Ursprachenforschung. Er zeigte gemeinsame Wurzeln der in den verschiedenen Sprachen heute gebräuchlichen Wörter auf, um damit den Beweis für eine einheitliche Ursprache der ganzen Menschheit zu erbringen. Außerdem sorgte und bemühte er sich darum, dass sich unter den Lorberfreunden nicht eine „Schwarmgeisterei" breitmachte. Vatermedien, Wunderheiler, Charismatiker, Marienerscheinungen usw. bedachte er mit kritischen Artikeln – wohl im Bewusstsein der selbst erlebten Vergangenheit der Neu-Salems-Bewegung. Im privaten Umgang zeigte er einen liebevollen Humor. Er war ein stiller Mann, der nicht gerne unter Menschen ging, ein Mann des Schreibtisches. Gegen Ende 1969 starb er an den Folgen einer schweren Grippe in Linz. Seine Abschiedsworte angesichts des bevorstehenden Todes in brieflicher Form waren: „Auf Wiedersehen im Vaterhaus!"

So wie schon Walter Lutz predigte Viktor Mohr von Propheten, die zeitweise Unsinn im Namen Gottes verkünden würden, wobei er aber im Gegensatz zu seinem Vorbild soweit ging, Angaben der Neuoffenbarung, die nicht mit naturwissenschaftlichen Erkenntnissen übereinstimmten, auf eine geradezu diffamierende Weise zu zitieren, um seine These zu belegen, nach der Neuoffenbarung und *Bibel* menschlich beeinflusst und fehlerhaft seien. Was die Neuoffenbarung selbst zu dem Thema zu sagen hat, schien ihn nicht zu interessieren. Wenn etwas mit naturwissenschaftlichen Erkenntnissen nicht übereinstimmte, sah er darin ein Versagen Jakob Lorbers, dessen seelische Emotionen das Diktat des Geistes durchkreuzt hätten. Wie die Korrektoren der *Bibel* vor vielen Jahrhunderten und wie Walter Lutz vor einigen Jahrzehnten schritt er zur Untat, indem er das Wort Gottes in seinem Sinn revidierte und teilweise massiv verkürzte, ohne Auslassungen zu kennzeichnen. Nach der Ansicht von Viktor Mohr bliebe kein Gotteswort unverfälscht. Tatsächlich aber sind es seit jeher ausgerechnet Personen wie er selbst, die das Gotteswort verfälschen, indem sie es nach ihrem Sinn korrigieren und sich dabei auch noch von Gott oder dem Heiligen Geist für berufen und geleitet fühlen. Wenig verwunderlich traf Viktor Mohr mit seinen „verbesserten" Lorberschriften auf teils heftige Kritik. Tatsächlich fand er Gegner sogar unter anderen Mitarbeitern des Lorber-Verlages. Der Verlag hätte angeblich gar nicht gewusst, was Viktor Mohr mit den Lorberschriften angestellt habe – man habe ihm eben vertraut. Dennoch werden seine Revisionen, die nicht ihn, sondern Jakob Lorber als Autor angeben, trotz aller Einwände der Lorberfreunde bis heute gedruckt und verkauft.

Lorber-Gesellschaft und Lorber-Verlag trennen sich

Im Jahr 1980 traten Otto Zluhan, der Präsident der Lorber-Gesellschaft, und sein Sohn Friedrich Zluhan, der Inhaber des Lorber-Verlages, aus der Lorber-Gesellschaft aus. Es war zu Auseinandersetzungen gekommen wegen des autoritären Führungsstils von Friedrich Zluhan, denn dieser wollte Wilhelm Kirchgässer aka Kurt Eggenstein aus der Gesellschaft hinauswerfen und nicht bleiben, wenn dieser blieb. Die Gesellschaft distanzierte sich zwar ein Stück weit vom Verlag, blieb ihm aber immer noch verbunden. Statuten, Zweck und Ziele änderten sich nicht, die gesammelten Spendengelder und das Erholungsheim an der

Andritz-Quelle in Graz blieben der Gesellschaft erhalten, und nach wie vor erhielt der Lorber-Verlag großzügige finanzielle Unterstützung für die Herausgabe der Schriften der Neuoffenbarung. Neuer Präsident der Lorber-Gesellschaft wurde der in Bietigheim lebende Karl Zimmer, dem neben der Repräsentation auch die Beziehungen zum Lorber-Verlag und den Freundeskreisen oblag. Zum Vorstand gehörten außerdem Georg Ruske, Dr. Klemens Bartscht, Wilhelm Kirchgässer und Edith Heinmüller. Unter den insgesamt zwölf ehrenamtlich tätigen Mitgliedern befanden sich auch der in der Schweiz lebende Max Burri, zwei in Österreich lebende Lorberfreunde und Otto Walter Zluhan als letzter verbliebener Angehöriger der Familie Zluhan. Die Lorber-Gesellschaft publizierte nun ihre eigene Zeitschrift namens *Geistiges Leben*, welche sich verstärkt um gemeinschaftliche Belange kümmerte, wobei den Vatermedien wieder mehr Aufmerksamkeit geschenkt wurde, allerdings meistens kritisch ablehnende, während der Verlag weiterhin das eher akademisch ausgerichtete Magazin *Das Wort* herausgab. Bald schon veranstaltete die Lorber-Gesellschaft eigene Tagungen, die nicht mehr in Bietigheim abgehalten wurden.

Der inzwischen 80-jährige Wilhelm Kirchgässer, Autor des erfolgreichen Buches *Der Prophet Jakob Lorber*, gab das in 5. Auflage neu überarbeitete Werk nun mithilfe der Lorber-Gesellschaft heraus, da sich Friedrich Zluhan geweigert hatte, das Buch weiter zu verlegen, wenn nicht das Kapitel über die katholische Kirche gestrichen würde. (Auch im Buch *Von der Hölle zum Himmel* (*Robert Blum*) hat der Verlag kritische Aussagen und Prophezeiungen über die katholische Kirche entfernt.) Weil sich so bald kein neuer Verleger fand, gründete Waldemar Proske, ein in Köln lebendes Mitglied der Lorber-Gesellschaft, mit den Spenden, die früher dem Lorber-Verlag für das Eggenstein-Buch zugeflossen waren, einen neuen Verlag. Da Wilhelm Kirchgässer kein Honorar nahm und das Buch nun als Paperback gedruckt wurde, konnte ein günstiger Preis gehalten werden. Der Autor veranlasste auch Übersetzungen mithilfe der Lorber-Gesellschaft, bei der er dann aber aufgrund von Differenzen in Ungnade fiel, weswegen er 1988 „ausgetreten wurde". Sein Buch hat auch ohne Lorber-Verlag und Lorber-Gesellschaft noch etliche weitere Auflagen erfahren und ist bis heute im Buchhandel erhältlich, zuletzt auch als Hörbuch. Über das Internet ist es in digitalisierter Form verfügbar.

Im Jahr 1987 gründete der Lorber-Verlag das Jakob-Lorber-Förderungswerk. Die Veranlassung für die Gründung dieses neuen Vereins ist recht offensichtlich, denn die seit 1980 vom Lorber-Verlag getrennte Lorber-Gesellschaft investierte den Großteil ihrer Mittel in das erfolgreiche Einführungsbuch von Wilhelm Kirchgässer, welches aber nicht mehr vom Lorber-Verlag herausgegeben wurde, der dadurch eine wichtige Einnahmequelle verlor. Das Jakob-Lorber-Förderungswerk umging die Lorber-Gesellschaft, die sich nicht mehr unter unmittelbarer Kontrolle der Verlagsführung befand, und sammelte Spenden, die hauptsächlich wieder dem Lorber-Verlag zugutekamen, der diese Mittel für Werbeschriften, Buchspenden, den Druck von Taschenbuchausgaben und Übersetzungen der Lorberwerke verwendete.

Manfred Peis, von Beruf ein technischer Beamter im Ingenieur- und Tiefbauwesen, sowie Heilpraktiker mit eigener Naturheilpraxis, der schon die Stelle des Geschäftsführers der Lorber-Gesellschaft und des Schriftleiters der Zeitschrift *Geistiges Leben* übernommen hatte, löste im Jahr 1988 schließlich auch den Präsidenten Karl Zimmer ab und wurde geschäftsführender Vorsitzender. Ihm ist die Entstehung des Dokumentationsfilmes über Jakob Lorber hauptsächlich zu verdanken.

Die Frauen der Lorber-Bewegung

Die Angehörigen der weiblichen Fraktion unter den Lorberfreunden zeigten sich in der Lorber-Bewegung bisher eher zurückhaltend. Sie beschränkten sich meist auf unterstützende Funktionen, waren geachtet und geliebt, hielten die Dinge am Laufen, wirkten öfters als Vatermedium, überließen aber den Männern die Führung. Nach der Neuoffenbarung soll zwar die Frau dem Mann die Führung überlassen, aber insgesamt wird Schluss gemacht mit dem Chauvinismus, nach dem Männer besser seien, da Gott doch ein Mann sei. Es ist ein geradezu revolutionäres Gedankengut, wenn man bedenkt, dass Jakob Lorber in einer Zeit lebte, als Biologen anhand des Gehirns nachzuweisen versuchten, dass Frauen nicht zum rationalen Denken fähig seien und keine Urteilskraft hätten. In rückständigen Gesellschaften bestehen diese Vorstellungen von der Minderwertigkeit der Frau bis heute. Die Neuoffenbarung aber kennt schon die emotionale Intelligenz als Herzensverständnis und stellt diese über die nur rationale Intelligenz. Das liebende Herz birgt eine höhere Einsicht als der bloß rationalistisch urteilende Verstand – zumindest dann, wenn es auf Gott gerichtet wird. Zutiefst dem Herrn ergebene Frauen belehren in der Neuoffenbarung immer wieder weniger einsichtsvolle Männer und werden den Männern gerne als Vorbild präsentiert. Selbst die bösen weiblichen Charaktere, wie die Königin Agla in *Die Haushaltung Gottes*, bekehren sich zuletzt doch noch, während der König und seine Kumpane uneinsichtig bleiben und zwecks weiterer Behandlung zur Hölle geschickt werden. Die zurückhaltende Mutter Maria erhält in *Die Jugend Jesu* ihren großen Auftritt als Lehrerin und Mystikerin, die aus priesterlichem Geschlecht kam, rückt ansonsten aber in den Hintergrund. Dafür erstrahlen neben der Maria Magdalena an der Seite Jesu gleich mehrere Heldinnen, die in der christlichen Überlieferung bisher nur am Rande erwähnt wurden, unbekannt geblieben oder erst neu dazugekommen sind. Dabei wird aber keine Emanzipation verherrlicht, in der sich Frauen die Hosen anziehen und die besseren Männer sein wollen, sondern die Weiblichkeit wird der Männlichkeit gleich geschätzt und ihre Stärken hervorgehoben.

Edith Mikeleitis (1905-1964) war eine erfolgreiche Schriftstellerin, deren Bücher – meist historische Romane – in den 1930ern bis 1950ern eine Gesamtauflage in Millionenhöhe erreichten. Sie war eine Dichterin, die schon in jungen Jahren aus innerer Sehnsucht und zuchtvoller innerer Führung und Ausbildung zu höherer Weisheit durchgedrungen war. Den Lorberfreunden ist sie bekannt durch mehrere Artikel über Jakob Lorber und die Neuoffenbarung, sowie die Bücher *Der Plan Gottes. Ein Lorber-Brevier* und *Das ewige Bildnis*, ein biographischer Roman über Jakob Böhme.

Geboren wurde die Dichterin im Jahr 1905 in einer in Ostpreußen beheimateten evangelischen Familie als die zweite Tochter eines Landwirtes, der mit der Tochter eines Revierförsters verheiratet war. Nach dem verlorenen Weltkrieg 1918 mussten die Eltern ihr Gut verlassen und nach Lauban bei Görlitz übersiedeln – dort lebte ihr Großvater, ein pensionierter Offizier. Nun galt es, einen Brotberuf zu ergreifen. So schloss Edith ein Lehrerinnenseminar in Löwenberg (Schlesien) ab, erlernte Latein und Musik und konnte das Abitur nachholen. Sie studierte Philosophie, Religionswissenschaften, Kunstgeschichte, Geschichte und Literaturwissenschaft. Lernen fiel ihr leicht. Als Lehrerin arbeitete sie aber nur kurze Zeit – bald trieb es sie zum Beruf der Schriftstellerei. Schon in einer frühen Schaffensperiode beschäftigte sie sich mit der Hauptfrage ihres Daseins: die Suche nach dem Ursprung des Menschen und nach seinem Ziel. Im Jahr 1937 gründete sie mit dem Verleger und

Schriftsteller Otto August Ehler eine Familie. Ihr Mann geriet in der Endphase des zweiten Weltkriegs in Gefangenschaft, worauf sie mit ihren Kindern aus Berlin-Wannsee evakuiert und den Wirren der Heimatlosigkeit ausgeliefert wurde. Nachdem ihr Mann wieder heimgekehrt war, wechselte sie mehrmals den Wohnort und blieb dann in Darmstadt. Neue Romane erschienen. Ihren Lebensweg charakterisierte sie mit folgenden Worten: „Wir tragen das Schicksal unseres Volkes und der Menschheit in unserem eigenen mit, denn wir sind in das Ganze unausweichbar eingeordnet. Das erfuhr ich schon früh." In einem Vortrag behauptete sie einmal, „aus dem ganzen Osten" zu stammen. In ihr verband sich die Geistigkeit des europäischen Ostens mit der Geistigkeit des Westens in harmonischer Weise. Ihr ganzes irdisch-künstlerisches Schaffen stand im Dienste des großen Bewusstseinswandels, den die heutige Menschheit durchzumachen hat. Sie hatte selbst jene Bewusstseinserweiterung ins Kosmische erfahren, die eine neue Synthese von Religion und Kultur ermöglicht. So wurden ihre Bücher immer mehr zu einem Zwiegespräch mit Gott. Das posthum erschienene Buch *Der Plan Gottes. Ein Lorber-Brevier*, krönte schließlich ihr dichterisches Lebenswerk.

Edith Mikeleitis verstarb 1964 ohne langes Leiden an Kehlkopfkrebs im Alter von 59 Jahren. Ihr Gatte schrieb: „Sie ist eines so sanften Todes gestorben, wie Gott ihn nur seinen eigensten Menschenkindern gewährt. – Darin liegt viel Trost. Gottes Hand war sichtbar."

Irmgard Kuhlmann ist den Lorberfreunden vor allem durch ihr Buch *Wenn ihr nicht werdet wie die Kinder...* (1977) bekannt. Darin schreibt sie auf sehr persönliche Weise und aus eigenem Erleben über drängende Fragen und Probleme des Alltags, was es einem suchenden Menschen leicht macht, ihren Ausführungen sie folgen. Es ist wie ein

Kompendium aus der Neuoffenbarung und erinnert an das Buch *Der Plan Gottes* von Edith Mikeleitis. Allerdings bietet Irmgard Kuhlmann in erster Linie Lebenshilfe, während Edith Mikeleitis mehr das große Gedankengebäude der Neuoffenbarung aufzuzeigen bemüht ist.

Irmgard Kuhlmann war konfessionell-christlich erzogen worden, ein Durchschnittschrist, bei dem der Verstand vorherrschte und das kindlich feste Vertrauen zu Gott fehlte. Als sie eines Tages mit ihren Kindern über Gott sprach, staunte sie über die Selbstverständlichkeit, mit welcher diese sich mit Ihm unterhielten über alles, was sie bewegte. Als sie einem befreundeten pensionierten Schulleiter von der kindlichen Gläubigkeit erzählte, berichtete dieser von einem seiner Enkelkinder, das auf die Frage, ob es an Gott glaube, folgendermaßen geantwortet hatte: „Aber klar, Großvater, ich spreche doch immer mit Ihm, und Er antwortet mir." Es ist bekannt, dass Kinder in den ersten Lebensjahren mit den sie umgebenden Schutzgeistern sprechen. Tief ergriffen von der kindlichen Gläubigkeit dachte sie an das Wort des Herrn: „Wenn ihr nicht werdet wie die Kinder, ihr werdet nicht eingehen in das Reich Gottes." Sie empfand, dass sie bisher nicht das richtige Verhältnis zu Gott gehabt hatte. Da ihr die konfessionelle Religiosität nicht genug gab, suchte sie und lernte die Neuoffenbarung kennen, worüber sie so glücklich war, dass sie mit ihren Kindern und Gleichgesinnten einen kleinen Kreis bildete und dann ihr Buch schrieb, um die Neuoffenbarung möglichst vielen Menschen zugänglich zu machen.

Körperlich schwer behindert, wurde ihr trostloser irdischer Zustand durch den himmlischen Vater wahrhaft verklärt. Sie trug ihr schweres Los mit der Zuversicht eines erleuchteten Christen. So tief drang sie in das neue Gotteswort ein, dass sie sogar von ihrem Rollstuhl aus ihren gesunden Mitmenschen Kraft und Trost spenden konnte. Sie schrieb ihr

Buch für Kranke, Leidende, Verzagte, Verzweifelte, für Suchende und solche, die mit dem Leben auf dieser Erde nicht zurechtkommen.

Jahrtausendwende bis heute

Die zunehmende Säkularisierung ging auch an der Lorber-Bewegung nicht spurlos vorüber. Die Anzahl der aktiven oder deklarierten Lorberfreunde verringerte sich von Jahrzehnt zu Jahrzehnt; dies vor allem deswegen, weil alt gewordene Lorberfreunde verstarben und zu wenig neue nachkamen. Es gab Versuche, ein esoterisch interessiertes Publikum auf die Neuoffenbarung aufmerksam zu machen, die verhalten erfolgreich verliefen. Auch wurde versucht, dem Trend der apokalyptischen Botschaften zu entsprechen. Nur wenig Erfolg war der Bemühung beschert, Jakob Lorber und Anselm Hüttenbrenner als Musiker und Komponisten bekannt zu machen in der Hoffnung, auch die Neuoffenbarung würde dann mehr Beachtung finden. Weitere Einführungsbücher in die Neuoffenbarung erschienen, beispielsweise *Allein die Bibel?* (1997) von Ralf Schuchardt, *Die Himmel geben Antwort* (1999) von Peter Güllekes und *Gott, Mensch und Welt im Lichte der Neuoffenbarung* (2012) von Josef Lüthold.

Die Lorber-Gesellschaft erkannte ebenso wenig wie der Lorber-Verlag das Potential des Internet. Bei einem Vortrag am Kongress 2000 in Graz hieß es, es sei ein bodenloser Leichtsinn, eine Blödheit, gewisse Neuoffenbarungstexte online zu geben. Das Internet sei ungeeignet für die Missionsarbeit, weil man die Perlen nicht vor die Säue werfen solle. Außerdem wurde befürchtet, von Hackern und Geheimdiensten ausspioniert zu werden und Computerviren zum Opfer zu fallen. Wie sich herausgestellt hat, waren diese Ängste nicht ganz unberechtigt, dennoch war das Versäumnis fatal. Die Lorber-Gesellschaft gestaltete dann zwar doch eine rudimentäre Website, wo sie immerhin ihr Magazin in elektronischer Form zum Download zur Verfügung stellte, nutzte aber nicht die Möglichkeiten der sozialen Medien. Nicht einmal ein Diskussionsforum wurde erstellt. Ähnliches beim Lorber-Verlag, um den es ruhig geworden war. Er hat zwar eine Website, die aber kaum je ein Update erfährt und nur allgemeine Informationen anbietet. So blieb das Internet der privaten Initiative von Lorberfreunden überlassen, welche die gesamte Neuoffenbarung elektronisch erfassten und online frei verfügbar machten. Dies traf auch für einen Teil der recht zahlreichen Übersetzungen zu. Postalischer Briefverkehr und gedruckte Zeitschriften wurden zunehmend ins Abseits gedrängt. *Das Wort* wurde 2006 eingestellt. Das Internet wurde das wichtigste Kommunikations- und Bekanntmachungsmedium der Freunde der Neuoffenbarung.

Die wortgetreue Drucklegung der Lorberwerke blieb ein Anliegen der Lorber-Gesellschaft, stand aber immer sehr im Hintergrund. Nach wie vor wurde alljährlich eine Tagung veranstaltet und das 2004 modernisierte Gästehaus bei der Andritz-Quelle unterhalten. Nach dem Verscheiden von Manfred Peis (2003) übernahm Klaus Kardelke, der davor schon zur Redaktion von *Geistiges Leben* gehörte, den Vorsitz. Er war auch beteiligt an der Herausgabe der Erstauflagen der Lorberwerke auf CD-ROM (wobei allerdings der inzwischen verstorbene Martin Günsche die meiste Arbeit erledigte) und der Original-Handschriften-Manuskripte der *Jugend Jesu*. Zur satzungsgemäßen Herausgabe von wirklich urtextnahen, im Umfang unveränderten Druckwerken der Lorberwerke oder entsprechendem Einfluss auf den Lorber-Verlag, dies zu tun, kam es bislang nicht. Mit Ende 2013 verabschiedete sich Klaus Kardelke nach zehnjähriger Tätigkeit als Vorsitzender. Neue Vorsitzende wurde Anita Strattner.

Die internationale Lorber-Bewegung

Die meisten Anhänger hat die Neuoffenbarung bis heute in deutschsprachigen Ländern. Sie verbreitete sich aber selbständig, ohne die Aussendung von Predigern oder Missionaren, überall auf der Welt und berief Apostel, die ihr den Weg bereiteten, indem sie Übersetzungen er-
stellten, Bücher druckten, Gruppen gründeten und führten. Auch außerhalb der deutschsprachigen Länder lebten und leben die meisten Lorberfreunde selbständig, ohne Teil einer bestimmten Gruppe zu sein. Sie
waren auf Bücher der Neuoffenbarung gestoßen, und der Funke hatte
gezündet. Da die meisten Werke in deutscher Sprache gedruckt und verbreitet wurden, waren diese Pioniere vor der Erfindung des Internet vor
allem deutschsprachige Auswanderer. Die Geschichte der englischen
Übersetzungen ist ein rechtes Drama. Erst wurden sie lange vernachlässigt, da die Neu-Salems-Gesellschaft das Übersetzungsrecht bean-
spruchte und sich dieser Übersetzungen selbst annehmen wollte, was
sie aber nie wirklich getan hat. Dann wurden die gekürzten Versionen
der Lorberwerke übersetzt. Es folgten Probleme wegen des Urheber-
rechtes. Erst seit einigen Jahren sind von engagierten Lorberfreunden in
Eigenregie angefertigte brauchbare englische Übersetzungen hauptsächlich über das Internet erhältlich, wodurch nun auch vermehrt weltweit Menschen zur Neuoffenbarung finden.

Schon in den 1920er-Jahren existierten Übersetzungen der Lorberwerke. Allerdings verlangte schon damals der Neu-Salems-Verlag, man
habe mit ihm über das Urheberrecht zu verhandeln. Er würde die Allein-
rechte für Druck und Vertrieb vergeben. Durch diese Anmaßung, die so
ganz und gar nicht mit dem Geiste Jakob Lorbers und der Neuoffenbarung zu vereinbaren ist, wurden Verleger und Übersetzer eingeschüch-
tert. Mit der einen Hand bemühte man sich um Übersetzung und

Bekanntmachung, mit der anderen wurde eben dasselbe weltweit erheblich beeinträchtigt. Zudem veröffentlichte der Verlag nicht alle ihm zugesandten Übersetzungen. Womöglich lagert sogar die Mehrheit der Übersetzungen in den Archiven des Verlages oder ist verloren gegangen. Gegenwärtig ist das Werk – zumindest auszugsweise – in mindestens 22 Sprachen erhältlich.

Afrika

Afrikanische Lorberfreunde finden sich hauptsächlich unter den europäischstämmigen Einwohnern, vor allem unter den Buren. Ein großer Teil der Lorberwerke wurde auf Grundlage der holländischen Übersetzungen ins Afrikaans übertragen. Die Afrikaner unter den Lorberfreunden sind weit verstreut und haben offensichtlich keine Lorber-Freundeskreise gegründet. Bekannt geworden ist ein Symposium im Jahr 1990 in der Stadt Windhoeck in Namibia, an dem 24 Personen teilnahmen. In der Neuoffenbarung spielen Schwarzafrikaner eine prominente Rolle. Wenn es gelingt, den spirituell aufgeschlossenen Schwarzafrikanern die Neuoffenbarung bekannt zu machen, wären etliche neue Anhänger zu erwarten.

Australien

In Australien wirkte unermüdlich Violet Ozol, die mit ihrer Familie im Jahr 1941 von Riga nach Deutschland flüchten musste und dann 1949 nach Australien auswandern konnte. Noch vor ihrer Auswanderung lernte sie die Neuoffenbarung kennen, als sie wegen eines Hexenschusses eine Zeitlang ans Bett gefesselt war. Sie und ihr Ehemann Elmar erkannten sofort, dass sie in der Neuoffenbarung einen ganz großen Schatz gefunden hatten. In ihrer neuen Heimat begann die fremdsprachlich begabte Violet schon in den 1950ern trotz Beruf und Haushaltsarbeit mit der Übersetzung der Lorberwerke in die englische Sprache. Im Ruhestand schließlich wandte sie sich ganz der Arbeit an der Neuoffenbarung zu. In den 1970er-Jahren bildete sich der erste Lorber-Freundeskreis in Australien, worauf im Laufe der Jahre noch weitere folgten. Violet Ozol betreute die durch ihre Initiative entstandenen Kreise. Sie verbrachte täglich oft viele Stunden mit Korrespondenz in alle Gegenden des Landes und mit dem Packen von Bücherpaketen. Sie starb mit 85 Jahren, worauf ihre Tochter Irena Pommers und ihre Schwester Hedi Groll die Arbeit weiterführten.

Nordamerika

Zur Zeit des ersten Weltkrieges bildeten sich erste Lorber-Freundeskreise in den USA. Bei diesen Lorberfreunden handelte es sich hauptsächlich um Deutschamerikaner. Während der Krise nach dem Krieg erhielt der Neu-Salems-Verlag finanzielle Unterstützung von nordamerikanischen Lorberfreunden, die sich um ihre europäischen Gesinnungsfreunde sorgten. In New York lebte das Vater- und Materialisationsmedium Anna Epperlein. In Sachsen geboren, war sie 1906 ihrem Gatten Hermann nach Amerika gefolgt. Ihre Kundgaben galten nur als Zugaben zur Neuoffenbarung. Hermann Epperlein leitete die Versammlungen der Lorberfreunde in New York und galt als echtes Vorbild, ein Vorkämpfer und Verteidiger der Neuoffenbarung. Das Arbeitsfeld des engagierten Ehepaares weitete sich bald auch auf New Jersey aus. Anna setzte auch dann noch ihre ganze Kraft im Dienst des Herrn ein, als ihr Mann verstorben war und das Alter nahte. Sie scheute keine Mühe, die Neuoffenbarung in die neue Heimat zu verpflanzen. Selbst während beider Kriege wurden die Zusammenkünfte abgehalten und sogar mit vermehrter Hingabe gepflegt.

Südamerika

Im geistig besonders aufgeschlossenen Brasilien sammelten sich hauptsächlich deutsche Einwanderer um Johannes Pfützenreiter, der um 1920 zur Neuoffenbarung gefunden hatte und als Geistheiler wirkte. Die erste Tagung mit etwa fünfzig Teilnehmern fand in Encano do Norte-Blumenau, Santa Catarina, am 31. Oktober 1926 statt. Im Jahr darauf wurde mit Planung und Bau eines Neu-Salems-Heims begonnen. Die Einweihungsfeier, an der über hundert Personen aus nah und fern teilnahmen, fand 1929 statt. Dort wurden nun viele Kranke betreut und neben den Tagungen regelmäßig Andachtsstunden abgehalten. Unter den brasilianischen Lorberfreunden wirkte die Hellseherin und Hellfühlerin Martha Westpfal, die bei Krankenuntersuchungen sehr gute Dienste leistete und auch als Vatermedium wirkte. Durch ihre Untersuchungen, die jeden Arzt in den Schatten stellten, wurde die geistige Heilweise weit und breit bekannt, wodurch die Anhängerschaft der Neuoffenbarung zunahm. Revolution und Gegnerschaft bewirkten um 1930 einen stärkeren Zusammenhalt unter der brasilianischen Neu-Salems-Gemeinde, die sich nun auch auf wirtschaftlichem Gebiet organisierte. In diesem Jahr wurden auch erste Übersetzungen ins Brasilianische in Angriff genommen. Nun ging die katholische Geistlichkeit mit der Unterstützung von Ärzten und evangelischen Pastoren gegen Johannes Pfützenreiter vor. Man verbot ihm polizeilich das Heilen und ließ ihn mit brutaler Gewalt ohne Verhör ins Gefängnis werfen. Er sei der Satan, und in der brasilianischen Neu-Salems-Gemeinde seien die schlimmsten Verbrechen an der Tagesordnung. Um ihn zu enteignen und des Landes zu verweisen, wurde er bolschewistischer Umtriebe beschuldigt. Johannes Pfützenreiter kam bald wieder aus dem Gefängnis frei und führte Gemeinschaft und Heilbetrieb ein paar Monate weiter. Dann wurde er wegen angeblicher Kurpfuscherei vor Gericht gestellt. Man beschuldige ihn des Todes von zwei Menschen, mit denen er gar nichts zu tun gehabt hatte. Beim Verfahren erschienen aber auch Ankläger, deren er sich liebevoll angenommen hatte, und die ihn nun zum Dank dafür belasteten. Mithilfe verleumderischer Zeugen wurden die Lorberwerke von der Anklage auf das Übelste lächerlich gemacht. Da an der Verhandlung viel unverständiges Volk teilnahm, setzte ein arges Gespött ein, das die Lorberfreunde, die Johannes Pfützenreiter als unschuldig betrachteten, an die Kreuzigung Jesu erinnerte. Das Urteil lautete dann: 2 Monate und 10 Tage Gefängnis, was der Verurteilte still hinnahm. Abschließend brachte die Volkszeitung in Blumenau einen Artikel, in dem Jakob Lorber und die Neuoffenbarung verspottet wurden. Nach Schikanen von evangelischen Pastoren verselbständigte sich die brasilianische Neu-Salems-Gemeinde weiter. Sie fing nun an, neben regelmäßigen Gottesdienstfeiern auch Taufe, Konfirmation und Trauung im Sinne der Neuoffenbarung in ihrem eigenen Versammlungssaal durchzuführen. Johannes Pfützenreiter starb als langjähriger Lorberfreund im November 1964 in Encano do Norte.

Die Anzahl der brasilianischen Lorberfreunde, die unabhängig, also auf eigenen Wegen, zur Neuoffenbarung fanden, überstieg bei weitem jene, die einem Freundeskreis angehörten. In Rio de Janeiro sammelte sich um 1950 ein Lorber-Freundeskreis um den Zahnarzt Paulo Juergensen. Bei den wöchentlichen Versammlungen fanden sich größtenteils Personen ein, die der deutschen Sprache nicht mächtig waren. Daher wurden Vorlesungen und Aussprachen in Portugiesisch abgehalten. Paulo Juergensen und Yolanda Henriqueta Linau fingen 1951 an, portugiesische Übersetzungen zu erstellen und herauszugeben. 1966 konnte die Übersetzung des *Großen Evangelium Johannes* dank der Spenden von deutschen Lorberfreunden vollständig gedruckt werden. Bis 1979 hatte Yolanda die meisten Lorberwerke übersetzt. Diese Übersetzungen sollen allerdings stark zensiert sein. Der Druck erfolgte gemäß den verfügbaren Mitteln. Im Jahr 1954 wurde die „Uniao Neo-teosofica" gegründet, in der Paulo Juergensen das Offenbarungswerk Jakob Lorbers anhand der Übersetzungen vortrug und erläuterte. So machte er die Neuoffenbarung auch in Uberlandia, Belo Horizonte und Goiania bekannt. Die Gruppe in Goiania leitete Thalizia Reis. Dort gab es auch Kinder- und Jugendgruppen. Als Paulo Juergensen 1972 verstarb, übernahm Yolanda die Leitung der Gruppe in Rio. Trotz ihres hohen Alters arbeitete sie unermüdlich an den Übersetzungen und leitete die wöchentlichen Versammlungen in ihrem Heim.

In Argentinien sammelte sich 1935 ein erster kleiner Lorber-Freundeskreis in einem speziell dafür eingerichteten Wochenendhaus in der Kolonie Eldorado. Die Teilnehmer waren deutschsprachige Einwanderer, wobei einer von einer merkwürdigen Vision berichtete, welche den baldigen Zorn Gottes anzukündigen schien, in Hinsicht auf den anstehenden zweiten Weltkrieg also durchaus zutreffend war.

Italien

Im Jahr 1924 begann Piacentini Salvatore aus Triest das Lorberwerk ins Italienische zu übersetzen, wofür er etwa 10 Jahre benötigte. Er übersetzte fast das gesamte Werk. Ab den 1960er-Jahren übersetzte Battistella Clara noch einige weitere Bände. Die italienischen Übersetzungen wurden lange Zeit nur per Fotokopien verbreitet. Erst mit der Gründung des Verlages „Die Neuoffenbarung" im Jahr 2000 mit Sitz in Venedig, wurde sie auch in Buchform erhältlich. Finanziert wurde der Verlag von der 1998 gegründeten „Associazione Jakob Lorber", ebenfalls mit Sitz in Venedig, die Vesco Giuseppe als ihren Präsidenten wählte. Nun wurden regelmäßig Treffen veranstaltet, ein Ausflug nach Graz und

Umgebung unternommen, und die Neuoffenbarung auf einer Buchmesse in Turin präsentiert. Die italienischen Lorberfreunde bemühten sich, mit der Unterstützung von Lorberfreunden aus anderen Ländern, einen Film über die Neuoffenbarung zu drehen, vermochten aber die Probleme bei der Erstellung des Drehbuches und der Finanzierung nicht zu überwinden. Im Jahr 2008 wurde eine Lorber-Ausstellung beim Vereinssitz in Venedig gebaut – Sonne, Mond, Neptun und die Sphinx nach den Angaben der Neuoffenbarung. Der Radiosender „Radio Gamma 5" lud im Jahr 2011 den Präsidenten der Associazione Jakob Lorber ein, in einer zweistündigen Sendung über Jakob Lorber und Themen der Neuoffenbarung zu sprechen. Seit 2013 sind die italienischen Übersetzungen der Lorberwerke auch als eBooks erhältlich und 2014 wurden 1400 Bücher an 250 Gefängnisse gespendet. Die Anzahl der Mitglieder und Sympathisanten der Associazione Jakob Lorber betrug von 1995-2015 durchschnittlich 70. Ihre Spenden finanzieren eine Website, über welche die italienischen Übersetzungen der Lorberwerke gratis heruntergeladen werden können, eine monatliche Zeitung und diverses Arbeitsmaterial. Bisher wurden in Italien Zehntausende Bücher von Jakob Lorber verkauft.

Österreich

Die Lorberfreunde in Österreich koordinierten sich meist mit jenen in Deutschland. Sie bestellten die Bücher in Deutschland und wurden von dort aus inspiriert und auch ein Stück weit organisiert. In Österreich gab es vor dem zweiten Weltkrieg blühende Lorber-Gemeinschaften, die durch das politische und kriegerische Geschehen völlig ausgelöscht wurden. Nach dem Krieg waren die österreichischen Lorberfreunde über das ganze Land verstreut. Erst als Österreich, welches in das Deutsche Reich integriert worden war, wieder als Bundesstaat restauriert wurde, vermochten sich die Lorberfreunde wieder zu sammeln. Zuerst wurde in Wien die „Kosmosophische Gesellschaft" gegründet und zugleich die „Lorber-Tatgemeinschaft Österreich" neu eingerichtet und vom Innenministerium für ganz Österreich genehmigt. Zweck und Ziel dieser Tatgemeinschaft war die Verbreitung der Neuoffenbarung. Dabei koordinierte man sich mit der deutschen Lorber-Gesellschaft. In Wien wurde von der Tatgemeinschaft ein geisteswissenschaftliches Seminar unterhalten, in denen in Lehrgängen alle Fragen des Diesseits und Jenseits auf der Grundlage der Neuoffenbarung behandelt wurden. Erörterungen politischer und konfessioneller Fragen waren ausdrücklich unerwünscht, ebenso spiritistische Sitzungen und spiritistische Experimente. Im Jahr 1956 wurden acht öffentliche Lorber-Freundeskreise in Österreich gezählt.

Mit der Gründung der österreichischen Lorber-Gesellschaft im Jahr 1976 fand eine unscharfe Abgrenzung von der deutschen Lorber-Gesellschaft statt. Gegründet wurde die österreichische Lorber-Gesellschaft von dem Deutschen Richard Raupach (1913-1988). Ziel dieses Vereines mit Postadresse in Salzburg war die internationale Verbreitung der Lorberwerke. Präsident wurde Paul Sommer, Inhaber eines Institutes für Verkaufsförderung in Wien. Eine Mitgliedschaft auf Antrag war möglich, wofür ein jährlicher Mitgliedsbeitrag fällig wurde, der bei Mittellosigkeit entfiel. 1981 wurden 73 Mitglieder angegeben, darunter auch der katholische Priester Robert Ernst (aus Belgien) und Hanna Zluhan, die Frau von Friedrich Zluhan. Wie bei der deutschen Lorber-Gesellschaft war die Konfession der Mitglieder Privatsache, zudem wurden auch Nichtösterreicher ins Präsidium aufgenommen. Während die deutsche Lorber-Gesellschaft einen eher biederen und reservierten Eindruck vermittelte, verhielt sich die österreichische Lorber-Gesellschaft offensiver. Sie betrieb Öffentlichkeitsarbeit und trat überhaupt mehr gesellschafts- und kirchenkritischer auf. Die Jakob-Lorber-Gedenktafel, die am 14.8.1981 an dem Grazer Bürgerhaus, in dem Jakob Lorber wohnte, als das Diktat der Neuoffenbarung begann, angebracht wurde, geht auf ihre Initiative zurück. In Graz wurde dann auch eine kleine Gasse nach Jakob Lorber benannt. Die Zeitschrift der österreichischen Lorber-Gesellschaft hieß *Wille und Wahrheit* und hatte eine Auflage von um die 1000 bis 2000 Stück. Schriftführer wurde Richard Raupach, der auch unter dem Pseudonym Paul Bischoff Beiträge verfasste. Viele Artikel stammten von Autoren, die auch für *Das Wort* der deutschen Lorber-Gesellschaft schrieben. Die Zeitschrift war durchaus kein religiöses Kirchenblatt, sondern vielmehr eine prophetische Streitschrift, die aufrütteln und reformieren wollte. Dem Katholiken Richard Raupach lag die unbedingte Vermeidung des Ausdrucks jeglicher religiös-sektiererischer Ambition am Herzen. „Der heute evidente allerdreckigste, sogenannte Zeitgeist durfte nicht die mindeste Beschwichtigung auf religiösem Gebiet durch irgendwelche Pseudo-Liturgien erfahren!", schrieb er in einem Abschiedswort. Frömmelei, womöglich noch dazu aus finanzieller Vorteilsnahme, und Einlullung durch Beweihräucherung waren ihm zutiefst zuwider. Dem Diesseits entfremdet, war sein Herzenswunsch, heimkehren zu dürfen ins Vaterhaus. Leben war für ihn gleichbedeutend mit dem Einsatz für das Gotteswort, und mit dem Werk Jakob Lorbers identifizierte er sich völlig. Er war durchdrungen von der Erkenntnis, dass das Wohl und Wehe der Menschheit abhängt von ihrem Willen, die Botschaft Gottes anzunehmen oder eine unerhörte Leidenszeit anzutreten. Bei ihren Bemühungen riefen die Reformer der Lorber-Gesellschaft dennoch nicht zum Kirchenaustritt auf. Die österreichische Lorber-Gesellschaft befand sich stets in einer prekären finanziellen Lage, einerseits weil den finanziellen Nutzen ihrer Arbeit der Lorber-Verlag als einziger Verleger der Lorberwerke an sich zog, andererseits weil Richard Raupach den „die

Weltpolitik beherrschenden Anti-Gott", das Geld, verachtete. Im Jahr 1986 schließlich wurde der Vorstand umgebildet und der Sitz der Gesellschaft nach Graz verlegt. Nach dem Tod von Richard Raupach wurde Kajetan Atzl Präsident, und für die Lorber-Gesellschaft wurde nun dessen Adresse in Kundl in Tirol angegeben. Aufgrund der letztendlich doch zu groß gewordenen finanziellen Schwierigkeiten musste die Zeitschrift 1994 eingestellt werden. Wenige Jahre später löste sich die Gesellschaft auf. Die deutsche Lorber-Gesellschaft bot an, die Mitglieder zu übernehmen.

Osteuropa

Während der ersten Hälfte des 20. Jahrhunderts fand die Neuoffenbarung beachtlichen Zuspruch in Lettland. Zwei Pastoren der Lutherischen Kirche warben eifrig dafür. Sie druckten die Bücher in lettischer Sprache und konnten sogar eine Zeitschrift mit einer Auflage von 2000 Stück herausgeben. Die Versammlungen mit Vorlesungen aus dem *Großen Evangelium Johannes* wurden gut besucht; am 15. März 1926 versammelten sich etwa 1000 Lorberfreunde. Um 1930 wurden in Lettland die ersten Lorberwerke ins Russische übersetzt. Aufgrund der Situation in Russland war allerdings ein Versand dorthin unmöglich. Lettische Lorberfreunde wanderten nach dem zweiten Weltkrieg als Flüchtlinge nach Soustons in Frankreich aus, wo sie in einer Kolonie gemäß den Richtlinien der *Bibel* und Neuoffenbarung lebten. Trotz großer Armut war ihr Verhalten derart beispielhaft, dass sogar Geistliche aus der Schweiz nach Soustons reisten, um das Leben dort kennenzulernen. Viele dieser Lorberfreunde gehörten früher der Lorbergemeinschaft des inzwischen verstorbenen Pastor Arnolds Vilcins in Riga an. Als Lettland in den frühen 1990ern seine Unabhängigkeit von der Sowjetunion erlangte, stellte sich heraus, dass es dort immer noch Lorberfreunde gab.

Zwei junge Männer aus Riga fanden zur Jahresversammlung nach Bietigheim und brachten ihren kostbaren Schatz mit: das zerlesene letzte Exemplar einer alten, maschinengeschriebenen Übersetzung der *Jugend Jesu* in lettischer Sprache. Sie berichteten von weiteren Gesinnungsgenossen in Riga, welche die Neuoffenbarung durch die schweren Zeiten bewahrt und hochgehalten hatten. Nach dem Tod von Pastor Vilcins, der einen großen Teil der Lorberwerke in die lettische Sprache übersetzt hatte, übernahm Karlis Grinups dessen Tätigkeit als Prediger. Er verband Jakob Lorber und Emanuel Swedenborg. Aufgrund der kommunistischen Herrschaft erlitt die lettische Gemeinde empfindliche Verluste, und nach dem Zerfall der Sowjetunion waren die ersten Lorberfreunde verstorben. Von den Predigern war nur noch Olgerts Mieklsons in Riga übriggeblieben. Doch unter den Jugendlichen erwachte ein Interesse an der Neuoffenbarung. Die Offenheit der sehr unabhängigen baltischen Landeskirchen ermöglichte den Lorberfreunden eine Zusammenarbeit und Bekanntmachung der Neuoffenbarung. Sie halfen auch beim Wiederaufbau von zerstörten Kirchenbauten, obwohl die Neuoffenbarung mit Bethäusern wenig im Sinn hat. Es sei schön, einen äußeren Tempel als Symbol zusammen mit dem lebendigen Tempel in unseren Herzen aufzubauen, schrieb der als Pfarrer der ev.-luth. Landeskirche arbeitende Lorberfreund Ingmar Zemzaris.

In Litauen hatten die Menschen während der Jahrzehnte kommunistischer Herrschaft nicht die Möglichkeit, über Jesus Christus zu sprechen. Aber die Gläubigen bewahrten den Herrn im Herzen. Irmgard Kavaliuniene und Günter Kalweit lernten die Neuoffenbarung kennen und verteilten nach dem Fall der Sowjetunion privat und über Buchhandlungen die noch wenigen Übersetzungen im ganzen Land. Die Not in Litauen war sehr groß, weswegen Günter Kalweit auch Spenden der Lorberfreunde dorthin brachte, die vor allem armen Kindern zugutekamen.

Die ungarische Neu-Salems-Mission wurde um 1920 mit amerikanischer Unterstützung angefangen, später von einem deutschen Lorberfreund gefördert und musste dann weitgehend auf eigenen Füßen stehen. Um 1930 bestand in Budapest ein Freundeskreis um Eduard Horti und dessen Frau, die das Innere Wort hatte. Bücher der Neuoffenbarung wurden übersetzt, die Eduard Horti im Selbstverlag druckte und zum Selbstkostenpreis abgab. Auch ein kleines Monatsblättchen konnte herausgegeben werden. Aus Mangel an Geldmitteln erschienen nur sieben Ausgaben pro Jahr; versendet wurden jeweils 600 Exemplare. In diesem Jahr wurde auch die „Ungarische Neu-Salems-Gesellschaft" (Magyar Uj-Szálem-Társaság) gegründet. Präsident wurde Adalbert Palesch, Ehrenpräsident Eduard Horti. Ihre Aufgabe sah die Gesellschaft im Druck von Werbeschriften und den Lorberbüchern. Vor allem der Geldmangel hinderte die Lorberfreunde in Ungarn an einer größeren Verbreitung der Schriften der Neuoffenbarung.

In der Tschechoslowakei fand in den 1930er-Jahren der Religionsverein „Neu-Salems-Gemeinde" amtliche Anerkennung, wodurch die öffentliche Tätigkeit und Verbreitung der Neuoffenbarung ermöglicht wurde. Regelmäßige Versammlungen wurden in einem Klassenzimmer in Brünn abgehalten. Erste Übersetzungen in tschechischer Sprache erschienen. Für verlassene und notleidende Alte errichteten die Lorberfreunde ein Heim in Lichtewerden. Dieses wurde 1935 eingeweiht.

Die Baronin Ludmilla Pawlowna von Offenberg-Wanke, geb. Gudim-Levkowitsch, eine in Genf lebende russische Emigrantin, übersetzte in aufopferungsvoller Arbeit fast das gesamte Lorberwerk originalgetreu ins Russische. Sie fühlte sich von Gott dem Vater berufen, ihrem geliebten Heimatvolk zu dienen – nicht durch Politik oder sonstige vergängliche Werke und Werte, sondern mit dem geistigen Licht. Ludmilla stammte aus einer berühmten Familie, die im zaristischen Russland zu hohen Militärkreisen gehörte und verwandtschaftliche Verbindungen zum zuletzt regierenden Zarenhaus hatte. Aufgrund der Situation in Russland war eine Veröffentlichung aber kaum möglich. Prof. Dr. Assejev, ebenfalls ein Emigrant, veröffentlichte einige Textpassagen in seinem in Paraguay erscheinen Journal. Die Übersetzungen wurden Otto Zluhan anvertraut und lagerten lange in den Archiven des Lorber-Verlages in Bietigheim. Nach der Auflösung der Sowjetunion wurden bisher lediglich die *Jugend Jesu* und einige kleinere Werke veröffentlicht.

Schweiz

Die Lorberfreunde der deutschsprachigen Schweiz koordinierten sich, ähnlich wie die Österreicher, mit jenen in Deutschland. Auch sie bestellten die Bücher in Deutschland, wurden von dort aus inspiriert und auch ein Stück weit organisiert, legten aber größeren Wert auf ihre Unabhängigkeit. Der Lorber-Freundeskreis in Zürich wurde in den Jahren 1923 bis 1937 von S. M. Kehl geführt, dem ehemaligen Leibarzt der österreichischen Kaiserin Elisabeth. Bei ihm war früher einige Male Friedrich Landbeck zu Gast. In Zürich fand auch Otto Zluhan Zuflucht, nachdem Neu-Salems-Gesellschaft und Neuoffenbarung vom NS-Regime verboten worden waren. Dort wurde 1940 das Büchlein *Es werde Licht!* zum 100. Jahrestag der Neuoffenbarung gedruckt. Zürich blieb jahrzehntelang die zentrale Anlaufstelle der Lorberfreunde in der Schweiz. Im Jahr 1951 gründete der in Gossau-St. Gallen lebende Max Burri eine Lorber-Gesellschaft unter der Bezeichnung „Mission und Gesellschaft für Tatchristentum", die sich besonders für die Verbreitung der Lorberschriften einsetzte. Dies geschah in Abstimmung mit dem Lorber-Freundeskreis in Zürich, der von Godi Stöcklin geführt wurde, und in engem Kontakt mit der deutschen Lorber-Gesellschaft, in der Max Burri zum Mitglied berufen wurde. Im Jahr 1956 zählte man zwei öffentliche Lorber-Freundeskreise in der Schweiz.

Der Schweizer Yves Kraushaar begann 1984 mit einer organisierten und groß angelegten Produktion von Sonnenheilmitteln. Gemeinsam mit dem Lorber-Verlag bemühte er sich um deren Bekanntmachung, wobei die Heilmittel kostenlos an interessierte Ärzte und Heilpraktiker in Mitteleuropa versandt wurden. Die in der Schweiz gegründete Firma MIRON GmbH machte mit den Sonnenheilmitteln in den 1990er-Jahren gute Geschäfte.

Slowenien

Das 1991 unabhängig gewordene Slowenien entdeckte seinen Landsmann Jakob Lorber, dessen Geburtsort heute in Slowenien liegt. Über die Jahre erschienen Beiträge in verschiedenen Zeitschriften, und am 5. März 1996 wurde von der Universitätsbibliothek in Maribor eine Jakob-Lorber-Ausstellung eingerichtet. Dort wurde Jakob Lorber als Mann gewürdigt, den Gott zu einem großen Werk berufen hatte. Im Touristenführer von Jarenina (Jahring) wurde Jakob Lorber unter den bekannten Persönlichkeiten aufgeführt. Am 15. September 1996 brachte das Erste Slowenische Fernsehen einen etwa 15-minütigen Beitrag über Jakob Lorber im Nachmittagsprogramm.

Die Zukunft

Gegenwärtig gibt es nur wenige selbständige Freundeskreise, und die meisten Lorberfreunde leben still für sich. Die Neuoffenbarung hat fast überall auf der Welt Anhänger, wenn auch immer noch mit Schwerpunkt auf deutschsprachige. Die langjährigen Lorberfreunde wissen den sicheren Boden des Lorberwerks und der sanften Vaterstimme im eigenen Herzen besser zu schätzen und wahren eine größere Vorsicht bei neuen Kundgaben. Die Bildung einer größeren Lorber-Gesellschaft, wie in den Vorkriegsjahren, ist gegenwärtig eher unwahrscheinlich. Die Menge der Anhänger der Neuoffenbarung war immer überschaubar und wird es in absehbarer Zukunft wohl auch bleiben. Aktuell sieht es so aus, als würde sich die Lorber-Bewegung von den Anflügen kirchlicher Organisation befreien und in den nur vom Herrn geführten Modus von vor Friedrich Landbeck und seinem Verlag zurückkehren. Sie befindet sich sozusagen in Klausur.

Selbst weise Menschen kommen nur schwer allein mit der Geistkirche zurecht. Das ist in etwa so, als würde man nur von geistiger Kost leben wollen und nicht auch von natürlicher. Die Neuoffenbarung lehnt die Weltkirche nicht ab, sondern kritisiert nur die Entgleisungen. Daher können sich die Lorberfreunde auch organisieren, wobei allerdings eher keine Amtskirche zu erwarten ist, die über viele Jahrhunderte besteht. Wie könnte ein mehr organisiertes Gemeinschaftsleben aussehen? Mystisch orientierte und wenig reglementierte ordensähnliche oder eremitische Gemeinschaften wären überlegenswert, denn die Neuoffenbarung beinhaltet viele Ratschläge und Anweisungen, die einem Leben in einer solchen Gemeinschaft angemessen sind. Als Inspiration oder Vorbild könnten die fernöstlichen Ashrams fungieren, die einen recht ausgewogenen Weg in weltlicher und geistiger Hinsicht beschreiten. Auch ein sozialer Verband ähnlich dem Kolpingwerk läge durchaus im Sinne der Neuoffenbarung, wobei allerdings die mehr vergeistigte und sehr individualistische Natur der Lorberfreunde zu beachten wäre. Möglicherweise entstehen eines Tages doch Kirchen auf Grundlage der Neuoffenbarung, oder es geschieht ein Wunder, und die Neuoffenbarung wird von einer des Beherrschens und Verurteilens leid gewordenen Amtskirche anerkannt.

Die mystischen Bewegungen überall auf der Welt gleichen dem Wind: Meistens wehen sie unbemerkt als leichte Brise, treiben die Kirchenschifflein voran, scheinen auch manchmal ganz zu verschwinden – doch wenn die Zeit gekommen ist, dann begehren sie auf, werden zum Donnersturm, der sich bald schon wieder legt – die Luft ist nun frisch belebt und es bleibt ein Zeichen des unverbrüchlichen Versprechens, der großen Verheißung. Mystiker halten meist Kontakt zur Weltkirche, übertölpeln dann aber doch die strengen Wächter, die sie einsperren wollen, überwinden die als erdrückend empfundenen Mauern, entfalten ihre Schwingen und suchen die himmlischen Weiten und Höhen. Ein Lorberfreund ist aufgerufen, die Liebe Gottes zu kultivieren, auf sie zu hören und ihr zu folgen, ein Impulsgeber zu sein, allein oder in kleinem Kreis, die Neuoffenbarung getreu zu bewahren und zu überliefern und sie mit allen zu teilen, die ihm der Herr schickt.

Fraget nicht: Was haben wir zu erwarten? –
Ihr wisset es ja lange schon,
dass der Gute allezeit nur Gutes
und der Schlechte nur Schlechtes zu erwarten hat.
Himmelsgaben 3.480521.16

Von Lorberkritikern, Freunden und Feinden

Etliche Kritiker der Neuoffenbarung und der Lorber-Bewegung gehören zu jenem Schlag von fanatischen Personen, die mit lautem Gekläff über alles herfallen, was nicht in ihr engstirniges, von Vorurteilen geprägtes Weltbild passen mag. Dies tun sie gern auch im Namen von Gott und Wahrheit und sogar der Nächstenliebe. Eine kritische Selbstbetrachtung ist ihnen fremd, ebenso alle mystische Erfahrung. Wenn sie nach bewährter polemischer Manier irgendeine Aussage der Neuoffenbarung aus dem Zusammenhang des Werkes reißen, um sie so falsch und schlecht als möglich darzustellen, dann hat man noch Glück, denn oft genug haben sie nicht einmal ein einziges Buch gelesen, sondern fabulieren irgendetwas zusammen, übernehmen irgendwelche Lügen oder Klatsch. Gewöhnlich genügt ihnen ihre dogmatische Ansicht, es gäbe keine neuen Propheten, es gäbe keinen Gott, oder zumindest keinen, der noch etwas zu sagen habe, Religion sei Teufelswerk, die *Bibel* oder sonst ein Buch oder Prophet wären der Schlusspunkt göttlicher Offenbarung oder geistiger Entwicklung, daher alles Weitere vom Satan sei. Eine Diskussion mit ihnen gestaltet sich etwa so, als würde man mit seinem Henker reden. Es ist derselbe Ungeist, der schon seit Menschengedenken die Propheten Gottes verfolgt und zu ermorden trachtet.

„Sie (die Pharisäer) sind unsere Geschwister, da auch sie nur zu dem einen Gott JHWH beteten." – Lorberkritiker Michael Junge in „Jakob Lorbers Laodizenerbrief" (2017)

Dann gibt es jene Lorberkritiker, die sich ausführlich mit der Neuoffenbarung beschäftigen, aber jedes Wunder oder Zeugnis einfach „übersehen", weil es ihrem Weltbild oder schon längst gefasstem Vorurteil widerspricht. So rufen auch sie ein „Steinigt ihn!" über den Propheten aus, ohne sich der Tragik und der Folgen ihres Tuns bewusst zu sein. Der Theologe und Lehrer Frank Mehnert hat ihre Herangehensweise treffend beschrieben: „Kein Evangelium, kein Paulus-Brief hätte eine Chance, anerkannt zu werden, keine Hildegard, keine Brigitta, keine Jeanne, kein Jakob Lorber, wenn man so zu Werke geht, wie es gemeinhin geschieht. Die Prüfung ist im Grunde ein Examen mit der hundertprozentigen Chance durchzufallen."[63] Lediglich die Katholiken dulden Privatoffenbarungen – insofern diese den Vorstellungen kirchlicher Obrigkeiten entsprechen. Allerdings führt dies zu ganz kuriosen Erscheinungen. Etwa die im 17. Jahrhundert verfassten Schriften von Maria von Agreda (1602-1665) musste die Autorin zuerst einmal selbst verbrennen. Dann hatte die Nonne sie auf Befehl ihrer Ordensoberen neu niederzuschreiben. Trotzdem landeten ihre Schriften auf dem Index der verbotenen Bücher. 1704 verbot der Papst Clemens XI ihre Schriften in den Index aufzunehmen – er verbot also das Verbot. 1710 wurde dies dennoch gemacht. Erst 1729 bekräftigte Papst Benedikt XIII mit seiner ganzen Autorität, dass die Schriften bestellt und gelesen werden dürfen.[64] Und dennoch gilt solche Anerkennung nicht etwa als Aufnahme in das Glaubensgut, oder dass die Schriften übernatürlichen Ursprungs seien, sondern nur als Erlaubnis der Lektüre zur unverbindlichen persönlichen Erbauung. Gott wird sozusagen an die Leine genommen. Ob sich der wahre Gott überhaupt einer Amtspriesterschaft unterwirft, kann diskutiert werden. Jesus hat das zuletzt getan – worauf sie Ihn gekreuzigt haben. Aber immerhin schließt man die Möglichkeit göttlicher Offenbarung nicht grundsätzlich aus.

---

[63] Frank Mehner, „Die geistige Gabe Lorbers an die Christenheit", EZW-Texte Nr. 169/2003

[64] Jean-François Lavère, „Das Rätsel Valtorta", 2015, Seite 24

Natürlich ist Vorsicht angebracht, und man kann nicht einfach alles, was als von Gott gegeben daherkommt, ungeprüft als solches anerkennen, denn schon Paulus gibt die Anweisung hinsichtlich des prophetischen Geistes: „Prüft aber alles und das Gute behaltet!" Dazu sagt er aber auch: „Den Geist dämpft nicht. Prophetische Rede verachtet nicht." (1. Thes 5.19-21) Falsche Propheten sind eine Realität. Wer sich mit neuen Kundgaben und deren Empfängern beschäftigt, wird auf die absurdesten Dinge treffen. Aber deswegen unter dem Vorwand einer blindrationalistischen „wissenschaftlichen Erforschung", vor der nichts bestehen kann, alle Schotten dicht machen zu wollen, ist keine Lösung. Die Wahrheit ist kein billig Gut und will erkämpft sein. Zudem kann man sie nie vollends besitzen, sondern sich ihr immer nur weiter annähern. Wer sich dieser geistigen Arbeit und Entwicklung verschließt, der endet als Anachronismus, als Relikt, das vielleicht noch als Kuriosität im Museum bestaunt werden kann, sonst aber keinen praktischen Wert mehr hat. Rationalistische Kritik ist angebracht, solange sie bei jenen Dingen bleibt, die ihrem begrenzten Fassungsvermögen zugänglich sind. Die Anbiederung der Neu-Salems-Gesellschaft und des Neu-Salems-Verlages an die sie bedrohenden nationalsozialistischen Machthaber ist beispielsweise kritikwürdig, ebenso die Zensur und Verfälschung der Lorberwerke, das strikte Unter-Verschluss-Halten der Handschriften, die fehlende digitale Sicherung der Handschrifteninhalte, das Zurückhalten von Informationen, oder eine sektiererische, fanatische Auslegung der Neuoffenbarung. Die Lorberfreunde sind auch nur Menschen, und als solche verlaufen sie sich öfters. Es ist auch nicht verkehrt, darauf hinzuweisen, wenn Angaben der Neuoffenbarung naturwissenschaftlichen Erkenntnissen widersprechen, oder theologische und philosophische Dinge zu diskutieren. Dabei ist aber eine vorsichtige Zurückhaltung angebracht, weil die Neuoffenbarung ansonsten dem Kritiker zu jenem Eckstein wird, den die Bauleute verworfen haben.[65]

Solange Kritik respektvoll und fair bleibt, keine inquisitorischen Züge annimmt und nicht das Kind mit dem Bad ausschüttet, ist daran nichts auszusetzen. Wenn jedoch auf brutal oder verhalten aggressive Weise ein möglichst unvorteilhaftes Bild von Jakob Lorber, der Neuoffenbarung und der Lorber-Bewegung gezeichnet wird, den Lorberfreunden im Allgemeinen subtil und auch offen unterstellt wird, unkritisch zu sein und sich auf unwissenschaftliche oder propagandistische Weise mit der Neuoffenbarung zu beschäftigen, dann ist das nicht Kritik, sondern Diffamierung. Bei solchen Steinewerfern dürfen die Lorberfreunde nicht einmal Christen sein, sondern sie werden als Gnostiker und Esoteriker, als Spiritisten und Okkultisten hingestellt, die gegen das biblische Gebot verstoßen, die Verstorbenen nicht um Rat zu fragen, denn der Diktatgeber der Neuoffenbarung könne doch auf keinen Fall Gott sein. Diffamierend ist auch, Jakob Lorber und die Lorberfreunde mit kuriosen und dubiosen Personen, Wortempfängern und Gemeinschaften in Verbindung zu bringen, bei denen vielleicht ein Einfluss aus Jakob Lorber vorhanden ist, die ihren Schwerpunkt aber auf ganz andere Lehren oder Offenbarungen legen. Tatsächlich wird Jakob Lorber sogar mit Personen und Kreisen in Verbindung gebracht, die sich nicht einmal zum Lorberwerk bekennen, demselben sogar ablehnend gegenüberstehen, lediglich deswegen, weil diese eben auch eine neue Offenbarung hätten.

Einer der wenigen Lorberkritiker, der sich mit Jakob Lorber und der Neuoffenbarung umfassend beschäftigt hat und trotz Vorbehalten zu einer freundlichen Schlussfolgerung fand, war der evangelische Theologe

---

[65] Eine Anspielung auf Matthäus 21.42; gemeint ist damit, dass man den geistigen Tod über sich bringt, sich also unfähig macht, einen Zugang zur Neuoffenbarung zu finden, siehe dazu beispielsweise Himmelsgaben 1.410627B.

Kurt Hutten (1901-1979), Leiter der Evangelischen Zentralstelle für Weltanschauungsfragen in Stuttgart. Seine Ausführungen sind konstruktiv und nachvollziehbar, wobei der vorteilhafteste und eigentlich schon poetische Abschnitt zur Neuoffenbarung von den Lorberfreunden öfters zitiert wurde: „Dieses Weltbild hat Tiefe und Kraft, umgreift alle Ebenen des menschlichen Seins und der Geschichte, enthält großartige Vorstellungen wie die des großen Schöpfungsmenschen und hat in erstaunlicher Weise moderne Forschungsergebnisse vorweggenommen, so z. B. die in der Atomphysik erfolgte Auflösung der Materie in Energie und Bewegung. In einer Zeit, in der sich die Dimensionen des Universums durch die Astronomie ins Unermessliche geweitet haben, unsere Erdenwelt als ein winziges, bangloses Stäubchen erkannt worden ist, das im Reigen der Sonnen und Milchstraßen verloren umhertreibt, und darum der Mensch sich unbehaust in einer frierenden Einsamkeit und Verlorenheit vorfindet, kann das Weltbild Lorbers eine große Hilfe sein, ... es gibt der Erde samt ihrer Geschichte und Heilsgeschichte ihre Würde wieder, verleiht dem Glauben eine kosmische Weite, verwebt Diesseits und Jenseits, Mikrokosmos und Makrokosmos ineinander, preist die alle Schöpfung durchwaltende Liebe Gottes und weist mit alledem den Menschen einen Weg zur Geborgenheit."[66] Kurt Hutten war einer jener Ausnahmekritiker, die persönlich Erfahrung sammelten, respektvoll blieben, selbstkritisch waren und aufrichtig zu beurteilen und zu helfen versuchten. Seine Kritik besteht im Wesentlichen in der Feststellung, dass Neuoffenbarung und *Bibel* nicht übereinstimmend seien. Viele Dinge würden weit entfernt von der biblischen Welt liegen und im Mund des Heilands wie Ungeheuerlichkeiten wirken, beispielsweise die Verwendung von

---

[66] Kurt Hutten, „Seher, Grübler, Enthusiasten", Quell-Verlag Stuttgart, Seite 360, 9. Auflage, 1964

naturwissenschaftlichen und philosophischen Fremdwörtern. Auch inhaltlich bestünden zwischen dem Neuen Testament und der Neuoffenbarung starke Unterschiede, wobei die Wunderberichte der Evangelien ins Mirakelhafte übersteigert würden. Der Jesus der Bibelevangelien verhalte sich anders als in der Neuoffenbarung beschrieben; letzterer kommentiere die Worte des biblischen Jesus eher, mildere sie ab und mache der Vernunft Konzessionen. Der Jesus der Neuoffenbarung sei ein aufgeklärter Jesus im guten Sinn, nach der Denkart des 19. Jahrhunderts, nicht aber des Neuen Testamentes. Daher stellte Kurt Hutten in Frage, ob der Jesus der Neuoffenbarung derselbe wie der Jesus der Bergpredigt sei. Dem Einwand, die biblischen Wahrheiten würden in der Neuoffenbarung nur in einem neuen, zeitgemäßen Kleid geoffenbart, stellte er grundsätzliche Unterschiede entgegen: Jesus betone in der Neuoffenbarung seine Identität mit dem Vater, was in der *Bibel* nicht der Fall sei; auch die Gottheit in der Neuoffenbarung sei durch den Vater völlig überschattet. Beim Verständnis von Sünde, der Deutung des Kreuzes und hinsichtlich der Gnadenbotschaft bestünden ebenfalls grundlegende Unterschiede. Kurt Hutten ließ die Frage offen, wer der Autor der Neuoffenbarung ist. Für ihn war klar, dass Jakob Lorber kein Betrüger sein konnte – er empfing wirklich Offenbarungen. Auch das Unbewusste Jakob Lorbers oder eine Persönlichkeitsspaltung liefere keine befriedigende Erklärung für die Neuoffenbarung. Man dürfe die Lorberwerke aber nicht als „Offenbarungen Christi" auf die gleiche Ebene stellen wie die *Bibel*. Damit will Kurt Hutten die Neuoffenbarung nicht verwerfen, sondern die richtige Einstufung im Verhältnis zur Heiligen Schrift feststellen. Die Neuoffenbarung solle an der *Bibel* gemessen sein. Wo Widersprüche bestünden, da habe die *Bibel* recht und die Neuoffenbarung unrecht. So sei das Lesen der Neuoffenbarung gewinnbringend. Die Frage, wieso die menschlich protestantische Auslegung der *Bibel*, die

Kurt Hutten mit „Bibel" meint, der göttlichen Auslegung durch die Neuoffenbarung vorzuziehen sei, beantwortet er nicht. In späterer Zeit, kurz
vor seinem Tod, soll er sich im privaten Gespräch vorbehaltlos zur Neuoffenbarung bekannt haben. Er hatte aber keine Gelegenheit mehr, dies
in einer späteren Auflage seines Buches auch öffentlich zu bekunden.

Eine genauere Betrachtung verdient die noch junge Kritik von Kindern von Lorberfreunden, denen die Neuoffenbarung – oder weitestgehend die Art und Weise, wie dieselbe von ihren Eltern angenommen und
umgesetzt wurde – zu einer Last geworden war, die sie abschüttelten.
Simon E.[67] kritisiert eine künstliche Beschäftigung mit der Neuoffenbarung, ein ritualistisches, regelmäßiges Vorlesen und die Teilnahme an einem Lorberkreis, was dem Kind, das Jakob Lorber nicht mochte, wenn
schon nicht aufgezwungen, so doch aufoktroyiert wurde. Auch wurde es
von seinen Eltern mit Hinweis auf die Neuoffenbarung bestraft. Zudem
war der Leiter des betreffenden Lorberkreises offensichtlich ein Anhänger einiger absurder und nationalsozialistischer Ideen. Überhaupt
herrschte ein Klima der Angst in Sachen Glaubensbekenntnis: Das Kind
wagte es nicht, sich beim römisch-katholischen Religionsunterricht oder
vor Freunden zur Neuoffenbarung zu bekennen. Weiters wird eine sektiererische Annahme der Neuoffenbarung kritisiert: Es gab unausge-
sprochene Tabus, eine offene Diskussion wurde verweigert, man betrachtete alle anderen, welche „die wahre Lehre" nicht angenommen
hatten, für blind und dumm. Das Kind hielt sich daher von „Ungläubigen" fern und fand so kaum Anschluss zu anderen Menschen. Die Neuoffenbarung, beziehungsweise die Art, wie Simon E. danach zu leben ge-
lernt hatte, machte ihn sehr unglücklich. Die schmerzhafte Loslösung

---

[67] Andrea Daxner: Wi(e)der die Wahrheit. Neuoffenbarungsbewegungen
am Beispiel der Lorber-Bewegung, 2003, ab Seite 201

begann im Alter von ca. 17 Jahren und dauerte viele Jahre. Der Bruch, dem eine schwere Lebenskrise voranging, geschah mithilfe einer Partnerin, durch die sich der nunmehr junge Erwachsene schließlich vor die Wahl gestellt sah: Entweder sie oder die Neuoffenbarung. Die Entscheidung fiel gegen die Neuoffenbarung, an der Simon E. in der Folge nichts Positives entdecken konnte, was die biblische Botschaft seiner Ansicht nach nicht auch schon beinhalte. Noch lange Zeit fiel es ihm sehr schwer, sich kritisch zur Neuoffenbarung zu äußern, weil er eine Rache Gottes in Form einer Selbstbestrafung befürchtete. Seine schließlich dann doch gewagte Kritik an der Neuoffenbarung ist alles andere als objektiv und besteht nur aus Beschimpfung: Die Neuoffenbarung sei verzopft, peinlich, abgeschmackt, verworrenes Zeug, versetzt mit allerlei Blödsinn, Gift und Drohung; die Lorber-Bewegung sei eine Sekte, die eine Art von Gehirnwäsche betreibe, und vor der die römisch-katholische Kirche mehr warnen sollte.

Johanna Böhm[68] stand während ihrer gesamten Kindheit und Jugend die Neuoffenbarung als Quelle göttlicher Wahrheit zur Verfügung. Sie gehörte einer – nach ihren Beschreibungen – sektiererisch geprägten Gemeinschaft an, geführt von einem ungenannten Gründer und Wortempfänger, der sich auf Jakob Lorber berief. Konkrete Informationen werden von ihr verschwiegen, um innerfamiliäre Beziehungen nicht noch weiter zu belasten. Als junge Erwachsene stellte sie diese Gemeinschaft und die Neuoffenbarung in Frage, weil ihr „die Unterschiede zu dem, was das Glaubensleben normaler Christen prägt" zu groß erschienen. Mit den „normalen" Christen sind die Mitglieder einer Jugendgruppe einer ungenannten evangelischen Sekte gemeint, die einen Jesus predigen, der gesagt haben soll: „Gib mir dein bisheriges Leben, und

---

[68] Johanna Böhm: Jakob Lorber, Eine kritische Durchsicht, 2011

du bekommst von mir ewiges Leben. Vertrau mir, ich mache das Beste daraus." Konkreter wurde er offenbar nicht. Diesen Jesus der Jugendgruppe fand Johanna Böhm befreiender und glaubwürdiger als den Jesus der Neuoffenbarung, der ihr verboten habe, was ihr Spaß mache, wobei sie nicht ausführt, was das denn sei. Obwohl sie angibt, nach einem inneren Kampf mit der „sinnlosen" Neuoffenbarung gebrochen zu haben, fing sie dann doch wieder an, sich damit zu beschäftigen, um die Gründe ihrer Entscheidung für sich und andere zu finden. Das Ergebnis dieser Bemühung war eine Website und ein Buch. Ihr Buch beginnt mit einer Darstellung der Neuoffenbarung, dann Jakob Lorbers und der Lorberfreunde und ufert im weiteren Verlauf zu einer entsetzlichen Schmutzkübelkampagne aus. Die Lorberfreunde seien verblendete, verlogene, arrogante und kritikunfähige Anhänger einer teuflischen Lehre, die Kindesmisshandlung, Frauenhass, Vergewaltigung, Antisemitismus und die Bildung von Psycho-Sekten propagiere. Den manipulativ, betrügerisch, geltungssüchtig und geisteskrank seienden Jakob Lorber findet Johanna Böhm erst angesichts eines „normalen" Sexlebens, wonach Lorber ein uneheliches Kind gehabt hätte, zumindest ein wenig sympathisch. Für Johanna Böhm ist die Neuoffenbarung ein unnötiger Berg Papier. Den möchte sie loswerden, damit dann „ein Gott bliebe, der wieder neu entdeckt und selbst erlebt werden könnte und eine *Bibel*, die man wieder fragend und staunend gemeinsam mit all den anderen Christen liest". Sie preist die Unwissenheit – „ich weiß, dass ich nicht weiß" – weil sie nicht glaubt, ein umfassendes geistiges Wissen wäre nützlich oder könne jemanden näher zu Gott führen. Immerhin – ihrer Kritik an den Lorber-Verlagen seit Friedrich Landbeck werden die meisten Lorberfreunde teilweise zustimmen. Und sicherlich gibt es einige mit sehr unerfreulichen Charaktereigenschaften belastete Lorberfreunde, was aber nicht der Lehre der Neuoffenbarung angekreidet werden kann.

Es liegt mir fern, darüber urteilen zu wollen, wer die Schuld daran trägt, wenn sich Kinder gegen ihre Eltern wenden, oder gegen das, was diese im Innersten bewegt. Einerseits sehen wir an Adam und Eva, wie selbst die beste Erziehung der Kinder sie nicht daran hindern kann, Wege zu gehen, die ihre Eltern nicht gutheißen. Andererseits sollte niemandem, auch nicht Kindern, im spirituellen Bereich etwas aufoktroyiert werden, für das sie nicht reif oder geschaffen sind. Zwar ist unvermeidlich, dass Kinder in der Welt ihrer Eltern aufwachsen und durch diese geprägt werden, dennoch sollte man sie möglichst nur rufen, wie es Jesus mit den Jüngern tat, und sie nicht hinter sich herzerren, wenn sie nicht folgen wollen. Erst wenn sich Kinder aus eigenem Antrieb mit der Neuoffenbarung beschäftigen, etwa weil sie diese als etwas Positives bei ihren Eltern erlebt haben, dann sollten sie darin bestärkt und gefördert werden. Davor ist eine gewisse Zurückhaltung notwendig, ansonsten die Kinder durch zu viel Weisheit in ihrer natürlichen Entwicklung beeinträchtigt werden.[69] Wichtig ist die Liebe. Wer zu viel weiß, muss nicht nur im Kriminalroman und Western sterben, sondern auch in geistiger Hinsicht. Er muss der Welt absterben, entsagen, seine Zukunft Gott übergeben, und wehe dem, der dazu nicht bereit ist. Die meisten jungen Leute wollen die Welt aber erst einmal erleben und eigene Erfahrungen machen. Nur wenige können bereits in jungen Jahren ein höheres Wissen ertragen. Es gäbe wohl mehr solche glücklichen Kinder, wenn wir in einer Welt leben würden, die den geistigen Fortschritt zu ihrem Fokus macht, so wie es sein sollte, anstatt den nur materiellen Fortschritt, was in den Untergang führt, da nur im Geistigen ein ewiges Fortschreiten möglich ist, ohne den Planeten zu ruinieren. Die Dinge sind nun aber einmal (noch) nicht so. Sowohl bei Simon E., als auch bei

---

[69] Jakob Lorber, Großes Evangelium Johannes 2.217.3-4

Johanna Böhm ist der Wunsch nach einem „normalen" Leben in der Welt deutlich erkennbar, dem die Neuoffenbarung mit ihren hohen Idealen, ihren Anweisungen in Sachen Entsagung und so manch scharfer Predigt wider das arge Weltgetriebe deutlicher und ausführlicher als die *Bibel* entgegensteht. Dieser Wunsch wurde dann mithilfe von Fremdbeeinflussung durch Gegner der Neuoffenbarung verwirklicht. Ansonsten befreiten sich Simon E. und Johanna Böhm im Wesentlichen von einer (laut ihren Beschreibungen) sektiererischen Anwendung der Neuoffenbarung. Andererseits könnten sie auch zum Opfer der insbesondere in Deutschland weitverbreiteten Normopathie geworden sein. Normopathie ist eine zwanghafte Form von Anpassung an vermeintlich vorherrschende und normgerechte Verhaltensweisen und Regelwerke, pathologisch deswegen, weil es kein Zeichen geistiger Gesundheit ist, gut angepasst an eine kranke Gesellschaft zu sein. Ein typisches Kennzeichen der Normopathie ist das fanatische Abschlachten alles „Unnormalen", in diesem Fall von Jakob Lorber, der Neuoffenbarung und den Lorberfreunden.

Obwohl die Neuoffenbarung nicht versäumt, die Narrheit der Welt aufzudecken, und es nicht unterlassen kann, jedem Toren, der sich weise dünkt, die Narrenkappe aufzusetzen, und sich dadurch überall grimmige Feinde erweckt, ist ihr Grundton ein sehr liebevoller und nachsichtiger. Lediglich gegen die üblichen Verdächtigen findet sich die eine oder andere Spitze. Zwar gibt es keinerlei Anweisungen, gegen Abtrünnige, Kritiker oder Feinde vorzugehen, schon gar nicht mit Gewalt, aber es wird gesagt, dieselben würden nach dem Wort des Herrn gerichtet, und sie würden sich nicht entschuldigen können, das Mitleid des Herrn mit Seinen Feinden sei zu Ende.[70] Sein Wort sei nicht dazu da, wie die schlechte

---

[70] Jakob Lorber, Himmelsgaben 3.431029.1-2

Arbeit eines Schülers kritisiert zu werden. Kurz: Ein „wehe dem" wird ausgesprochen. Man sollte diese Warnungen nicht leichtfertig beiseiteschieben, vielleicht mit dem Hinweis, der liebe Gott sei viel zu nett, um jemandem ein paar heftige Erziehungslektionen zuteilwerden zu lassen. So ist es nämlich nicht. Da die Kritik weitgehend von Kirchen- und Sektenmitgliedern kommt, wird die jeweilige Kirche oder Sekte, sowie deren menschliche und nicht göttliche Interpretation der *Bibel* als „wahre" Alternative angeführt. Eine vergleichbar kritische Prüfung findet jedoch an dieser Alternative um ein Vielfaches mehr an Anstößigem als an der Neuoffenbarung und den Lorberfreunden. Denn eines ist allen Lorberkritikern gemein: Sie bezeichnen das Brot der Neuoffenbarung als untauglich, bieten aber nichts Besseres an. Im Gegenteil sollen sich jene, die sich bitterlich nach der Sonne sehnen, mit einer müden Nachtlaterne abspeisen lassen. Kurzum: Den Lorberkritikern mangelt es an Verständnis und Einfühlungsvermögen für die mystischen Gaben des Heiligen Geistes, und sie haben Angst vor einer Offenbarung Gottes und der Wiederkunft des Herrn. Daher machen sie sich in der Regel auch nie die Mühe, das ganze Werk kennenzulernen, sondern beziehen sich fast immer auf andere Kritiker aus Kirchen- und Sektenkreisen, die ihrerseits nur Bruchteile davon gelesen haben.

Wenn man bedenkt, dass sich die Neuoffenbarung als die geistige Wiederkunft Christi vorstellt, macht einen die Parallele zur Verurteilung Jesu von vor 2000 Jahren betroffen. Denn nicht die Römer, die Epikureer oder sonstige Weltliche waren es, die den Tod von Jesus wollten, sondern die damaligen religiösen Machthaber, der Große Sanhedrin mit seinen Anhängern. Auch sie wollten keinen Messias, vor dem sie ihre Knie hätten beugen müssen, dessen letztes Urteil, dessen Gebote sie hätten akzeptieren müssen. Als Jesus schließlich vor ihnen offen bekannte, der Messias zu sein, da zerriss Kaiphas vor Wut sein Gewand. Dieselbe Wut, derselbe inquisitorische Richtgeist, dieselben skandalösen Verleumdungen und Anklagen werden allzu offensichtlich, wenn man die Mehrzahl der Kritiken liest. Nur diesmal ist Jesus für sie unerreichbar und kann nicht getötet werden, außer man betrachtet Bücherverbrennungen als Hinrichtung eines Menschen. Jesus braucht sie nicht einmal zu richten, denn in jedem Wort gegen Ihn fällen sie selbst ihr Urteil über sich. Was sie über die Neuoffenbarung sagen, das sagen sie über sich aus.

Wer erwartet, in diesem Kapitel eine detaillierte Abhandlung über die einzelnen Punkte der Kritik an der Neuoffenbarung zu finden, den muss ich leider enttäuschen. Dafür ist dieses Buch nicht gedacht. Der Sieg der Wahrheit wird nicht in publizistischen Auseinandersetzungen pro oder kontra Jakob Lorber entschieden. Die meisten der vorgebrachten Kritikpunkte können sowieso nicht vor einer unvoreingenommenen Beurteilung bestehen. Sie lösen sich von selbst auf, denn oft ist es in der Neuoffenbarung so, dass ein Einwand sich aufklärt, ein Zweifel sich auflöst, eine Frage ihre Antwort findet, alles klar und einleuchtend wird, wenn man sie nur aufmerksam und vollständig liest. Die Lorberkritiker nehmen sich durchwegs nicht die notwendige Zeit, das umfangreiche Werk intensiv durchzuarbeiten, geschweige denn, auf seine Warnungen zu hören. Dabei könnte sie jeder ernstzunehmende und belesene Lorberfreund leicht auf ihre Fehler aufmerksam machen. Zudem ist oft nicht die Wahrheitsfindung die Motivation der Kritik, sondern der blanke Hass. Wer sich mit solchen Abhandlungen befasst, der muss geistig schon recht weit fortgeschritten sein, um von dem Groll, der diese Abhandlungen motiviert, nicht angesteckt zu werden. Die Lehre Jesu besteht jedoch darin, nicht einmal seine Feinde zu hassen. Würde ich gegen die Ankläger mit ihren eigenen Waffen kämpfen – wer würde da siegen? Man soll dem, was nicht Gottes ist, nicht auch nur einen Spalt öffnen. Womit nicht gesagt sein soll, es wäre nötig, vor den Anklägern und

Verfolgern der Neuoffenbarung zu fliehen oder alle Schotten dicht zu machen, um seinen Glauben zu beschützen und ein glückliches Leben führen zu können. Ein fortgeschrittener Kenner der Neuoffenbarung hat das gar nicht nötig, denn er kennt die Lorberkritiker besser als diese sich selbst. Zudem findet sich zumindest in jenen Kritiken, die nicht von den geistigen Nachfolgern jener satanischen Kirchendiener herrühren, die früher in Folterkammern für Rechtgläubigkeit sorgten, auch manches Bedenkenswerte. Indem man sich seine eigenen Gedanken macht und sich nicht provozieren lässt, werden einem selbst die ärgsten Lorberkritiker zu unfreiwilligen Lehrern zumindest in Sachen Geduld, Demut und Unterscheidungskraft. Dabei sollte man allerdings trotzdem die größtmögliche Vorsicht walten lassen, sich nicht von ihrem Sauerteig anstecken zu lassen. Wer wütend wird und Gleiches mit Gleichem heimzahlen will, in dem steckt noch selbst so mancher Fehl. Dann ist es besser, den Ort des unerträglichen Gräuels zu verlassen und ein reinigendes Bad zu nehmen.

Den Saulusen, durchaus auch vereinzelten Lorberfreunden, die über alles herfallen, was nicht in ihr engherziges Weltbild passt, möchte ich zum Abschluss die Schlussfolgerung des ungarischen Theologieprofessors Alexander Csikesz zu bedenken geben, der als Geistlicher an der Front die schreckliche Aufgabe hatte, zwei Angehörige der Nazarenersekte zur Hinrichtung zu begleiten, weil diese sich wegen ihrer religiösen Überzeugung weigerten, das Gewehr zu ergreifen. Er schreibt in Erinnerung ihres erschütternden Glaubenszeugnisses: „Es getraue sich niemand, den Sekten sich entgegenzustellen, wenn er nicht einen größeren Glauben, eine größere Wahrheit besitzt, in deren Verteidigung er zu jeder Zeit bereit ist, auch sein Leben zu opfern und auch noch im Tode für seinen Gegner zu beten! Jesus sieht dich! Befleißige dich, dass Er in deinem Kampfe immer an deiner Seite stehe!"

Über den Autor

Geboren und aufgewachsen bin ich in einem säkular-römisch-katholischen Umfeld. Religion und Glauben haben nie wirklich irgendeine besondere Rolle gespielt. Man ließ die Kinder taufen, um den gesellschaftlichen Gepflogenheiten zu entsprechen. Aus demselben Grund schickte man sie mit den anderen Schülern zu Religionsunterricht, Kommunion, Beichte und Firmung. Dazu wurde hin und wieder eine Messe besucht. *Bibel* lesen tat keiner, wir hatten nicht einmal eine in der Familienbibliothek. Wer die *Bibel* las, geschweige denn sie befolgte, oder sich ernsthaft mit Religion und Spiritualität abgab, galt als abnormal. Da ich in der Heimat nur Mord und Finsternis vorfand, folgte ich dem Licht aus dem Osten und wanderte auf der Suche nach göttlicher Wahrheit und lebendiger Spiritualität in geistiger Hinsicht nach Indien aus. Ich kam in Kontakt mit den bengalischen Vaishnavas, einer Bewegung des Hinduismus, die unter dem Namen „Hare Krishnas" im Westen missionierte. In dieser Zeit reiste ich durch Europa zu den Tempeln und Zentren der Internationalen Gesellschaft für Krishna-Bewusstsein und zweimal nach Indien, nach Vrindavan und Mayapur, den beiden wichtigsten Pilgerorten der bengalischen Vaishnavas. Ich las auch endlich einmal die *Bibel*, die ich aber als armselig empfand im Vergleich mit den indischen Schriften. Nebenbei begann ich mich auch für die marianische Spiritualität und die christliche Mystik zu interessieren. Trotz diverser Beschwernisse durfte ich in dieser Zeit viel über Spiritualität und Religion, über Menschen und religiöse Organisationen, über mich und über das Leben und die Welt an sich lernen.

Schließlich stieß ich um 2003 unvermittelt auf das Lorberwerk. Und nun wurde meine feste Überzeugung, gegründet auf den Meisterwerken indischer Spiritualität, von einem ganz einfachen österreichischen

Propheten wie selbstverständlich in den Schatten gestellt. Das Lorber-werk faszinierte mich auf Anhieb, trotzdem ich es anfangs etwas merk-würdig fand. Die eine oder andere Aussage konnte ich wegen schon be-stehender Ansichten zuerst nicht so recht annehmen – bald genug aber stellte sich heraus, dass das Lorberwerk stets recht, oder den tieferen, umfassenderen Einblick hatte. Überzeugt hat mich die Neuoffenbarung Jesu über Jakob Lorber, indem sie mir mit unwahrscheinlicher Leichtig-keit etliche wichtige Fragen beantwortete. Das waren Antworten, die ich bisher nicht nur in den anspruchsvollen geistigen Schriften des Fernen Ostens, sondern auch in der *Bibel* und bei christlichen Mystikern vergeb-lich gesucht hatte. Die Sonne des Westens übertrifft das Licht des Ostens – aber kaum jemand weiß von ihr! In der Neuoffenbarung habe ich auf alle wesentlichen Fragen mehr als nur zufriedenstellende Aufklärung ge-funden. Durch sie endlich fand ich nach langer Odyssee zu Jesus Chris-tus, dem Gottmenschen, dem himmlischen Vater. Im Grunde suchte ich die ganze Zeit nach Ihm.

Um die Geschichte der Lorber-Bewegung zu erzählen, welche die meisten Lorberfreunde gar nicht kennen, oder je nach Quelle nur aus einem einseitig verfälschten Blickwinkel, muss man in die Archive und Bibliotheken gehen. Dieses Buch ist das Ergebnis von über ein Jahrzehnt andauernden Nachforschungen. Aber ich bin in meinen Mitteln sehr be-grenzt, kann mir nur ausnahmsweise Reisen leisten, und das Archiv des Lorber-Verlages ist einer unabhängigen Forschung seit jeher verschlos-sen. Sollte sich daran in Zukunft etwas ändern, ist es vielleicht möglich, die Geschichte der Lorber-Bewegung noch detaillierter auszuführen und ein anderes Licht auf manche Dinge zu werfen. Zu guter Letzt gilt mein Dank meinen Lektoren, die mit ihren wertvollen Anmerkungen zur Ent-stehung dieses Buches beigetragen haben.

Anhang

Bestätigte Prophezeiungen und naturkundliche Angaben

Eine Auswahl von Prophezeiungen und naturkundlichen Angaben der Neuoffenbarung, die oft erst über 100 Jahre später ganz oder teilweise durch Erkenntnisse der Naturwissenschaft oder den Verlauf der Ereignisse bestätigt wurden.

1842 wurde Jakob Lorber über einen weiteren, noch unbekannten Planeten, genannt „Miron" unterrichtet (*Die natürliche Sonne*, Kapitel 53). Der bis dahin noch unbekannte Planet Neptun wurde erst 1846 von J. G. Galle entdeckt. Einige Angaben zum Miron decken sich in etwa mit den aktuellen naturwissenschaftlichen Daten zum Neptun, beispielsweise dass dieser sich schneller dreht als die Erde, andere hingegen stimmen nicht überein. Auch drei Monde des Mirons wurden vorhergesagt. Entdeckt wurden diese 1846, 1949 und 1981 – der dritte Mond von bisher 13 entdeckten Satelliten also erst über 100 Jahre später.

Die Existenz von Exoplaneten ist schon über hundert Jahre vor der ersten Entdeckung nach 1980 der Neuoffenbarung geradezu selbstverständlich. Ebenso die Existenz von zahllosen Galaxien. Zu Lorbers Zeit war die Milchstraße nach Meinung der damaligen Astrologen die einzige existierende Galaxie. Erst im Jahr 1925 berichtete Edwin Hubble, dass die Nebel im M 31 und M 33 sich als Galaxien erwiesen haben.

Schon 1842 wurde Jakob Lorber der Ring des Uranus und fünf Monde bekannt gegeben (*Die natürliche Sonne*, Kapitel 44, Absatz 45). Offiziell entdeckt wurde der Ring aber erst 135 Jahre später, im Jahr 1977, von Dr. James Elliot der Cornell-Universität. Dies wurde als „die bedeutendste Entdeckung im Sonnensystem" von den Astronomen bezeichnet. Der dritte und vierte Mond wurde 1851 entdeckt, 9 Jahre nach der Niederschrift von *Die natürliche Sonne*, der fünfte Mond, Miranda, erst 1948 durch Kuiper, 106 Jahre später.

Die Ablehnung des materialistisch-mechanistischen Weltbildes durchzieht die gesamte Neuoffenbarung. Die Materie wird als von einem unvorstellbar energiereichen Geistesleben erfüllt beschrieben. Sie bestehe aus lauter Intelligenzen oder Kräften, die von höheren Intelligenzen nach Ordnung und Notwendigkeit zeitweilig festgehalten werden. Diese Aussagen wurden 80 Jahre vor der Theorie Einsteins gemacht. Schon 1847 wurden Elementarteilchen beschrieben, die erst 50 Jahre später entdeckt wurden (*Die Erde*, Kapitel 18, Absatz 8 und Kapitel 27, Absatz 3-4). Zu dieser Zeit gab es noch nicht einmal den Begriff „Elektron", der erst 1874 geprägt wurde. Der japanische Physiker Hideki Yukawa erhielt 1952 für seine Forschung über das atomare Meson mit der gefundenen Lebensdauer von einer Trillionstel Sekunde den Nobelpreis. Die sogar exakt selbe Zeitangabe ist Lorber schon 1840 gegeben worden, natürlich nicht in Begriffen der modernen Forschung (*Himmelsgaben* 1.400815.11). Das Niels Bohr'sche Atommodell, das die Elektronen wie Planeten um den „Sonnen"-Kern kreisen lässt, wurde erst 1913 bekannt gemacht. Von den Weisen des Altertums wurde das Atom als unteilbar definiert; vor dem 20. Jahrhundert war dessen innere Struktur der Naturwissenschaft völlig unbekannt. Erst als die Atomspaltung gelang und immer mehr Bausteinchen des Atoms mit ganz verschiedenen und auch unerwarteten Eigenschaften entdeckt werden konnten, bekannten sich manche Physiker zu Aussprüchen, die deutlich von der rein materialistischen Naturbetrachtungsweise abrückten. Max Planck, der Begründer der physikalischen Quantentheorie, äußerte sich so: „Der Geist ist der Anreger der Kraft." Erwin Schopper, der Direktor des Europäischen Laboratoriums für Teilchenphysik (CERN) bei Genf, philosophierte: „Es könnte sein, dass Materie und Geist im Grunde ein und dasselbe sind."

Die Neuoffenbarung beschreibt den Doppelcharakter des Lichtes (*Großes Evangelium Johannes*, Buch 7, Kapitel 209, Absatz 20). Mehr als 60 Jahre danach wurde dies auch wissenschaftlich durch den Physiker de Broglie bestätigt: Je nachdem, welchen Experimenten man das Licht unterwirft, erweist es sich als Materie oder als Welle. Die Physiker haben die kleinen, genau berechenbaren Massenpartikel des Lichtes Photonen oder Lichtquanten genannt.

Den biologischen Bereich betreffend beinhaltet die Neuoffenbarung eine subtile Gehirnlehre, wonach das menschliche Gehirn aus einer ungeheuren Zahl kleinster Pyramidengebilde bestehe, in die Sinneswahrnehmungen eingraviert werden (*Großes Evangelium Johannes*, Buch 4, Kapitel 232-235). Erste anatomische Bestätigungen dieser Lehre sind Forschungen um 1930 des Gehirnspezialisten Oskar Vogt, der in der Tiefenschicht der grauen Gehirnrinde Pyramidalzellen feststellte. Die Neuoffenbarung stellt außerdem deutlich fest, dass die menschliche Seele mit der Befruchtung eingezeugt werde (*Großes Evangelium Johannes*, Buch 2, Kapitel 216, Absatz 4). Noch hundert Jahre danach wurde aufgrund der Abtreibungs- und Verhütungsproblematik von Theologen und Biologen gerätselt, wann die Seele in den Menschen gelangt, bzw. wann der Beginn des menschlichen Lebens ist. Inzwischen ist durch die moderne Molekularbiologie und Genetik zweifelsfrei bewiesen, dass das individuelle biologische menschliche Leben mit der Befruchtung beginnt und nicht erst Tage, Wochen oder gar Monate danach, wie oft fälschlich angenommen wurde.

Den technischen Bereich betreffend prophezeit die Neuoffenbarung „allerlei Maschinen, die alle menschlichen Arbeiten verrichten werden wie lebende, vernünftige Menschen und Tiere", also Roboter. Diese würden Arbeitslosigkeit und Hungersnot unter den Menschen bewirken (*Großes Evangelium Johannes*, Band 5, Kapitel 108, Absatz 1). Auch Motorboote und Schnellzüge wurden vorhergesagt (*Großes Evangelium Johannes*, Buch 3, Kapitel 33, Absatz 2-3 und Band 5, Kapitel 46, Absatz 1 und Buch 8, Kapitel 185, Absatz 7) und die weltweite Telekommunikation (*Großes Evangelium Johannes*, Buch 8, Kapitel 185, Absatz 8 und Band 5, Kapitel 46, Absatz 1).

Hinsichtlich der Weltgeschichte prophezeit die Neuoffenbarung die Herrschaft der Habsburger nach der Revolution von 1848 (*Robert Blum*, Buch 2, Kapitel 254, Absatz 5) und den Untergang des wilhelminischen Kaiserreiches (*Himmelsgaben* 3.490106.10). Auch die Machterlangung des Kommunismus wurde schon 1848 prophezeit (*Himmelsgaben* 3.480614.11), lange vor Bolschewismus und Stalinismus, sowie der Verlust der Weltmacht der römisch-katholischen Kirche, die zu Jakob Lorbers Zeiten noch Unterdrückung und Zensur bewirkte (*Robert Blum*, Buch 1, Kapitel 126, Absatz 21).

Die Beschädigung der Lorberschriften

Schon im *Großen Evangelium Johannes* (1.197.5) wird verkündet, dass die Welt alles verderbe und nicht einmal die reinste Lehre Jesu schone. So gesehen war es wohl unvermeidlich, dass auch die Lorberschriften litten. Es gibt unbeabsichtigte Veränderungen, Abschreibfehler und Druckfehler, die kaum zu vermeiden sind, da der Mensch nun einmal nicht unfehlbar ist. Diese Fehler sind leicht verzeihlich und eigentlich nie weiter dramatisch. Kritisch sind die absichtlichen Veränderungen. Angefangen damit hat der Verleger Christoph Friedrich Landbeck (1840-1921), sozusagen ein Schüler des medial begabten Gottfried Mayerhofer (1807-1877), dessen ihm offenbarte Schriften er korrigierte, was aber im Einverständnis mit Mayerhofer geschah. Landbeck nun bearbeitete die Lorberwerke so ähnlich, wie er es schon bei den Werken Mayerhofers getan hatte. Er „verbesserte" das Deutsch, lies manchmal etwas weg und fügte Klammern mit eigenen Kommentaren in den Text ein. Den (bisher bekannt gewordenen) gröbsten Eingriff betraf das Werk *Die Erde*, wovon Landbeck die letzten 12 Kapitel strich, da dieser Abschnitt „ärgerliche Anstöße verursachte". Diese Eingriffe blieben nicht unbemerkt und unangefochten. Franz Schumi, der als Vatermedium wirkte, versuchte Landbeck – angeblich sogar auf Anweisung von Jesus – das Verlagsrecht streitig zu machen. Auch die „Weisung an die Polierlust" von Ida Kling ist auf Landbeck geprägt. Darin lehnt Jesus Änderungen am offenbarten Wort ab. Landbeck behauptete seinerseits, auf Anweisung des Herrn zu zensieren und zu korrigieren, ohne dies aber glaubhaft belegen zu können.

Die Vorstellung vom „Menschlichen", das da in das Lorberwerk mit eingeflossen sei, war unter den verlagsnahen Lorberfreunden recht verbreitet. Gedanken und Ideen des Schreibers seien eingeflossen und hätten das Werk verunreinigt. So ließen sich zwar manche Dinge leichter erklären, aber die Lehre der Neuoffenbarung ist dies nicht. Margit Eckel fasste diese folgendermaßen zusammen: „Es gibt absolut nichts Negatives im Lorberwerk, nichts wirklich Falsches. Wohl aber gibt es darin, wie auch in der *Bibel* einiges, das missverstanden werden kann. Doch wer die Liebesgebote des Herrn erfüllt (wozu man eben durch das Lorberwerk ganz besonders stark angeregt wird), dem zeigt Sein Geist den Zugang zu den Rätseln, die uns aufgegeben sind, damit wir nicht aufhören unseren Geist zu betätigen, nachzudenken und Entscheidungen zu treffen."

Walter Lutz formulierte eine zutiefst widersprüchliche Philosophie, für die er die Bibelstelle „Prüfet aber alles und das Gute behaltet." (1.Thess 5.21) adaptierte, welche auch schon von Friedrich

Landbeck zitiert worden war. Manches Trübende hätte sich eingemischt, nicht nur bei Jakob Lorber, auch bei den biblischen Propheten. Kurioserweise betrachtete er auch die *Bibel*, die er doch als Beweis für seine Vorstellung zitierte, als „ein eigenartiges Gemisch von Göttlichwahrem und –gutem einerseits und Menschlichfalschem und –fragwürdigem andererseits." Wobei er dann aber gleichzeitig auch wieder behauptete, die *Bibel* sei das unanfechtbar heilige Fundament des Glaubens der Christen und der Lorberfreunde, ein herrliches Offenbarungswort des himmlischen Vaters, eine große Lichtgabe an die Menschheit. Um seiner widersinnigen Argumentation folgen zu können, muss man in Wirklichkeit die Ansicht von Walter Lutz als Dogma annehmen, dass das Pauluszitat zufälligerweise dem Göttlichwahren zuzuordnen sei und nicht dem Menschlichfalschem und dass es etwas beinhalte, was Paulus gar nicht gesagt hat. Dieser hatte nämlich lediglich davor gewarnt, prophetische Offenbarungen ungeprüft anzunehmen und sich von falschen Propheten irreführen zu lassen. Mit keinem Wort erwähnte er, ein Prophet würde gelegentlich Schlechtes und Falsches verkünden. Nach Walter Lutz wirkte Gott zwar bei allen göttlichen Offenbarungen weltweit mit, zugleich aber hätten menschlicher Unverstand und menschliche Unzulänglichkeit ihr Teil beigetragen. So bestünde auch das Lorberwerk teils aus dem Guten von Gott und dem Eigenen, dem Schlechten, Jakob Lorbers. Dabei wird auf die Verkehrtheit solcher Auffassung in der Neuoffenbarung hingewiesen, etwa in der Vorrede des Herrn zur *Haushaltung Gottes*. Trotzdem der Herr per Neuoffenbarung ganz anderes lehrt und die Paulusworte nicht in diesem Sinn auszulegen sind, wurden die Ausführungen von Walter Lutz infolge seines Ansehens unter den Lorberfreunden weit verbreitet. Dies begünstigte weitere Eingriffe in die Lorberwerke. Finalisiert hat die Sache schließlich Viktor Mohr, der wie sein Vorbild Walter Lutz dachte und dann in Konsequenz einige Lorberwerke radikal revidierte und veränderte. Obwohl diese Ausgaben Jakob Lorber als Autor angeben, kann man sie nicht mehr als tatsächlich von Jakob Lorber niedergeschrieben bezeichnen, womit sich Viktor Mohr zu einem Pseudo-Lorber gemacht hat.

Schon 1923 wurden Änderungen in den Schriften reklamiert. Die Verlagsleitung behauptete damals, die Neudrucke seien originalgetreuer, es handle sich um Verbesserungen. Bei der Mehrzahl der Eingriffe traf dies aber durchaus nicht zu. Später wurden Änderungen stets mit der Angabe verteidigt, der Sinn oder Geist sei beibehalten worden und man solle nicht am Buchstaben kleben. Dass sich da aber eigentlich niemand außer den Korrektoren am Buchstaben ärgerte und daran klebte, denn sie veränderten ihn ja, weil er ihnen nicht gefiel, so wie er war, schien man kurioserweise gar nicht zu sehen. Als die Sache nicht mehr zu vertuschen war, griff die Verlagsleitung zu Ablenkungsmanövern und persönlicher Diffamierung, wobei sie sich schamlos auf die Manuskripte berief, die sie den besorgten Lorberfreunden, die es gewagt hatten, Unstimmigkeiten öffentlich zu machen, vorenthielt. Dabei fand sie Unterstützung von Personen mit selbstgebasteltem Heiligenschein, die entweder auf die Täuschungsmanöver hereingefallen waren oder tatsächlich die Vertuschung der Eingriffe in Kauf nehmen wollten, um die Verbreitung der manipulierten Schriften der Neuoffenbarung (oder vielmehr die Geschäfte des Verlages) nicht zu beeinträchtigen. Die unbelehrbaren „fanatischen Buchstabeneiferer" sollten lieber zuerst das Reich Gottes und Seine Gerechtigkeit suchen, war ihr gönnerhaft wohlmeinender Ratschlag. Doch damit nicht genug der Erleuchtung merkwürdiger Art: Jesus hätte dem Verlag die Schriften anvertraut, daher solle man Seine Heiligkeit, den Verlag und seine Mitarbeiter, segnen und sie ja nicht kritisieren, damit Neulinge nicht verwirrt würden. Selbst die flügge gewordene deutsche Lorber-Gesellschaft, welche den Auftrag hatte, auf die Unverfälschtheit der Schriften zu achten, wurde nicht geschont. Dabei tat sie nichts anderes als das, was ihren Statuten entsprach.

Damit ein Schriftwerk der Allgemeinheit, und nicht nur den Gelehrten, über Jahrhunderte zugänglich bleibt, muss es hin und wieder **vorsichtig und gewissenhaft** dem aktuellen Sprachgebrauch angepasst werden. Die Neuoffenbarung behauptet keine Unfehlbarkeit im buchstäblichen Sinn. Ihr ist im Gegenteil völlig bewusst, dass sich Jakob Lorber bei der Niederschrift manchmal verhörte und Rechtschreibfehler gemacht hat, die natürlich korrigiert werden dürfen. Leider aber wurde nicht nur angepasst und Rechtschreibfehler korrigiert, wie wiederholt behauptet wurde, sondern eine ganze Menge verändert und zensiert. Besonders übel behandelt wurden die *Himmelsgaben*, die als „Nebenworte" wohl für nicht besonders wichtig erachtet wurden, trotzdem sie genauso wertvoll sind wie die anderen Texte. Wie heikel selbst kleine Änderungen im Sinne eines „besseren" Deutsch sein können, soll anhand eines Beispiels aus der *Jugend Jesu* (288.4-6) aufgezeigt werden. Da sagt das Jesuskind im Geiste der Göttlichkeit: „Siehe, Ich bin von oben herab, auf dass Ich die Menschen nach der Welt in ihnen verfluche; aber darnach nach dem rufe, was oben ist, nach dem Auftrage Dessen, der in Mir ist über Mich und euch, der Mich gesandt hat darum aus Sich in Mir, auf dass ihr erlöset würdet!" Hier heißt es nicht „er ist über Mir", sondern „er ist über Mich", weil das über auf keine örtliche Situation hinweist, sondern auf die Prioritätsstellung des Vaters zum Sohn, sofern der Vater der Urquell des ewigen Wortes, bzw. des Gottmenschen Jesus Christus ist. Anders ausgedrückt: Der Vater Jesu ist nicht ein imaginierter bärtiger Patriarch, der an einem anderen Ort oberhalb von Jesus auf einem Thron sitzt, sondern Er ist verkörpert in Jesus Christus. Zudem müssen die Manuskripte öffentlich einsehbar sein, da den

Gläubigen doch nicht zugemutet werden kann, in dieser so wichtigen Sache blindlings Verlegern und Verlagsangestellten vertrauen zu müssen, nach allem, was schon geschehen ist.

Die Lorberwerke sind in den aktuell erhältlichen Editionen als beschädigt zu bezeichnen und bedürfen einer Überprüfung und Reparatur durch unabhängige Vertrauenspersonen. Dies könnte relativ leicht erreicht werden, indem der Lorber-Verlag die Manuskripte öffentlich zugänglich machen würde, beispielsweise durch Veröffentlichung von Scans. Die Beschädigung ist glücklicherweise nicht so dramatisch, dass Werke wirkungslos geworden wären oder gar als verloren bezeichnet werden müssen. Seit einiger Zeit gibt es das „Project True-blue Jakob Lorber", welches die Restaurierung der Lorberwerke zum Ziel hat. Einige Bücher sind schon erschienen und im Buchhandel erhältlich.